AF300167

DOCUMENTS

FOURNIS

PAR M. LE PRÉFET DE POLICE

AU CONSEIL MUNICIPAL DE PARIS

ET A LA COMMISSION D'ENQUÊTE DE L'ASSEMBLÉE NATIONALE

SUR

LE COMMERCE DE LA VIANDE.

PARIS.

IMPRIMERIE NATIONALE.

JUIN 1851.

DOCUMENTS

FOURNIS

PAR M. LE PRÉFET DE POLICE

AU CONSEIL MUNICIPAL DE PARIS

ET A LA COMMISSION D'ENQUÊTE DE L'ASSEMBLÉE NATIONALE

SUR

LE COMMERCE DE LA VIANDE.

La Commission municipale, invitée par M. le Préfet de la Seine, sur la demande du Gouvernement, à examiner les questions qui se rattachent à la boucherie de Paris, a pris, dans sa séance du 7 mars 1851, la délibération suivante :

« Considérant qu'avant de résoudre ces questions il est indispensable que M. le Préfet de police, dans les attributions duquel se trouve plus spécialement le soin d'assurer l'approvisionnement de Paris en denrées de première nécessité, ait étudié et proposé à l'approbation de la Commission municipale une nouvelle réglementation du commerce de la boucherie, qui serait à substituer à l'état de choses existant;

« Considérant qu'en raison de l'impossibilité où l'on est d'emmagasiner et de conserver la viande de boucherie comme on peut le faire pour le blé, la farine et le vin, par exemple, il a toujours été nécessaire de recourir à des mesures spéciales pour garantir l'approvisionnement régulier et pour ainsi dire quotidien de cette partie essentielle de l'alimentation;

« Considérant que l'établissement de marchés à jours fixes, la création de la caisse de Poissy, la construction des abattoirs et l'organisation du commerce de la boucherie de Paris, avaient eu pour but d'assurer cet approvisionnement régulier, et formaient l'ensemble d'un système auquel il s'agirait de substituer un ordre de choses nouveau plus en harmonie avec les besoins et les institutions de notre époque;

« Considérant, en ce qui touche l'organisation de la boucherie de Paris,

« Qu'elle a été constituée par des ordonnances qui, en fait, ne sont plus observées par les bouchers dans leurs dispositions;

« Que quelques-unes sont devenues inapplicables à la suite de nouveaux usages, ou sont devenues sans objet et sont tombées en désuétude;

« Et qu'enfin, en présence de la facilité des transports qui s'augmente chaque jour, par la création des chemins de fer, et à raison d'autres faits nouveaux qui se produisent de toutes parts, l'autorité a été conduite à modifier les principes de l'institution en prenant les mesures suivantes:

« 1° Autorisation d'entrer la viande abattue et de la mettre en vente tous les jours dans les marchés;

« 2° Admission d'un plus grand nombre de marchands forains à venir concourir à l'approvisionnement de ces marchés;

« 3° Enfin, établissement d'une vente de la viande à la criée sur une grande échelle;

« Considérant que ces mesures ont été prises dans le but de s'éclairer, et d'arriver sûrement et sans secousse à une nouvelle réglementation du commerce de la boucherie, réclamée par les faits et les besoins nouveaux;

« Considérant qu'il importe de se rendre compte des résultats que peuvent présenter ces mesures, afin d'arriver promptement à les compléter;

« Considérant toutefois qu'il s'agit avant tout d'assurer de plus en plus l'approvisionnement en viande saine, de bonne qualité et au meilleur marché possible, et que, dans ce but, il importe, d'une part, de régler avec soin toutes les conditions et de prendre toutes les mesures de surveillance auxquelles le commerce des viandes doit être soumis; d'autre part, de conserver aux approvisionneurs les avantages que leur offre le payement immédiat du montant de leurs ventes, et de leur laisser la faculté qu'ils ont d'éviter des frais de déplacement plus ou moins considérables;

« Considérant enfin qu'il y aura, en même temps, à examiner et à résoudre les questions relatives,

« 1° A la tenue des marchés, à leur rapprochement du mur d'enceinte de Paris, et au mode de vente qui devra y être établi;

« 2° A la division de la vente à la criée, en l'autorisant, soit dans les abattoirs, soit dans les marchés de quartier;

« 3° A l'assiette *ad valorem* des droits d'octroi sur la viande vendue à la criée;

« 4° Aux facilités à accorder aux producteurs pour favoriser la vente prompte et sûre de leurs bestiaux, et pour faire abattre ceux qui resteraient invendus à la clôture des marchés;

« 5° Enfin et à toutes les autres mesures accessoires qui peuvent contribuer à un bon système d'approvisionnement en viande de boucherie, et qui rentrent dans les attributions de l'Administration municipale,

« DÉLIBÈRE :

« Il y a lieu de procéder à une nouvelle réglementation du commerce de la boucherie de Paris.

« Cette réglementation devra être immédiatement étudiée par l'Administration, dans un système qui constitue une surveillance suffisamment active et efficace pour empêcher la mise en vente de toute viande malsaine.

« Elle devra se combiner avec toutes les mesures qui peuvent concourir à assurer l'approvisionnement complet et régulier en viande de bonne qualité, au meilleur marché possible, et résoudre les questions indiquées dans le dernier considérant qui précède.

« M. le Préfet de police est invité à faire observer et constater avec soin les résultats que la vente à la criée et les autres mesures récemment prises auront pour les intérêts des producteurs et des consommateurs, afin d'en aider la Commission municipale lors de l'examen du projet de réglementation qu'il aura préparé.

En conséquence de cette délibération, et par arrêté en date du 8 avril suivant, M. le Préfet de police a nommé une Commission spéciale chargée de préparer les éléments de la réponse demandée par le Conseil mucipal (1).

---

(1) Faisaient partie de la Commission :

MM. CARLIER, préfet de police, président;

RIANT,
H. SAY,   membres du conseil municipal.
DELESTRE,

LUPIN,
DE KERGORLAY,
DE TORCY,
DE TOURDONNET,
MOSSELMAN,
LESCUYOT, syndic de la boucherie;
LESOURD, régisseur de l'octroi;
HUSSON, chef de division à la préfecture de la Seine;
DANIEL, directeur de la caisse de Poissy;
JULIEN, chef de bureau au ministère du commerce;
DUBOIS, chef de division à la préfecture de police;
DURAND, inspecteur général des halles et marchés;
BAUBE, chef de bureau à la préfecture de police, faisant fonctions de secrétaire.

M. Daniel a, depuis, informé M. le Préfet que son état de santé, qui le tenait éloigné de Paris, ne lui permettrait pas d'assister aux séances de la Commission.

Cette Commission s'étant réunie à la préfecture de police, le 28 avril, M. le Préfet a fait donner lecture du programme suivant, traçant l'ordre de discussion qu'il croyait devoir lui proposer dans l'examen des questions qui lui étaient soumises.

« La Commission municipale de Paris a pris, le 7 mars 1851, une *délibération* sur la question du *commerce de la boucherie,* qui lui était déférée par deux lettres de M. le Préfet de la Seine, en date des 26 décembre 1850 et 15 janvier suivant.

« Mais, *avant de résoudre cette question* (ce sont les termes de la délibération du 7 mars), la Commission municipale considère « qu'il est « indispensable que M. le Préfet de police, dans les attributions duquel « se trouve plus spécialement le soin d'assurer l'approvisionnement de « Paris en denrées de première nécessité, ait étudié et proposé à son « approbation la nouvelle réglementation du commerce de la boucherie, « qui serait à substituer à l'état de choses existant, et l'invite à faire « observer et constater avec soin les résultats que la vente à la criée et les « autres mesures récemment prises auront pour les intérêts des produc- « teurs et des consommateurs, afin d'en aider la Commission municipale, « lors de l'examen du projet de réglementation. »

« C'est pour préparer une réponse à ce vœu de la Commission munici- pale que M. le Préfet de police a constitué le comité consultatif auquel on soumet le programme suivant, qui indique la marche et le but de ses discussions.

« Le comité réunit dans son sein les représentants des divers intérêts qui se rattachent à cette large question. MM. les éleveurs, la Commis- sion municipale, l'administration, la science économique, la boucherie elle-même, y ont leurs organes. On doit donc s'abstenir de toutes con- sidérations générales sur ces graves intérêts, qui sont ici parfaitement compris. Les documents ne manqueront pas, d'ailleurs, au comité; les deux préfectures peuvent en fournir d'assez importants.

« Mais, par cela même que la question est étendue et peut ouvrir la voie à des développements trop vastes, il est bon, pour la ramener aux termes de la délibération de la Commission municipale, de la circons- crire dans l'espace tracé et de poser nettement les points sur lesquels la préfecture de police est consultée.

« Tel est l'objet de ce programme.

« La Commission municipale invite la préfecture de police à faire *ob- server et constater avec soin les résultats que la vente à la criée et les autres mesures récemment prises auront pour les intérêts des producteurs et des consommateurs.*

« C'est ce qu'il y a de plus formel dans le vœu qu'elle a exprimé.

« Il est donc indispensable, pour y répondre, que le comité entende le facteur à la criée et consulte ses livres, pour connaître les provenances, les progrès, les prix, les effets produits par ce nouveau mode de vente, les obstacles qu'il aurait pu rencontrer, les avantages qu'il peut avoir procurés aux expéditeurs et au public. Outre le facteur, il sera convenable de mander aussi quelques vendeurs, quelques acheteurs même, et de comparer les résultats de ces informations et de ces communications avec le tableau de la consommation parisienne, avec celui des droits perçus par l'administration municipale. La question du droit attribué au facteur viendra se confondre dans celle des frais généraux du commerce de la viande.

« La délibération de la Commission municipale, en parlant des *mesures récemment prises*, en sus de la *vente à la criée*, doit avoir en vue les facilités offertes, en 1848 et en 1849, par des arrêtés du Préfet de police, aux bouchers forains sur les marchés de Paris. Le système de ces arrêtés devra donc fixer l'attention du comité spécial, et l'inspection générale saura aider à l'appréciation des résultats, en relevant le nombre des étaux, les mutations opérées, et, autant que possible, l'importance des ventes, quantités, prix et qualités.

« Ce sont là déjà deux modes de concurrence établis dont il importe de bien connaître la portée, soit pour en réglementer l'action, encore expérimentale, soit pour en fortifier et en étendre les effets à l'aide de moyens nouveaux.

« Aussi la Commission municipale déclare qu'il faut se rendre compte des résultats des mesures prises, avant de les compléter, et elle fait de cet examen la base des études et des projets qui doivent aider à une réglementation générale.

« Elle indique en même temps les questions qui se rattachent, de près ou de loin, à l'organisation du commerce de la viande.

« Cette organisation doit être subordonnée, d'abord, selon le programme qu'elle a tracé, à un *système qui constitue une surveillance active et efficace pour empêcher la mise en vente de toute viande malsaine.*

« Le comité aura donc à se rendre compte des saisies de viandes insalubres qui ont eu lieu, soit à la criée, soit dans les marchés, soit dans les étaux; à rechercher les causes d'insalubrité; à constater les moyens de surveillance existants; et, sous ce dernier rapport surtout, il jugera de l'insuffisance des ressources dont l'administration peut disposer. Il reconnaîtra combien il importe de les accroître et d'organiser un service d'inspection plus étendu et affranchi des obligations contradictoires qui entravent aujourd'hui son action. La santé publique est un intérêt de premier ordre, et la théorie qui prétend contester ou nier le danger des viandes insalubres n'est pas assez accréditée encore pour dispenser l'administration d'une surveillance *active et efficace*, comme la demande la Commission municipale.

« Un autre intérêt, non moins important, est aussi recommandé par la Commission à la sollicitude de M. le Préfet de police, et doit, par conséquent, appeler toute l'attention du comité : l'intérêt de *l'approvisionne-ment, qu'il faut assurer, aussi complet, aussi régulier que possible.* Ce doit être, en effet, l'une des préoccupations les plus sérieuses de l'administration d'une grande capitale, centre de tant de relations, de mouvement et de passions même. On ne peut pas se dissimuler que les voies de circulation nouvellement créées, et le progrès de l'intelligence commerciale, aideront merveilleusement à pourvoir exactement la capitale des moyens de subsistance qui lui sont nécessaires. La liberté du commerce compte, à bon droit, sur l'intérêt privé bien entendu ; mais cette liberté peut, en certains cas, être entravée par des circonstances extraordinaires, ou effarouchée par des événements orageux. Ses mouvements irréguliers, puisqu'ils sont volontaires, peuvent, en outre, produire des hausses ou des baisses aussi nuisibles les unes que les autres, par une disette ou une abondance déréglée, et personne n'en sera responsable devant le public ni devant l'administration. Il est donc du devoir de celle-ci de rechercher par quels moyens on pourrait garantir l'approvisionnement de la capitale, en dehors des caprices de la liberté.

« Ainsi, ces deux grands intérêts *de la salubrité* et de *l'approvisionnement* dominent, au point de vue administratif, toutes les questions qui se rattachent au commerce de la boucherie.

« Telles sont les réserves formellement exprimées dans la délibération de la Commission municipale, qui rappelle que *l'établissement de marchés à jours fixes, la création de la caisse de Poissy, la construction des abattoirs et l'organisation du commerce de la boucherie* avaient eu précisément pour objet d'assurer cet approvisionnement régulier, et *formaient l'ensemble d'un système.*

« Aussi la Commission municipale recommande-t-elle, avant tout, *qu'on se rende compte du résultat de ces mesures, afin d'arriver promptement à les compléter.* Et comme il s'agit (ce sont les termes de sa délibération) d'assurer de plus en plus *l'approvisionement en viande saine, de bonne qualité et au meilleur marché possible,* et que, dans ce but, il importe de *régler avec soin toutes les conditions, et de prendre toutes les mesures de surveillance auxquelles le commerce des viandes doit être soumis,* et en même temps *de conserver aux approvisionneurs les avantages que leur offre le payement immédiat du montant de leurs ventes,* la Commission municipale semble conclure, implicitement, au maintien, non-seulement du service d'inspection, qui devra s'élargir avec la consommation elle-même, mais aussi à la conservation de la caisse de Poissy. Le comité aura à examiner comment on peut suffire à ces deux nécessités dans la nouvelle réglementation du commerce de la boucherie, que tout le monde semble prévoir et provoquer.

« En fait de moyens d'exécution, la Commission municipale, après avoir constaté que le Gouvernement actuel avait déjà modifié les principes de l'institution de la boucherie par l'introduction et la vente quotidienne dans les marchés des viandes abattues, par l'admission d'un plus grand nombre de forains dans ces marchés, et par la vente à la criée établie sur une grande échelle, indique quatre autres procédés qui devront être mûrement discutés.

« 1° *Rapprocher les marchés de bestiaux du mur d'enceinte de Paris, régler leur tenue et déterminer le mode de vente qui y sera établi* (dernière formule qui semblerait indiquer que la Commission suppose qu'on pourrait établir la criée pour la vente sur pied, ce qui mérite examen);

« 2° Diviser la vente à la criée de la viande abattue, en l'autorisant soit dans les abattoirs, soit dans les marchés de quartier;

« 3° Asseoir, *ad valorem*, les droits d'octroi sur la viande vendue à la criée;

« 4° Accorder des facilités aux producteurs, pour favoriser la vente prompte et sûre de leurs bestiaux, et pour faire abattre ceux qui resteraient invendus à la clôture des marchés.

« Le comité aura à discuter attentivement ces quatre propositions, dont la troisième surtout paraît susceptible d'objections graves.

« Telles sont les idées générales et les indications particulières contenues dans la délibération municipale du 7 mars. Il était convenable de les reproduire, en les développant, dans ce programme soumis au comité, puisqu'elles doivent servir de point de départ et de direction au travail qui lui est demandé.

« On a omis, dans cet exposé, de mentionner une allusion faite par la Commission municipale à la *législation actuelle*, qui n'est *plus observée*, dit-elle, *par les bouchers* ni *par l'administration*, et qui est *tombée en désuétude*. Les bouchers soutiennent, dans un *mémoire* publié par eux, et qui sera déposé sur le bureau avec tous les autres documents, qu'ils observent les ordonnances existantes, dont l'administration leur impose le respect en tout ce qui leur est onéreux; mais que l'administration, elle seule, se dispense d'exécuter les règlements qu'elle considère comme non avenus, en ce qui la concerne, quoique le ministre du commerce les ait encore reconnus en 1849, dans un rapport savant et consciencieux, comme faisant loi et autorité dans la matière. Au reste, cette discussion que les bouchers ont renoncé à porter devant le Conseil d'État, pour s'en rapporter au Gouvernement et à l'administration, devient oiseuse devant le projet de loi que prépare l'Assemblée nationale, projet qui, par son caractère supérieur et actuel, effacera toutes les lois, ordonnances et réglementations antérieures. Les questions de légalité ne sont donc plus à examiner. Ce ne seraient que des récriminations stériles contre des infractions qu'une loi nouvelle confirmera ou rectifiera.

« En présence de ces recommandations de la Commission municipale, le comité aura à examiner, comme renseignements, les réclamations privées qui s'élèvent de différents côtés :

« 1° La *boucherie de Paris* a publié un *mémoire,* dans lequel toutes les questions sont examinées à son point de vue ;

« 2° Le *congrès agricole* a exprimé des vœux qui, sans avoir d'ailleurs une autorité même semi-officielle, peuvent être consultés ;

« 3° Un éleveur a mis au jour des brochures qui seront placées sous les yeux du comité, et dans lesquelles les mêmes questions sont discutées à un point de vue différent ;

« 4° Enfin, le Gouvernement lui-même a parlé dans une *notice* très-développée que M. le ministre de l'agriculture et du commerce a communiquée, en avril 1850 , au conseil général de l'agriculture, du commerce et des manufactures, conseil constitué par des décrets officiels.

« Ces publications, réunies aux documents antérieurs, que les deux préfectures de la Seine et de police tiendront à la disposition du comité, peuvent donc servir à éclairer ses discussions. Elles indiquent tous les points de vue de la question.

« Résumons-les : c'est tracer, paragraphe par paragraphe, le programme du comité.

§ I.

RECOMMANDATIONS DU CONSEIL MUNICIPAL.

« 1° Constater les résultats de la criée ;

« 2° Observer les effets produits par l'admission quotidienne des forains sur les marchés ;

« 3° Indiquer tous les moyens de surveillance à employer pour assurer la salubrité des viandes ;

« 4° Prendre ou conserver toutes les garanties nécessaires à la sécurité de l'approvisionnement régulier de la capitale ;

« En conséquence,

« Rapprocher les marchés de bestiaux du mur d'enceinte de Paris,

« Les établir à jour fixe,

« Maintenir ou perfectionner l'institution de la caisse de Poissy,

« Ne pas oublier l'utilité des abattoirs, en admettant, s'il y a lieu, les producteurs au droit d'abattre directement, et en y introduisant, s'il le faut, la vente à la criée,

« Établir, peut-être, des marchés de quartier, avec le mode de vente à la criée,

« Et se rappeler que l'organisation de la boucherie n'avait été conçue que comme faisant partie d'un système de garantie pour l'approvisionnement et la salubrité.

§ II.

VŒUX ÉMIS PAR LE CONGRÈS AGRICOLE.

« Distinguons d'abord les vœux généraux qui ne s'adressent qu'au Gouvernement, et sur lesquels le comité ne peut avoir à émettre qu'une opinion indirecte.

« Le congrès prie le Gouvernement,

« 1° De maintenir le droit de 50 francs par tête sur les bestiaux étrangers (d'autres désirent qu'on le supprime, et, sous ce rapport, sont plus conséquents avec le vœu général qui demande de la viande à bon marché);

« 2° De supprimer ou diminuer la garantie de neuf jours imposée aux vendeurs envers les acheteurs;

« 3° D'abaisser les tarifs des chemins de fer, ce qui dépend des actes de concessions faites aux compagnies;

« 4° De dresser et publier une statistique officielle de la production animale;

« 5° De faire recueillir et publier des renseignements précis sur le système d'engraissement, et sur le prix de revient des animaux non primés, mais présentés, comme elle le fait pour les animaux primés.

« Voilà pour les questions générales.

« Quant à ce qui concerne la boucherie de Paris, le congrès demandait la suppression de la caisse de Poissy (et par amendement il a demandé son extension);

« Il demande que tout individu puisse ouvrir un étal, moyennant un cautionnement;

« Il demande l'application du mode de la criée à plusieurs marchés distribués dans les quartiers de Paris;

« Il demande la diminution du droit de la criée, tandis que le facteur en demande l'augmentation ;

« Il demande enfin l'abaissement des droits d'octroi sur la viande.

« On voit que toutes ces demandes, conçues dans des intérêts spéciaux, ont besoin d'être contrôlées au point de vue des intérêts généraux. Il n'est pas clair que la consommation y trouve le bon marché qu'il s'agit de lui assurer.

§ III.

« Un éleveur (1), plus hardi encore dans ses conceptions, ajoute aux vœux du congrès ses vues particulières, exposées dans des brochures qui seront déposées sur le bureau.

« 1° Il veut que, en outre d'un grand marché central consacré à la criée, des marchés soient établis dans les abattoirs et dans les différents quartiers de la capitale, où la criée soit également en usage, au moyen de commissaires-priseurs; marchés qui amèneraient bientôt, selon lui, la suppression de tous les étaux partiels (mesure diamétralement en opposition à celle qui a pour objet de les multiplier). Il est bon de faire remarquer que cette mesure n'est elle-même qu'un retour à l'ancien régime, car on n'inventa les étaux particuliers, dans le dernier siècle, que pour faciliter aux consommateurs l'achat de leur marchandise, qu'ils étaient obligés auparavant d'aller chercher très-loin dans les marchés de quartier, ce qui occasionnait une perte de temps, et ce qui empêchait l'usage du crédit, si souvent nécessaire au petit consommateur. C'était donc un progrès. Or, Paris s'est agrandi, et tend à s'agrandir encore. Serait-il donc possible de multiplier les marchés assez pour mettre la viande à la portée des acheteurs ? Non, sans doute, ou ce ne seraient que de petits marchés, c'est-à-dire des rouages et des intermédiaires de plus. Tout cela ne contribuerait guère à la baisse de prix.

« 2° L'auteur de ces brochures imagine un autre moyen de circulation et de rapprochement de la denrée; c'est le colportage dans Paris, et toutes les barrières ouvertes. Le comité aura à examiner si la salubrité, si la surveillance, tant recommandées par la Commision municipale, seraient possibles avec ce mode de vente. On ne ferait plus que des saisies de rencontre, au hasard, et, à travers dix procès-verbaux, il se glisserait mille ventes nuisibles. Il est vrai que le même écrivain nie dans un de ses chapitres que la mauvaise viande soit nuisible à la santé. C'est une doctrine à examiner de près. Dans tous les cas, cette viande ne paraît guère profitable à l'alimentation.

« 3° Il est bien entendu que l'auteur de ces propositions demande également une large diminution des droits fiscaux de tout genre.

§ IV.

« Dans une question où tant d'intérêts étaient en présence, la boucherie de Paris devait intervenir. Elle a donc distribué un *mémoire* où tous les points de vue sont indiqués. Elle a résumé ce mémoire dans des *notes* qui le précèdent et le terminent, et dans une note supplémentaire imprimée à part. Le comité en aura communication. L'esprit général de ces notes, consacrées à la défense de la limitation, consiste à prouver

---

(1) M. De Tourdonnet.

que cette limitation est plus favorable au but qu'on se propose que l'illimitation, dont on a déjà essayé deux fois. La boucherie de Paris cherche à établir que l'intérêt des éleveurs y est même engagé. Elle conteste des assertions produites sur les prix des différentes qualités de viande ; elle combat les comparaisons qu'on a établies entre elle et la boucherie de Londres. Enfin elle conclut (si le Gouvernement veut essayer de nouveau de la liberté), elle conclut à réclamer une liberté *absolue*, entière, sans servitudes, sans gênes, telle que les autres industries la possèdent, sauf les précautions prises dans l'intérêt de la salubrité, comme on en prend à l'égard de tous les commerces qui peuvent toucher à la santé publique (épicerie, vins, pharmacie, etc.). Dans tous les cas, elle invoque ses conditions d'existence, l'origine de ses établissements, fondés à grands frais par ordre de l'administration ; ce qu'elle demande qu'on ne perde pas de vue, puisqu'il peut intervenir une question légale d'indemnité.

« Le syndic de la boucherie a été appelé par M. le Préfet de police à faire partie du comité, où il pourra fournir d'utiles renseignements et veiller aux intérêts qu'il représente.

§ V.

« Une série de questions sur le commerce de la boucherie avait été posée dès le commencement de 1850, par M. le Ministre de l'agriculture, dans une excellente *notice,* qui est déjà comme un programme tout dressé pour le comité de 1851.

« Cette *notice* contient un historique parfaitement exact et complet de l'institution de la boucherie et de la législation qui l'a régie jusqu'en 1848. Elle résume les mémoires présentés, à différentes époques et par des autorités diverses, pour ou contre la limitation du nombre des bouchers de Paris. Elle expose les réclamations et les droits de la boucherie elle-même avec une grande impartialité. Enfin elle propose au conseil général de l'agriculture et du commerce, en analysant les raisons pour et contre, dix questions dont la plupart peuvent être mises très-opportunément à l'ordre du jour du comité. En voici le tableau sommaire, qui complète, avec les questions déjà extraites de toutes les publications dont on vient de parler, l'ensemble du *programme* sur lequel le comité doit porter ses investigations et proposer ses avis.

« 1° Faut-il taxer la viande comme on taxe le pain ?

« 2° Faut-il maintenir la limitation du nombre des bouchers, et, en cas d'abolition, comment éviter une perturbation trop brusque dans le commerce de la boucherie ? Ne conviendrait-il pas, au lieu de fixer transitoirement un maximum d'admission comme on l'avait fait en 1825, de se borner à augmenter le cautionnement pour la caisse de Poissy, en n'appliquant cette mesure qu'aux bouchers qui s'établiraient à l'avenir ?

« 3° Faut-il conserver un syndicat ?

« 4° Faut-il maintenir un système de marchés spéciaux ?

« 5° Faut-il conserver la caisse de Poissy ? Doit-elle être obligatoire ou seulement facultative ? Peut-on la remplacer par une institution de crédit, commune aux deux départements de la Seine et de Seine-et-Oise ? Quelles devraient être les conditions du crédit à accorder par la Caisse ?

« 6° Faut-il continuer d'interdire la revente des bestiaux sur pied ?

« 7° Faut-il prohiber le commerce à la cheville ?

« 8° Faut-il modifier les dispositions relatives à la garantie de neuf jours ?

« 9° L'intérêt général veut-il le maintien des mesures prises pour étendre et fortifier le commerce des forains ?

« 10° Dans quelle forme doivent être prises les dispositions à intervenir sur le commerce de la boucherie à Paris ?

« Des Sous-Commissions du Conseil général ont rédigé deux rapports sur les questions posées par le ministre ; ils seront soumis au comité

« Le Gouvernement avait donc posé, dès l'année dernière, toutes les questions auxquelles touche ce grand intérêt agricole ; et l'on voit, dans la rédaction habile et savante de la *notice ministérielle,* que le ministre ne s'était dissimulé aucune des difficultés que le comité a maintenant à examiner, et que la publicité extérieure tranche depuis quelque temps avec un peu de légèreté.

« Ainsi le programme du comité est tout tracé par l'analyse des divers documents qu'on vient de mentionner :

« A. Délibération de la Commission municipale.

« B. Vœux du congrès agricole.

« C. Vues d'un éleveur.

« D. Mémoire de la boucherie.

« E. Notice du ministère du commerce et de l'agriculture.

« M. le président du comité indiquera l'ordre dans lequel il conviendra de discuter ces questions, toutes résumées dans ce programme. On en dressera le tableau pour servir successivement d'ordre du jour.

« Il sera tenu procès-verbal de ces débats, que l'on pourra convertir en projet de réglementation, qui aide la Commission municipale (comme elle le demande) à rédiger l'avis que M. le Préfet de la Seine lui a demandé au nom du Gouvernement.

« Cette enquête administrative, à laquelle les deux préfectures et la Commission municipale se seront livrées, aidera, à son tour, la Commission parlementaire, établie par décret de l'Assemblée, à préparer une loi fondamentale sur la matière, loi réclamée par les producteurs, par les bouchers commerçants, par l'Assemblée, souhaitée par le ministre, et fort désirable pour l'administration municipale, entravée à chaque instant par le grand nombre des dispositions contradictoires dont se compose aujourd'hui le Code de la boucherie.

« 29 Avril 1851.

« *Le Préfet de police,*

« CARLIER. »

Cette lecture faite, MM. les membres de la Commission demandent l'impression et la distribution à chacun d'eux d'un exemplaire de ce programme, qui a besoin d'être consulté pour que les observations auxquelles il pourrait donner lieu puissent être méditées à loisir.

M. le Préfet répond qu'il fera droit à ce vœu du comité et que la distribution du programme aura lieu le lendemain.

M. Lescuyot demande à présenter quelques observations, et s'exprime ainsi : « Messieurs, j'ai demandé la parole, d'abord pour remercier M. le Préfet de police, au nom de la boucherie de Paris, d'avoir appelé son syndic dans le sein de cette Commission, ce qui prouve, de sa part, l'intention d'entendre tous les intérêts avec une entière impartialité.

« Nous ne vous dirons, Messieurs, que la vérité en faits et en chiffres, car il ne faut pas croire que le silence que nous avons opposé aux dénonciations des journaux, qui se sont acharnés depuis six mois contre l'organisation de la boucherie, résulte de la difficulté d'y répondre ; mais nous ne pouvions accepter une discussion peu sérieuse, que des erreurs graves, des méprises et des inventions de tout genre, volontaires ou involontaires, nous donnaient le droit de considérer comme peu sincère. Nous avons laissé passer ce débordement d'articles, comme on laisse passer avec indifférence tout ce qui n'est pas vrai, parce qu'il n'y a que les accusations vraies de dangereuses. D'ailleurs, nous avions à discuter nos intérêts avec l'autorité compétente, et c'est à elle que nous avons adressé un *Mémoire* et des *Notes* où la vérité est rétablie sur pièces et preuves. Nous aurons l'honneur d'en adresser un exemplaire à ceux de vous, Messieurs, qui n'en auraient pas reçu communication à d'autre titre dans les distributions antérieures. Jusqu'à présent, nous n'avons entendu élever qu'une objection de forme contre ce *Mémoire,* c'est qu'il était trop long. Et cependant nous n'avons pas tout dit encore. Cette objection peut venir de personnes qui n'ont pas souci d'étudier la question, même en se permettant de la trancher. Mais de votre part, Messieurs, nous n'attendons pas un reproche semblable, car vous jugerez que ce *Mémoire* abrége beaucoup la lecture d'énormes documents que vous seriez obligés de consulter, soit dans les cartons des deux préfectures, soit dans les registres du syndicat, soit dans les répertoires administratifs. De nombreux écrits ont été publiés depuis quarante ans pour et contre la boucherie; des mesures contradictoires ont été adoptées à diverses époques par le Gouvernement. L'analyse de tout ce qui reste d'essentiel à la suite de ces longues contradictions se retrouve dans notre *Mémoire*. Nous le recommandons à votre attention; nous avons la conscience qu'il résout les difficultés qu'on nous oppose, et qu'il fait justice de préjugés qu'on a répandus dans le public et qu'on a cherché à faire partager par l'Administration elle-même.

« Aujourd'hui, de quoi s'agit-il dans la Commission? De préparer un projet de réglementation de la boucherie qui fera partie du travail que le Gouvernement a demandé au Conseil municipal de Paris. Ce n'est pas à nous de vous faire remarquer qu'il semble assez embarrassant de formuler un règlement avant la promulgation de la loi que rédigera l'Assemblée nationale, et dont ce règlement ne pourra être que l'exécution administrative; le Conseil municipal a entendu sans doute par ces mots *projet de réglementation* l'ensemble des idées qu'il vous paraîtrait opportun d'introduire dans la loi à intervenir; ce sera à vous, Messieurs, de bien définir le caractère de la rédaction qui vous est demandée.

« Mais ce que nous avons à vous faire observer, avant toute discussion, c'est que la délibération du Conseil municipal, qui vous a saisis de cette étude, a évité en prononçant le mot de *réglementation*, d'y adjoindre le mot de *liberté* de la boucherie dont on a tant abusé depuis six mois. Le Conseil a senti que ces deux mots, ces deux idées, étaient inconciliables; ils s'excluent l'un l'autre. Ce que nous devons vous faire remarquer encore, c'est que le Congrès agricole, qui vient d'émettre des vœux spéciaux sur la boucherie, et qui est loin d'être favorable aux intérêts existants, a reconnu la même incompatibilité entre deux ordres de choses tels que le régime de la *liberté* et l'empire du *règlement*.

Ainsi les journaux avaient rendu un compte inexact de ses délibérations. Ils avaient publié un prétendu procès-verbal où se trouvait exprimé le vœu que *le commerce de la boucherie soit déclaré libre et réglementé par l'Administration*. Ce vœu, rédigé par une sous-commission, a été écarté par le Congrès, et M. de Kergorlay, l'un de ses membres les plus distingués, a publié dans la *Presse* du 26 de ce mois, une lettre contenant une importante rectification. Voici un extrait de cette lettre;

« Votre rédacteur (écrit M. de Kergorlay à M. le Directeur de « *la Presse*) a cru que le Congrès avait adopté l'article ainsi rédigé par « la Commission :

« Que le commerce de la boucherie soit déclaré libre et réglementé « par l'Administration.

« J'ai fait remarquer au Congrès ce que cette rédaction renfermait de contradictoire, et, sur ma proposition, il a adopté, à une grande majorité, la rédaction suivante, conforme à celle qu'il avait votée depuis 1844 :

« Que le commerce de la boucherie soit libre sous la surveillance de l'Administration, et que le colportage des viandes soit autorisé, à l'instar de celui du poisson. »

« Ainsi, Messieurs, il résulte de ce rapprochement que, dans la pensée du Conseil municipal, la *réglementation* qu'il demande n'est pas compatible avec la *liberté,* de même que, dans la pensée du Congrès agricole, la *liberté* qu'il désire est incompatible avec la *réglementation.*

« J'appelle vos réflexions sur ces deux définitions fort distinctes, qui semblent résumer parfaitement la situation des choses, et les principes de la matière.

« La boucherie vous demande donc, avec le Conseil municipal, une bonne *réglementation* qui complète son organisation; ou, avec M. de Kergorlay et le Congrès agricole, une franche *liberté* qui ne soit soumise à aucune autre entrave que la *surveillance* toute naturelle de l'autorité, sous le double rapport de la salubrité et des poids et mesures.

« Je n'insiste pas davantage : votre sagesse comprendra notre réserve.

« Mais cette *liberté,* dont le mot a tant de retentissement, n'existe-t-elle pas aujourd'hui, même avec ce qu'on appelle le monopole? Elle existe par la concurrence des marchés forains, par la vente à la criée, par la faculté accordée à tous les producteurs de faire entrer dans Paris des viandes abattues. De quoi s'agit-il donc dans cette grande réforme dont on nous menace? De l'établissement de quarante ou cinquante étaux de plus. Est-ce bien là de quoi tant émouvoir le public, l'Administration et l'Assemblée nationale? Ce *bon marché* que l'on cherche, il est tout trouvé depuis vingt ans; nous vous le prouverons : nous avons toujours vendu de la viande à tous prix, selon les qualités. Mais je ne dois pas anticiper sur les questions de chiffres, que je rendrai très-claires pour vos esprits. Je me borne aujourd'hui à poser devant vous une question fondamentale, qui devra nécessairement réclamer vos premiers soins : *organisation réglementée* ou *liberté surveillée* comme celle de tous les commerces et de toutes les industries. »

SÉANCE DU 30 AVRIL 1851.

La distribution du programme lu à la dernière séance ayant eu lieu, on discute le point de savoir si l'on passera à l'examen des questions spéciales qui sont contenues au programme présenté par M. le Préfet, ou de toutes autres que le comité croirait utile de formuler, ou bien, s'il n'est pas préférable de laisser à chacun des membres du comité la faculté d'indiquer dans un aperçu général quelles sont ses vues individuelles. Ce dernier parti est adopté, comme offrant un avantage : celui de faire ressortir, de cette espèce de préface, la nécessité de comprendre dans le programme telle question qui n'aurait pas été prévue tout d'abord.

M. le Préfet donne la parole à M. Delestre, qui la demande.

« Je suis, dit-il, partisan de la liberté dans le commerce de la boucherie, parce que cette liberté, qui se règle elle-même, ne peut avoir les inconvénients du monopole. La liberté du commerce est la loi commune, le monopole est l'exception.

« Nous ne sommes plus dans les conditions où se trouvait Paris lors de l'organisation de la boucherie. Les chemins de fer ont rapproché de cette ville les bassins de production. Anciennement, il fallait tenir compte des lenteurs du voyage, des difficultés de la route, de la déperdition de substance causée par la fatigue des animaux amenés. Aujourd'hui, le télégraphe électrique aidant, on peut, du soir au matin, et par les voies ferrées, faire arriver la viande sur pied ou abattue sur le marché de Paris, qui, plus tard, deviendra un entrepôt général et pourra transmettre aux départements voisins le surplus de la viande nécessaire à ses besoins.

On a vainement tenté d'améliorer la situation faite aux consommateurs par l'organisation actuelle de la boucherie. Ainsi, après la révolution de Février, les droits d'octroi sur la viande ayant été abolis, le consommateur n'a pas vu diminuer le prix de cette denrée. Cet état de choses a duré quatre mois environ, et, comme les droits perçus par la Ville sont, en moyenne, de six millions par an, il en résulte que la boucherie parisienne a perçu deux millions à son profit et au détriment des intérêts municipaux et du consommateur. Il est vrai que, depuis 1848, le monopole a été combattu par des mesures administratives, telles que la vente quotidienne dans les étaux de marchés, l'introduction d'un plus grand nombre de forains sur ces marchés, et la vente à la criée établie aux Prouvaires. Mais ces mesures n'ont fait qu'atténuer et non disparaître les abus provenant d'une organisation en corporation. Cette organisation offre-t-elle des avantages, celui d'un approvisionnement régulier, par exemple, qui compense les inconvénients qu'il vient de signaler? M. Delestre ne le pense point. Pas plus que Londres, Paris ne manquera de viande sous le régime de la liberté. La consommation est bien autrement considérable à Londres qu'à Paris, et, quoique l'approvisionnement dans la première de ces deux capitales soit abandonné à l'intérêt privé, jamais la viande de boucherie n'a manqué dans les étaux. S'agit-il de constituer une réserve, en cas de disette? Faites des provisions de viandes salées et fumées, dont l'usage est répandu dans plusieurs pays.

Le contre-poids de tout monopole est la taxe : ainsi le prix de course des voitures de place est taxé par l'autorité; il en est de même du prix du pain, et, dans un ordre différent d'idées, mais analogue comme application du principe qu'une taxation doit être imposée à tout ce qui profite du monopole, on peut en dire autant des diplômes délivrés par l'université et même des droits payés au clergé pour les cérémonies du culte. La viande ne peut être taxée.

L'abolition du monopole aura pour résultat de donner une grande impulsion à la production et à la consommation, en faisant singulièrement diminuer les exigences des intermédiaires obligatoires, dont les bénéfices devraient se borner au prélèvement de la moitié de la différence entre le prix de revient et ce prix, augmenté de la valeur du temps à dépenser pour aller acheter directement la viande au marché commun.

Avec le monopole on peut au moins supposer la coalition des intermédiaires à nombre déterminé, pour obtenir de meilleures conditions de la part du producteur et du consommateur. La concurrence n'admet pas la possibilité d'une semblable pression.

« Si l'on examine les bénéfices que l'exercice de la profession de boucher permet aux propriétaires des étaux de réaliser, on ne s'arrêtera sans doute pas, dit M. Delestre, au chiffre indiqué par le syndicat de la boucherie dans le tableau qu'il a fait distribuer, et qui accuse un bénéfice de 7 francs par bœuf, de 1 franc 13 cent. par veau. Il y a là, selon lui, soit exagération dans l'énoncé des frais généraux, soit dissimulation du prix réel de vente des différents morceaux.

« Comment procède le boucher dans l'achat du bœuf sur pied? Il apprécie, à l'inspection, le rendement probable de l'animal à débiter, abstraction faite des abats. Il est supposable que le boucher s'arrange de façon à

2..

mettre la chance aléatoire de son côté. S'il s'agit de savoir ce que gagne la boucherie, elle se fait pauvre; si elle parle de la valeur des étaux dont elle désirerait le remboursement, elle en élève la valeur vénale. »

En ce qui concerne le prix d'achat des étaux dont le syndicat s'est occupé dans le mémoire qu'il a fait publier au nom de la boucherie, prix qui, selon ce document, disparaîtrait si l'illimitation était proclamée, M. Delestre fait observer qu'aucun étal n'a pu être ouvert sans permission de l'autorité, qui a imposé, en échange, certaines obligations auxquelles les bouchers se sont soustraits. « Ainsi, dit-il, la vente à la cheville, si formellement prohibée par les ordonnances, a toujours eu lieu. On peut dire que la boucherie a rompu elle-même le contrat synallagmatique passé avec l'autorité, qui a ressaisi, dès lors, le droit de retirer les permissions qu'elle a concédées; et cependant l'illimitation ne peut certes pas être considérée comme une dépossession, car la clientèle reste, et c'est l'achalandage qui constitue la valeur d'un étal. D'un autre côté, l'obligation de rachat d'étaux, imposée aux bouchers, les a servis en répartissant sur un moindre nombre la totalité des bénéfices de la boucherie parisienne. »

Revenant sur la comparaison qu'il a faite entre la boucherie de Londres et celle de Paris, M. Delestre exprime l'opinion, qu'ici comme à Londres la viande abattue envoyée du dehors doit être admise sans difficultés. La salubrité ne lui semble pas compromise dans ce cas. Les lésions qui ont pu altérer la viande d'un animal apparaissent bien plus à l'inspection de la bête morte qu'à celle qui serait faite des animaux sur pied, et l'odorat de l'acheteur lui suffit pour constater l'état plus ou moins avancé de la décomposition, quand elle arrive naturellement.

Au point de vue des intérêts généraux du pays, le monopole qui pèse en même temps sur la production et la consommation nuit essentiellement à l'agriculture, *cette grande mamelle de l'État*, en ne favorisant pas l'élève des bestiaux, qui fournissent un excellent engrais.

Le monopole est également préjudiciable à la santé publique. Une nourriture plus substantielle préviendra l'agglomération des malades dans nos hôpitaux, peuplés, en grande partie, par l'abstinence. L'ouvrier, mieux nourri, travaillera plus fructueusement pour lui-même et dans l'intérêt de l'industrie. D'après des documents que M. Delestre croit aussi exacts que possible, le tableau général de la consommation de la viande des diverses nations ne placerait la France qu'après les États-Unis d'Amérique, l'Angleterre et l'Allemagne. L'abolition du monopole modifierait cette classification.

M. Delestre réfute plusieurs objections présentées contre l'établissement de la libre concurrence. « On a dit : avec cette base, le boucher sera maître de fermer son étal quand il le voudra. Qu'importe? N'aura-t-on pas la vente à la criée qui ne sera plus illusoire, et le colportage de la viande, qui ne doit pas être plus défendu que celui du poisson, dont le commerce est permis à tous et qui n'a jamais fait défaut pour cause de libre concurrence.

« On allègue, en faveur du monopole, que moins il y aura de bouchers, moins il y aura de frais d'exploitation dont, en définitive, la consommation seule supporte l'aggravation. Si l'on se laissait entraîner par la logique dans cette voie, il faudrait en conclure qu'un seul établissement de boucherie serait préférable. Cet argument tombe devant l'absurdité d'une telle conséquence. »

M. Delestre termine en insistant pour que l'autorité compétente substitue la libre concurrence au monopole, dont aucun palliatif n'a pu neutraliser les effets fâcheux, pas même la vente à la criée, que l'on regardait comme le mode le plus efficace de concurrence à la boucherie parisienne, et qui a été paralysée par le seul fait des achats opérés pour le compte des bouchers eux-mêmes.

M. Lescuyot prend la parole pour répondre aux observations qui viennent d'être analysées. « La préfecture de police, dit-il, a fait faire par MM. les commissaires de police, après la révolution de Février, une enquête dans les différents quartiers de Paris, pour vérifier si le prix de la viande avait en effet baissé dans la proportion du droit d'octroi qui venait d'être supprimé. Les rapports de ces magistrats peuvent être produits et l'on s'assurera qu'une baisse notable a été constatée. Elle a été, pour la plupart des bouchers de Paris, de 10 centimes par kilogramme, et, pour un certain nombre, de 15 à 20 centimes. Les registres des bouchers en justifieraient au besoin. Or, il ne faut pas perdre de vue que dans les 12ᶜ,34 de droits perçus à l'octroi par kilogramme, se trouvent compris les droits de la caisse de Poissy et d'abatage, qui sont confondus. La suppression des droits d'octroi, en 1848, n'a pas entraîné cependant la suppression de ces derniers droits. La confusion, admise quand il s'agit de perception, a été rejetée lorsqu'il s'est agi de suppression. La diminution des droits sur la viande, après 1848, n'a donc été que de 8 centimes par kilogramme, et les bouchers ont baissé les prix de 10 centimes au moins. A cette perte que les circonstances imposaient à la boucherie parisienne aussi bien qu'à la Ville, les bouchers peuvent ajouter celle qui est résultée pour eux de la baisse sur les cuirs et sur les suifs, qui ont instantanément perdu près de la moitié de leur valeur. Il n'est donc pas juste de prétendre que les bouchers ont prélevé près de 2 millions sur la consommation, au préjudice des intérêts municipaux; car, n'eussent-ils pas diminué d'un centime le prix de la viande (et l'administration doit avoir par devers elle la preuve du contraire), que le chiffre de 2 millions n'en serait pas moins erroné, car il comprend près de 4 centimes par kilogramme des droits d'abattoir et de caisse de Poissy, qui n'ont pas disparu avec la suppression des droits d'octroi proprement dits. »

Quant aux entraves qu'aurait apportées la boucherie de Paris au développement de la criée, M. le syndic dénie à la boucherie le pouvoir (puisqu'on lui en prête la volonté) de paralyser ce développement. Il demande que l'Administration veuille bien indiquer l'importance des achats faits à la criée, tant par la boucherie de Paris que par les forains. Ces chiffres édifieraient le comité beaucoup mieux que les accusations qu'on porte, sans preuves, contre la boucherie.

Sur l'invitation de M. le Préfet, le chef du premier bureau fait connaître que, pendant les trois derniers mois qui viennent de s'écouler (janvier, février et mars), les apports totaux en viande de bœuf, veau et mouton sur le marché de la criée ont été de . . . . $775,808^k$ 9^h

Sur ces quantités, la boucherie de Paris
en a acheté. . . . . $337,039^k$ 6^h

La boucherie foraine. . . . . $359,487$ 7

Le surplus, soit. . . . . $79,281$ 6
a été acheté par les établissements publics,
traiteurs, etc.

Total égal. . . . . $775,808$ 9

M. *Husson* donne lecture d'une note exposant ses vues sur les questions agitées dans le sein du comité. Cette note est ainsi conçue :

« La question de la boucherie a été, depuis plusieurs années, l'objet de travaux développés et consciencieux ; mais telle est sa complication, qu'elle divise encore les meilleurs esprits. La position des personnes qui naturellement ont eu à l'examiner explique aussi ce désaccord. D'une part, les bouchers, suivant en cela les traditions du commerce, ont voulu conserver le privilége de vendre la viande aux conditions les plus avantageuses, parce que, dans leur opinion, le régime actuel de la boucherie parisienne serait la clef de voûte de l'approvisionnement de la capitale. Les producteurs, de leur côté, voulant voir s'améliorer la position de la production, réduite à d'insuffisants bénéfices, ont élevé la légitime prétention de vendre plus fructueusement leurs bestiaux, et plusieurs d'entre eux ont cru trouver un remède à la situation dans la pratique du *laissez-faire*. Enfin, ceux qui sont chargés de la défense des intérêts administratifs parisiens, ont longtemps oscillé entre le désir sincère de contribuer à mettre le prix de la viande livrée aux consommateurs en rapport avec le prix réel et légitime de la marchandise, et la ferme volonté de conserver à l'approvisionnement de Paris les garanties qu'il est plus important que jamais de maintenir.

« Aujourd'hui, et quoique des opinions très-divergentes existent encore, la solution de la question est plus avancée. Deux faits considérables se sont produits, et ils ont éclairé les idées d'une lumière nouvelle. Ces deux faits sont : 1° la dépréciation des productions de l'agriculture et l'abaissement du prix des bestiaux; 2° la vente quotidienne de la viande sur les marchés parisiens et la vente à la criée. Ajoutons qu'un document excellent, dû à la plume habile et impartiale d'un de nos collègues (*Notice sur le commerce de la boucherie*), a contribué à fixer les esprits, en plaçant sous nos yeux tous les faits législatifs et pratiques qu'il importait de connaître, et en nous mettant à même d'apprécier les deux systèmes qui ont été agités dans la discussion officielle.

« L'abaissement du prix de la viande a été considérable; cependant nous avons vu la boucherie parisienne maintenir presque généralement ses prix, et, je regrette de le dire, elle n'a pas consenti à faire jouir les consommateurs d'une diminution en rapport avec les prix d'achat. En 1848, on se le rappelle, les droits d'octroi sur la viande ont été supprimés un moment; et pourtant, à l'exception de quelques bouchers, la boucherie a maintenu sur beaucoup de points ses prix, et il est bien certain que c'est à elle surtout que l'affranchissement d'alors a profité. Est venue la mesure de réorganisation du service des étaux forains sur les marchés de Paris. Au lieu de 77 étaux dont les bouchers étaient en possession dans ces établissements et qu'ils occupaient deux fois par semaine, ils ont obtenu 125 places à occuper tous les jours, indépendamment de 40 places réservées aux bouchers parisiens; ce qui a porté en réalité à 626 le nombre des bouchers détaillants qui approvisionnent Paris, et à 666 celui des étaux de vente à l'intérieur.

« D'un autre côté, la vente à la criée, favorisée par l'affluence des bestiaux que le bas prix des fourrages a permis d'élever et par la nouveauté qui a séduit quelques éleveurs, a continué à agrandir le cercle de la concurrence, en donnant aux pensionnats, aux restaurants, aux tables d'hôte, à la troupe, aux établissements publics et commerciaux, les moyens de s'approvisionner par des achats directs.

« Sous l'empire de ces deux faits et sous la pression de l'opinion publique, le prix de la viande s'est abaissé aux abords des marchés surtout, où la concurrence faisait sentir ses effets, et, enfin, de proche en proche, les quartiers excentriques de Paris ont participé plus ou moins aux avantages de cette réduction. Lorsque la délibération de la Commission municipale a été connue, les bouchers excentriques voyant une décision souveraine dans ce qui n'est qu'un avis facultatif pour le Gouvernement, et prenant une tendance pour une doctrine, ont commencé à relever leurs prix, et, sous l'influence d'une augmentation qui s'est manifestée depuis quelques jours sur les marchés d'approvisionnement, une nouvelle augmentation a été imposée aux consommateurs, et aujourd'hui les prix de la viande de première qualité sont, dans les quartiers éloignés de la halle, revenus déjà au taux de 1847.

« Qu'est-ce que cela prouve, Messieurs? C'est que la concurrence seule, sous certaines garanties, peut faire tomber les prétentions exagérées, et remettre les prix en rapport avec la valeur vénale de l'objet et le bénéfice légitime du commerçant. Il faut donc organiser la boucherie de Paris dans le système d'une concurrence facilement accessible.

« Je ne pense pas qu'il faille songer à donner au commerce de la viande cette liberté que quelques personnes ont rêvée, et qui, sous la seule restriction des mesures de salubrité, permettrait la vente libre et le colportage de la viande. Ce système serait fatal à la production aussi bien qu'à l'approvisionnement de Paris, et, à l'époque agitée où nous sommes, il serait compromettant aussi pour la tranquillité publique. C'est en vain qu'on s'appuie sur les principes proclamés par l'Assemblée constituante pour réclamer cette liberté absolue. La même assemblée qui, au commencement de 1791, brisait la vieille organisation commerciale (lois des 2-17 mars 1791, art. 7, et 14 juin 1791, art. 1er) maintenait presqu'en même temps la sujétion du commerce de la boucherie (loi des 19-22 juillet 1791, titre Ier, art. 30). En cela, elle faisait acte de sagesse; car il importe, dans les grands centres de population et dans la capitale d'un pays organisé comme la France, que la question des subsistances ne puisse jamais devenir une cause d'échec pour l'ordre public et pour le Gouvernement. A l'époque où l'Assemblée constituante s'occupait de cet objet, la population de Paris ne s'élevait qu'à 500,000 ou 600,000 âmes; aujourd'hui elle atteint le chiffre de plus d'un million, sans compter la population si pressée de la banlieue, et, dans cette immense population, ne l'oublions pas, fermentent les passions les plus anarchiques.

« Il n'est donc pas exact de dire que la législation assure au commerce de la viande les libres allures octroyées aux autres commerces; est-il, je le demande, une sujétion plus grande, pour un commerce, que celle qui soumet à la taxe la marchandise qui en fait l'objet?

«Conservons donc la main de l'autorité sur le commerce de la boucherie, et donnons-lui seulement la somme de liberté suffisante pour assurer à la fois les intérêts des consommateurs et de l'ordre public, aussi bien que ceux des producteurs, en maintenant les facilités et les garanties du système actuel de l'approvisionnement parisien.

« Ce résultat peut être obtenu en réglant, d'une manière générale, les conditions de l'exercice de la profession de boucher à Paris, et en y admettant quiconque remplira ces conditions.

« Je n'entendrais pas rendre illusoire l'extension qui serait accordée, en donnant à ces conditions une trop grande rigueur. Il faudrait maintenir pour tous une situation égale et jeter les bases d'une concurrence loyale et sérieuse. Pour cela, je voudrais assujettir tout boucher, dans Paris, au régime d'une permission qui, outre les prescriptions ordinaires en matière de salubrité, imposerait, de la manière la plus expresse, l'obligation de tenir l'étal constamment ouvert et suffisamment approvisionné. J'ajouterais la condition d'un cautionnement modéré (3,000 francs) qui serait versé à la caisse de Poissy; car j'entendrais qu'on maintînt cette caisse, sans laquelle, je le prouverai, les garanties de l'approvisionnement auraient bientôt disparu.

« Ce système, qui n'est pas nouveau, je le sais, a à la fois l'avantage de créer une concurrence suffisante et de conserver à Paris des bouchers réguliers, tandis que le régime de la liberté absolue les aurait dans peu transformés en simples colporteurs de viande. Et qu'on ne croie pas que ce soit là un point insignifiant. Il importe aux intérêts des producteurs comme à ceux d'une bonne alimentation, de conserver à Paris les bouchers réguliers; car ce sont eux qui achètent les plus beaux bestiaux et qui livrent à la consommation les viandes les plus fines et les plus nutritives. En voici la preuve :

« En 1850, les 37 bouchers en gros qui abattent pour les 262 détaillants qui ne vont pas sur les marchés ont acheté :

	BŒUFS.	VACHES.	VEAUX.	MOUTONS.	VALEUR.
	22,798	3,143	13,837	173,287	10,943,281ᶠ
Tandis que les 202 bouchers réguliers qui n'achètent que pour les besoins de leur étal ont fait les achats suivants....	19,030	5,861	24,120	75,710	11,804,906

« Ces chiffres établissent que, quoique les bouchers chevillards aient livré à la consommation de Paris une quantité de bestiaux supérieure en nombre à celle achetée par les bouchers réguliers, les prix de leurs achats sont restés inférieurs; d'où il faut nécessairement conclure que les viandes qui se débitent chez les bouchers qui vont sur les marchés d'approvisionnement sont supérieures en qualité à celles qui se consomment par l'intermédiaire des bouchers en gros.

« Des considérations qui viennent d'être exposées, il ressort qu'il y a nécessité d'agrandir à Paris le cercle de la concurrence dans le commerce de la viande, et qu'il est nécessaire d'y rendre illimité le nombre des bouchers, en les assujettissant seulement au régime de la permission et du cautionnement.

« Il faudrait aussi conserver les étaux forains existant sur les marchés, en créer dans les marchés qui n'en ont pas encore, le tout afin d'augmenter encore les éléments de la concurrence. Cela est indispensable pour éviter les inconvénients qui se produisent aujourd'hui dans le commerce, pourtant libre, de la charcuterie, où, malgré la dépréciation des bestiaux sur les marchés d'approvisionnement, les prix de vente au détail se sont abusivement maintenus. Mais je voudrais que les forains eux-mêmes fussent astreints à des conditions plus sérieuses. Ils font aujourd'hui ce qui leur plaît et vendent le genre, la quantité et les morceaux dont le trafic leur est le plus avantageux. Celui-ci vend des filets seulement ou des morceaux de première qualité, et n'étale aucune viande inférieure ; celui-là n'expose en vente ni veau, ni mouton, lorsque le prix de ces denrées s'est un peu élevé. Il faut faire cesser cet état de choses et exiger la condition d'un approvisionnement suffisant, en échange de la faculté de venir exercer dans la ville et à peu de frais une profession qui peut donner des bénéfices raisonnables. Cela est d'ailleurs nécessaire pour que la vente foraine remplisse le but que l'on s'est proposé, à savoir, de favoriser une concurrence réelle, qui doit tourner à l'avantage des consommateurs.

« Enfin je conserverais aussi la vente à la criée qu'il faut favoriser, tout en la soumettant à une surveillance très-étroite. Mais, au lieu de la multiplier, comme paraît le désirer la Commission municipale, je la concentrerais à la halle. En effet, les marchés en gros sont, en tant que marchés publics, des marchés régulateurs, et ils ne peuvent exister en même temps sur plusieurs points sans risquer de compromettre l'approvisionnement ou d'élever les prix, en disséminant la marchandise et l'acheteur. D'un autre côté, il faut remarquer que les abattoirs ne sont ni des marchés ni des propriétés particulières, et que la vente à la cheville qui s'y effectue n'a rien de régulier. J'obligerais donc les bouchers chevillards à se conformer au droit commun et à venir faire leur commerce à la halle publique. Cette mesure aurait l'avantage de couper court au reproche fait aux chevillards de dominer le marché, et aussi l'avantage de mettre en présence la somme des besoins et celle de l'approvisonnement en viande abattue.

« J'ai dit tout à l'heure que la caisse de Poissy était la base de l'approvisionnement de la capitale. En effet, veuillez ne pas oublier que ce qui fait la faveur des marchés parisiens, c'est la certitude pour l'éleveur de remporter presque toujours son argent et de ne courir presque aucune des chances périlleuses auxquelles les autres branches de commerce sont assujetties (1). C'est à la caisse de Poissy que l'on doit d'avoir pu main-

---

(1) Les chances sont nulles pour l'approvisionnement de Paris, c'est-à-dire pour moitié environ de l'approvisionnement total, grâce à la caisse de Poissy ; et l'existence de cette caisse a obligé les forains à faire la plupart des transactions au comptant.

tenir dans le commerce des bestiaux l'habitude des transactions au comptant; car, si les avances de la caisse sont peu considérables, eu égard à l'ensemble de ses opérations, elle ne produit pas moins ce résultat important pour la production, d'obliger l'acheteur à solder immédiatement le prix de la marchandise. Remplacez la caisse de Poissy par je ne sais quelle caisse de crédit facultative, et vous changez de fond en comble le système de l'approvisionnement : vous introduisez dans le commerce des bestiaux les usages du commerce libre; les transactions ne se font plus au comptant; le producteur, déjà réduit à de si minces bénéfices, fait des pertes, et, découragé, il restreint sa production ou dirige ses produits sur d'autres marchés.

« La caisse de Poissy a encore l'avantage de constater au profit du producteur le prix des ventes, et d'offrir à celui-ci les moyens de se prémunir contre les infidélités des intermédiaires. Cet avantage, elle pourrait le procurer plus complétement encore, si son action, loin d'être restreinte, était étendue. Pourquoi la caisse de Poissy n'offrirait-elle pas ses crédits au boucher forain qui lui verserait un cautionnement ? Pourquoi ne serait-elle pas autorisée à payer, moyennant une légère rétribution, les achats au comptant qui sont effectués sur le marché par les forains, ou à constater, par l'obligation d'une déclaration qui lui serait faite, les achats qui ont lieu à crédit? On assurerait ainsi la sincérité des transactions, et l'on pourrait alors établir des mercuriales qui donneraient la mesure vraie de la valeur de la viande sur pied. Enfin rien n'empêcherait que des jurés-vendeurs ou des commissionnaires assujettis à certaines formes ne fussent accrédités sur les marchés, pour être à la disposition des producteurs qui n'y viennent pas par eux-mêmes. Ces intermédiaires, dont l'emploi serait tout facultatif, offriraient aux éleveurs la garantie qui leur manque aujourd'hui, avec les commissionnaires marrons chargés des intérêts des éleveurs, et qui ne sont soumis obligatoirement ni aux déclarations d'origine ni à aucune forme protectrice des intérêts de leurs commettants.

« A l'égard des marchés d'approvisionnement, notamment des deux grands marchés de Sceaux et de Poissy, je ne pense pas que leur situation et le mode de vente, tel qu'il s'y pratique, aient une influence quelconque sur les intérêts de la production et de la consommation. Plusieurs personnes cependant ont songé à les déplacer et à les concentrer en un ou deux marchés qu'il s'agirait d'installer, soit à l'intérieur de Paris, soit en dedans du mur d'enceinte des fortifications. Mais cette mesure présente des inconvénients de plusieurs sortes : d'abord, il convient de faire observer que ce n'est ni le temps ni la dépense qui s'opposent à ce qu'un certain nombre de bouchers parisiens aillent sur les marchés. On va au marché de Sceaux en quelques minutes et pour moins de 5o centimes; on peut aller à Poissy en trois quarts d'heure et pour moins de 2 francs.

L'abstention d'un grand nombre de bouchers tient à d'autres causes, et lorsque vos marchés seraient dans la plaine de Montrouge ou dans celle des Batignolles, ils ne compteraient pas un acheteur de plus.

« En outre, il vous faut des marchés spacieux et qui puissent recevoir le même jour 2,400 bœufs, 500 vaches, 1,500 veaux et 16,000 moutons, au moins, chiffre des forts arrivages. Ce n'est pas à moins de 4 ou 5 millions qu'il vous serait possible de créer ces établissements, bâtiments et terrains, aux abords de Paris; et serait-il prudent de le faire, quand on ne sait encore si l'achèvement ou le plus long usage des chemins de fer ne doit pas modifier le mode de votre approvisionnement, et si ces voies rapides de communication ne doivent pas vous amener bientôt, à la place de l'animal vivant, la viande abattue et préparée aux points d'intersection des principales routes ? J'ajouterai enfin que, dans l'état des finances de la Ville, il lui serait matériellement impossible de songer à faire actuellement une pareille dépense.

« N'y aurait-il pas, d'ailleurs, des inconvénients de plusieurs sortes à faire pénétrer, au milieu même des populations agglomérées, tout le mouvement des bestiaux, mouvement considérable, immense, dangereux, et qui ne tarderait pas à donner lieu aux plaintes les plus vives et les plus fondées; car, pour ne parler que des plus fortes quantités, les bestiaux amenés sur les marchés de Sceaux et de Poissy s'élèvent annuellement en bœufs à 162,000 têtes, et en moutons à plus de 1,000,000 de têtes. En amenant au milieu de nos populations ce mouvement, qui, aujourd'hui, n'a lieu que pour moitié environ et par quantités plus divisées, nous n'accomplirions pas un progrès. Le parlement anglais vient, après cinquante ans de lutte, d'ordonner l'éloignement du marché à bestiaux qui déshonorait la ville de Londres, et c'est loin des centres de population qu'il entend reléguer cet incommode établissement.

« N'oublions pas non plus que les moutons qui sont amenés sur nos marchés, au nombre de plus de 1,000,000 de têtes, doivent être mis à la pâture avant et quelquefois après le marché. 4 à 500 hectares de prairies aux abords de Poissy, 300 hectares à la porte de marché du Sceaux, offrent aux moutons des pâturages indispensables et qui manqueraient sur les points auxquels on paraît songer.

« S'il y avait quelque chose à faire pour faciliter les transactions, ce serait de demander de nouveau la fixation d'un second jour par semaine pour la tenue du marché de Sceaux. Ce marché est admirablement situé pour être à la portée des acheteurs et des arrivages. Par la belle route de Choisy-le-Roi à Versailles, peu fréquentée sur la plus grande partie de son parcours, il reçoit les provenances du midi et de l'ouest, et lorsqu'un embranchement de chemin de fer aura été poussé vers Alençon, il pourra y amener les bœufs normands avec une merveilleuse facilité.

Un agrandissement, d'ailleurs facile et peu coûteux, permettrait cette amélioration sur un marché qui appartient à la Ville, dont elle va recouvrer la jouissance et qui va lui donner un revenu de 100,000 francs.

« Je terminerai par dire un mot d'un mode de vente auquel on paraît avoir songé, et qui consisterait à introduire, au moyen de facteurs, la vente à la criée sur les marchés aux bestiaux. Ce mode est tout simplement impossible, et il serait contraire à l'intérêt des producteurs et des consommateurs, en ce qu'il ne manquerait pas de livrer le marché à la spéculation. On comprend facilement que, pour vendre dans un jour les quantités que nous avons indiquées plus haut, 2,400 bœufs par exemple, il faudrait nécessairement supprimer, dans une certaine limite, la faculté, précieuse pour les bouchers, de toucher l'animal, et vendre par bandes plus ou moins nombreuses les bestiaux dont une grande partie, la moitié environ, se vend aujourd'hui par tête. Les achats des 202 bouchers réguliers atteignent, pour les bœufs seulement, une moyenne de 3 têtes par semaine, soit une ou deux têtes par marché. La vente à la criée aurait pour résultat de chasser du marché ces acheteurs intéressants, qui ne pourraient plus ni toucher à loisir les animaux qu'ils ont en vue, ni obtenir toujours l'espèce et les qualités qu'ils désirent. Le mode à la criée est donc impossible, par la raison d'ailleurs qu'il est impraticable.

« En résumé, je suis d'avis qu'il convient,

« 1° De proclamer l'illimitation du nombre des bouchers à Paris, en les astreignant à des conditions générales et faciles à remplir, c'est-à-dire à l'obligation de l'approvisionnement permanent et d'un cautionnement modéré ;

« 2° De maintenir et d'étendre la vente quotidienne sur les marchés de détail ;

« 3° De maintenir aussi la vente à la criée, en y concentrant toute la vente à la cheville qui se fait aujourd'hui dans les abattoirs publics ;

« 4° De maintenir enfin les marchés actuels d'approvisionnement, sauf à fixer un second jour de vente au marché de Sceaux ;

« 5° Enfin de maintenir l'institution actuelle de la caisse de Poissy, sauf à étendre ses opérations et à établir près d'elle des jurés-vendeurs ou commissionnaires assujettis à certaines formes. »

M. Lupin s'élève contre l'emplacement des marchés de Sceaux et de Poissy, situés à une distance trop éloignée de Paris. C'est faire faire aux animaux d'abord, et aux acheteurs ensuite, des voyages dont les frais viennent ajouter au prix de la viande. Il parle notamment des bestiaux qui, arrivant à Paris par le chemin de fer du Nord, sont dirigés sur Poissy pour être ramenés ensuite à Paris. L'inutilité de ces allers et retours est manifeste pour tout le monde, et les inconvénients qui en résultent pour tous les animaux sont bien autrement graves quand il s'agit des bœufs dits de *renvoi,* qui en éprouvent une notable dépréciation.

S'attaquant ensuite au monopole de la boucherie, l'honorable membre fait remarquer que, depuis soixante ans, toutes les industries émancipées par la loi de 1791 ont pris un développement prodigieux ; que la consommation de la viande seule est restée stationnaire. Selon lui, la cause en est au monopole de la boucherie, et la consommation restreinte a réagi à son tour sur l'agriculture. Il reproduit, d'après M. Delestre, les chiffres suivants de consommation de la viande comme point de comparaison entre les divers États de l'Europe et de l'Amérique, savoir :

Moyenne par tête, États-Unis	80	kilog.
—————— Angleterre	60	
—————— Allemagne	55	
—————— France	30	
—————— Belgique { villes	15	
{ campagnes	5	

et il conclut à la liberté du commerce de la boucherie, comme devant amener, par un nombre d'acheteurs plus considérable, une concurrence qui tournera au profit tout à la fois de la consommation et de la production.

M. de Torcy fait observer qu'à Paris seulement existe, ou plutôt existait le monopole de la boucherie ; que partout ailleurs le commerce est libre, et que la consommation de viande, relativement faible, qui a lieu en France, doit, dès lors, être attribuée à d'autres causes qu'il s'agirait de rechercher.

A l'appui de cette observation, *M. Lescuyot* cite la ville de Versailles, où le nombre des bouchers était autrefois limité. Depuis l'illimitation, ce nombre s'est restreint de lui-même, et la viande ne s'y vend pas, pour cela, à plus bas prix.

M. Lupin expose rapidement les avantages qui résultent, pour la population, d'une consommation développée en viande de boucherie. A part la santé publique, qui doit intéresser l'autorité, les classes laborieuses trouvent dans l'usage de la viande une alimentation plus nutritive qui, développant les forces physiques, leur permet d'appliquer à leurs travaux une force plus grande, ce qui contribue indirectement à l'augmentation de la richesse produite. Ce fait n'a pas besoin de démonstration, et cependant M. Lupin ne peut s'empêcher, dit-il, de rappeler ce qui s'est passé lors de la construction du chemin de fer de Rouen, où la main-d'œuvre, simultanément employée, des ouvriers français et anglais, a présenté des résultats importants en faveur de ces derniers.

Répondant à l'observation de M. le syndic de la boucherie sur la baisse des suifs et cuirs en 1848, l'honorable membre rappelle que pendant les années 1845, 46 et 47, cette dépréciation n'existait pas, et les prix élevés ont cependant été maintenus à l'étal. C'est, ajoute-t-il, qu'il est dans la nature du monopole de s'assurer le plus de bénéfice possible ; que si, au contraire, la liberté de la boucherie existait, le producteur serait mal fondé à se plaindre, car il rentrerait dans le droit commun et serait soumis, comme tous les commerçants, aux chances de hausse ou de baisse déterminées par des causes naturelles auxquelles il faut savoir se résigner. Il ne faut donc pas de réglementation ; l'excès de sévérité des règlements en amène la violation, et c'est ainsi qu'une législation anormale tombe en désuétude. C'est ce qui est arrivé de l'obligation imposée aux bouchers d'aller en personne faire leurs achats sur les marchés de Sceaux et de Poissy. Laissez le commerce acheter où il veut et comme il veut. L'approvisionnement, de même que la salubrité est ici désintéressé ; ce n'est pas, dit M. Lupin, une corporation qui garantira l'approvisionnement de Paris. Qu'iraient faire à Sceaux et à Poissy MM. les bouchers, si les éleveurs n'y envoyaient leurs bestiaux ? C'est donc aux départements producteurs qu'il faudrait imposer l'obligation de diriger leurs animaux sur les marchés, pour pouvoir dire que ces règlements assurent l'approvisionnement. Quant à la salubrité, on peut, sans inconvénient, s'en rapporter au consommateur ; on doit être certain qu'il ne fera point l'acquisition de viande insalubre. La surveillance n'existe pas dans les campagnes, l'on n'en éprouve pas d'inconvénients. En terminant, l'honorable membre demande que les droits établis sur la viande de boucherie soient notablement diminués ; c'est le moyen le plus efficace de donner une certaine impulsion à la consommation, et la production y trouverait, à son tour, les avantages que réclame l'agriculture.

M. Julien demande la parole pour porter à la connaissance du comité un fait récent qui n'est pas sans importance, et qui prouve la possibilité d'un fort accroissement de la consommation en viande, ainsi que l'influence salutaire qu'il pourrait exercer. « A Amiens, dit-il, la liberté existait bien dans l'exercice de la profession de boucher. Mais les différents morceaux de viande se vendaient à raison de 65 centimes le demi-kilog. Le comice agricole s'émut du maintien de ce chiffre, nonobstant le bas prix des bestiaux sur pied. Une boucherie sociétaire fut fondée par plusieurs de ses membres et des habitants notables. Les différents morceaux furent vendus selon leur qualité à raison de 55, 45 et 35 centimes le demi-kilog. La consommation s'éleva d'un quart. On en justifie par les registres d'octroi, qui constatent, en même temps, une diminution dans l'usage des liqueurs fortes, et cependant, malgré le prix réduit de la vente, les actionnaires de la boucherie sociétaire se font des bénéfices. Ce sont là, au point de vue matériel et moral, des résultats dont je livre l'appréciation aux méditations du comité, et qu'un régime de corporation et de limitation aurait rendus impossibles. Le même fait prouve bien aussi que la liberté commerciale, quoiqu'elle soit le meilleur régime, ne crée pas toujours et nécessairement une véritable concurrence; mais elle permet, au moins, aux consommateurs et aux producteurs de provoquer ou d'établir, au besoin, cette concurrence. »

Du reste, et tout en admettant, ainsi qu'on vient de le voir, que la consommation de la viande peut s'accroître en France, M. Julien ne pense pas qu'elle soit relativement aussi faible que le feraient supposer les chiffres cités tout à l'heure et contre lesquels il élève plusieurs objections.

M. Lupin, continuant l'exposé de ses vues, compare les prix de vente, dans les étaux de Bourges, à ceux des étaux dans Paris. Dans la première de ces villes, dit-il, les bons morceaux sont de 5o centimes, et la différence entre les prix de Paris et de Bourges ne peut pas s'expliquer uniquement par celle des droits d'octroi, qui n'est guère que de 6 centimes entre les deux villes. Bien plus, les bouchers de Bourges ont été engagés l'automne dernier, par les bas prix, à venir acheter sur les marchés de Sceaux et de Poissy, les bœufs dont ils avaient besoin, parce qu'ils les payent moins cher que dans les contrées où ils devraient naturellement s'approvisionner. Cela ne peut s'expliquer, selon lui, que par la pression que l'organisation actuelle de la boucherie parisienne lui permet d'exercer sur les cours.

M. Lescuyot répond à ces observations en faisant remarquer que la boucherie de Paris n'achète jamais que la moitié environ des animaux amenés sur le marché, et que, pour que la pression qu'on lui reproche pût exister, il serait indispensable non-seulement qu'il y eût coalition entre les 2oo bouchers de Paris qui fréquentent les marchés (chose déjà fort difficile, pour ne pas dire impossible), mais encore entre ceux de la banlieue, au nombre de 15o à peu près, et ceux d'un rayon plus étendu, au nombre de 2oo environ, qu'attirent les grands approvisionnements. Il y aurait donc coalition entre 55o bouchers divisés d'intérêt et appelés à se faire concurrence, en ce qui concerne surtout ceux de la banlieue. Les torts qu'on impute toujours à la boucherie de Paris, ajoute en terminant M. Lescuyot, peuvent, avec plus de raison, être rejetés sur d'autres. La baisse des cours, si tant est qu'elle existe, s'expliquerait d'une manière plus vraie par l'intermédiaire des commissionnaires, qui prêtent les mains à des abus que M. le directeur de la caisse de Poissy pourra certifier avec plus d'autorité que lui-même.

SÉANCE DU 1ᵉʳ MAI 1851.

La parole est à M. *de Tourdonnet.*

« La vie à bon marché, dit-il, n'est pas la vie au rabais, la vie au plus bas prix possible. Il y a deux intérêts à sauvegarder, celui de la consommation, qui ne peut être sacrifiée sans trouble, et celui de la production, avec laquelle il faut aussi compter ; car, si on la place dans de mauvaises conditions, elle se ralentira et compromettra la sécurité des approvisionnements. Il est donc nécessaire d'inscrire, au nombre des considérants qui précéderont la délibération de la Commission, une formule nette et précise, exprimant que la vie à bon marché consiste dans l'équilibre entre la production et la consommation, de telle sorte que l'une ne paye pas trop cher, et que l'autre soit néanmoins suffisamment rétribuée. C'est un principe économique qui doit être connu de tous, impossible à traduire par des chiffres, mais vrai théoriquement, et qui recevra son application selon les circonstances et la variabilité du prix de revient. Quant à l'accroissement de la consommation, cela ne se décrète pas ; il résultera tout naturellement de l'éducation publique, qui se transformera au point de vue alimentaire, comme à tous les autres, par le bon marché des denrées, amené par une production plus abondante et par l'amélioration des règlements et des habitudes du commerce.

« L'augmentation directe de la production dépend d'une infinité de circonstances qui ne sont pas du ressort de la Commission, et qui, dans tous les cas, ne pourraient être examinées par elle que plus tard et subsidiairement.

« L'amélioration des règlements et des habitudes du commerce des viandes, d'où doit découler indirectement l'accroissement de la production, c'est le but spécial auquel doit tendre la Commission ; et, pour l'atteindre, elle doit rechercher quels sont les rouages intermédiaires qui entravent le fonctionnement du commerce.

« Les intermédiaires sont de deux sortes, les uns actifs, les autres inertes ; d'une part, les commissionnaires, bouchers, regrattiers ; d'autre part, les droits d'octroi ou autres analogues, et les tarifs des chemins de fer.

« Les droits fiscaux et les tarifs devront être examinés par le Comité, quoique le programme municipal ne les mentionne pas ; mais ce qu'il est le plus urgent d'analyser, aux termes mêmes du programme, c'est le fonctionnement de la boucherie de Paris.

« On a assez agité, dans les précédentes séances, la question du monopole et de la liberté, pour qu'il soit inutile d'y revenir. L'opinion de la Commission est faite sur ce point. Cependant, ajoute M. de Tourdonnet, je crois devoir faire observer que, à mon sens, l'ordonnance royale de 1829 et les ordonnances de police de 1848 et 1849 sont incompatibles. Les dernières portent atteinte à la première sans la détruire, et celle-ci nuit singulièrement à l'exécution des ordonnances nouvelles. Il faut un terrain déblayé, une loi précise, et non susceptible d'interprétation facultative. Donc, ou la liberté surveillée, ou le monopole absolu ; il faut choisir. »

Abordant la discussion des règlements qui régissent le commerce de la boucherie, M. de Tourdonnet s'exprime ainsi :

« Je dois répondre quelques mots à M. Husson, qui nous a présenté hier un projet complet. La position officielle de M. Husson nous fait supposer que, tout en exprimant son opinion personnelle, il parle en nom collectif, et qu'il traduit la pensée de l'Hôtel de Ville. Cela étant, les producteurs doivent se féliciter de la tournure que prennent les choses. Depuis longtemps, les plus grands obstacles que j'ai rencontrés pour arriver à la réforme des abus de la boucherie, provenaient de l'Hôtel de Ville ; et, aujourd'hui, je suis heureux de constater que, sur les points les plus importants, je me rallie, au nom des intérêts que je défends, à l'opinion manifestée par M. Husson, au nom de l'Hôtel de Ville.

« Ainsi, 1° illimitation du nombre des bouchers ; établissement d'un étal sous la seule formalité de déclaration ;

« 2° Augmentation du nombre des marchés et des étaux dans ces marchés ; égalité de conditions pour tous les bouchers urbains ou forains ;

« 3° Concentration de la vente à la criée, en gros et demi-gros ;

« 4° Création de jurés-vendeurs cautionnés ;

« 5° Application d'une caisse de crédit aux forains et aux acheteurs. »

M. de Tourdonnet se réserve de prendre la parole sur ces divers points, au fur et à mesure de la discussion à laquelle ils devront donner lieu, et combat M. Husson sur les suivants :

1° Nécessité d'un cautionnement et d'un approvisionnement obligé ;

2° Maintien de la caisse de Poissy avec son organisation actuelle ;

« Les chemins de fer, dit-il, ont complétement modifié nos habitudes commerciales. L'effet de la concentration serait l'encombrement des produits et l'avilissement des prix. S'il faut que Paris soit suffisamment approvisionné, il n'est pas moins nécessaire de laisser aux expéditeurs la faculté de transporter ailleurs les denrées surabondantes. Paris doit donc être tout à la fois centre de consommation et entrepôt de transit.

Il faut dès lors rapprocher les marchés des barrières, afin d'entrer directement et d'expédier au loin au moyen des chemins de fer reliés entre eux.

« La suppression des marchés de Sceaux et de Poissy, et la création de deux nouveaux marchés ou entrepôts, l'un au nord, l'autre au sud de Paris sont indispensables. La Commission s'occupera, s'il y a lieu, de leur réglementation. « M. de Tourdonnet entre ensuite dans diverses considérations spéciales pour démontrer la nécessité des entrepôts; il parle du changement d'habitudes de la population parisienne, qui ne veut plus que de hauts morceaux; il fait connaître au comité les renseignements qui lui ont été fournis par plusieurs bouchers, tous d'accord sur ce point que l'échange des hauts et bas morceaux entre les différents quartiers de Paris n'a plus lieu aujourd'hui, parce que les bouchers ne peuvent plus se défaire de leur basse viande, pour laquelle il faut chercher un débouché extérieur.

« Les producteurs, dit-il, n'enverront plus à Paris que les morceaux demandés; ils expédieront le reste ailleurs; donc ils abattront sur place. C'est là, dans un temps donné facile à prévoir, une révolution complète dans le mode d'approvisionnement de Paris en viande de boucherie. A cet effet, il faut prendre ses mesures et préparer les entrepôts. »

M. de Tourdonnet réfute quelques objections présentées par M. Husson relativement à l'alimentation momentanée du bétail amené vivant sur les marchés d'approvisionnement, et en particulier des moutons. Il cite quelques faits vérifiés par lui et qui confirment l'opinion que les ouvriers ne veulent plus que les denrées de première qualité. Il s'appuie notamment sur les essais tentés par M. Gerdès, imprimeur, en ce qui concerne la viande et le vin. Les 120 ouvriers qu'il emploie veulent les meilleurs morceaux des meilleurs bœufs et le meilleur vin de table. Ils savent, disent-ils que la bonne viande s'assimile plus à l'homme, et ils préfèrent un volume moindre avec qualité supérieure à une quantité plus forte à prix réduit. Il en est de même pour le vin.

La conséquence de ces faits est qu'il faut modifier les lois et règlements selon l'esprit du temps, et qu'il n'y a pas un moment à perdre pour mettre la viande à la portée de tous, d'après les habitudes nouvelles que les chemins de fer et l'éducation publique ont introduites chez nous.

M. de Tourdonnet termine en remerciant M. le Préfet de police d'avoir appelé des producteurs dans le sein du comité. C'est la première fois qu'ils sont admis à défendre leurs intérêts contradictoirement avec l'administration municipale. C'est une heureuse et féconde innovation. Il conclut en demandant la liberté absolue pour le vendeur et l'acheteur, sous la surveillance de la police.

M. Mosselman appelle l'attention du comité sur les expéditions de viande qui ont lieu de la Normandie en Angleterre. Il est à craindre qu'elles ne prennent un développement nuisible à l'approvisionnement de Paris. Cela tient à ce que la production trouve, de l'autre côté du détroit, des prix d'autant plus avantageux que, depuis l'établissement des chemins de fer, les contrées, autres que la Normandie, qui concourent à l'alimentation de la capitale peuvent y faire arriver leurs produits en moins de temps et à moins de frais qu'autrefois. Le Calvados et la Manche, jadis plus favorisés que les autres départements, se trouvent maintenant dans un état d'infériorité marquée, dont ils cherchent à s'affranchir, en se créant un débouché pour venir, par mer, prendre le chemin de fer du Havre. Il faut venir en aide à ces tentatives pour se conserver les produits de la Normandie, et, dans ce but, proclamer la liberté de la boucherie, parce que ce sera décréter, en même temps, la suppression de nombreux intermédiaires qui prélèvent une bonne partie du prix de vente, ce qui accroîtra d'autant la part de l'éleveur.

L'organisation de la criée sur une grande échelle tendra au même résultat, et voici comment : En envoyant leurs animaux sur pied, les éleveurs de la Normandie perdent les cornes, les pieds, etc., dont il ne leur est pas tenu compte et dont ils tireraient cependant grand parti comme engrais. Les cuirs reviennent aussi dans les tanneries, en assez grand nombre ; les frais de transport sont donc payés deux fois pour ces cuirs, et l'on sait que le poids en est considérable. De plus, une forte partie de la graisse provenant des animaux retourne aux lieux de production, où elle est consommée par les habitants. Si les bœufs étaient abattus dans les herbages, on se bornerait à envoyer uniquement la viande, que réclame la consommation parisienne.

M. de Torcy, répondant aux premières observations de M. Mosselman, fait remarquer que si les éleveurs de la Normandie envoient des bœufs en Angleterre, c'est qu'ils y trouvent un meilleur prix qu'en France. La conclusion qu'il tire de là, c'est que la viande est à meilleur marché chez nous que chez nos voisins, où cependant il n'existe de droits d'aucune sorte. L'un des moyens les plus simples d'obtenir la viande de boucherie à plus bas prix encore, en attendant les effets des progrès de l'agriculture, c'est d'imiter ici ce qui se fait ailleurs, sinon en supprimant les droits d'octroi, qui sont fort élevés, du moins en leur faisant subir une réduction importante.

M. le Préfet fait observer qu'il n'a pas été saisi de ce point de vue de la question par la Commission municipale.

M. H. Say. — Ce n'est pas, en effet, tout ce qui peut amener *la vie à bon marché* que nous sommes appelés à discuter en ce moment. Mon opinion, en ce qui concerne les impôts, est connue; je voudrais que le produit de certains impôts directs, tels que ceux des portes et fenêtres et des patentes, fût attribué aux communes, mais, cela n'étant pas, il faut bien que, pour faire face aux charges qui pèsent sur elle, la ville de Paris impose les objets de consommation. Quant à la réduction des droits d'octroi sur la viande de boucherie, cette réduction a déjà été consentie sur la viande dite *à la main.* Il est incontestable, toutefois, que la suppression des droits élèverait encore la consommation.

Abordant la question de réglementation de la boucherie, l'honorable membre considère que les mesures administratives prises depuis 1848 ont anéanti le monopole, et que la concurrence est complète. Qu'on supprime donc le mot, puisque la chose n'existe plus, et qu'on proclame la liberté du commerce, sauf l'obligation d'une déclaration préalable à l'ouverture des étaux, sauf aussi les conditions de salubrité qu'on ne peut négliger.

M. de Torcy. — La réglementation de la boucherie n'est pas un but, ce n'est qu'un moyen. Vouloir borner la discussion à la forme, c'est prendre la question par son côté étroit. Je demande qu'on aille au fond des choses. Que cherche-t-on? Le bon marché. Il faut donc voir comment on peut l'obtenir. Le bon marché peut venir, 1° du producteur; 2° du vendeur, selon les différents modes de production et de débit; 3° enfin de la diminution des droits de toute sorte qui grèvent la viande : droits d'octroi, d'abattoir, de caisse de Poissy.

Pour obtenir le bon marché qu'on doit poursuivre, il faut donc qu'il y ait production abondante, et pour cela bénéfice pour le producteur; car point de bénéfice, point ou peu de production. La première question à examiner, la plus difficile sans doute, mais qu'il est indispensable de résoudre pour arriver au but est donc celle-ci : quel est le prix de revient de la production; quel est le bénéfice légitime nécessaire au producteur? Cela posé, il importe que la production réalise ce bénéfice. Or avec l'organisation actuelle de la boucherie et la limitation du nombre des bouchers, les acheteurs à des conditions satisfaisantes ont-ils fait défaut à la production? Ce n'est guère probable, puisque la production n'a pas diminué.

Ne peut-on, au surplus, facilement et sans rien désorganiser, protéger les producteurs contre les renvois de bœufs (beaucoup moins importants du reste qu'on ne veut bien le dire), et leur assurer un étal avec la faculté d'abattre et de vendre pour leur compte à la criée ou autrement? Ne serait-ce pas là une véritable concurrence à la boucherie, la seule juste, la seule admissible?

Les conditions d'approvisionnement (vente assurée et bénéfice légitime) étant remplies vis-à-vis du producteur, c'est un premier pas vers le bon marché, vers l'intérêt du consommateur. Alors seulement arrive la question du vendeur ou boucher, tout à l'heure sans concurrence, mais en présence, aujourd'hui, de nouveaux modes de concurrence, tels que l'introduction de la viande à la main, les étaux de boucherie foraine, la vente à la criée, etc. Eh bien! l'organisation actuelle de la boucherie est-elle de nature à assurer aux bouchers des bénéfices déraisonnables? Les faits prouvent-ils qu'ils ont pu réaliser, qu'ils ont réalisé des bénéfices exagérés? C'est ici seulement que se présentent les questions sur lesquelles la Commission municipale demande à être éclairée, questions non pas principales, comme on semble le croire, mais accessoires et purement accessoires. En effet, si la production ne reçoit qu'à grand'peine le prix rémunérateur de ses dépenses et de ses soins; si l'intermédiaire, le boucher, n'a point perçu et ne peut percevoir des bénéfices exagérés qui maintiennent la viande à un prix plus élevé qu'elle ne devrait être, comment attendre le bon marché de toutes ces concurrences illégales, puisqu'elles violent la législation actuelle, injustes au point de vue de la boucherie, fâcheuses au point de vue de la production, illusoires au point de vue de la consommation.

Le bon marché, vous ne pouvez l'obtenir présentement que de la diminution des droits de toute sorte, et, dans l'avenir, que de l'accroissement de la production et de l'abaissement du prix de revient par l'introduction des améliorations agricoles et des races perfectionnées destinées spécialement et uniquement à la boucherie.

M. de Kergorlay combat l'opinion du préopinant. La question ainsi posée aurait un horizon sans bornes; le meilleur encouragement qu'on puisse donner à tous les intérêts, c'est la liberté.

M. de Torcy insiste vivement. Si son opinion n'est pas adoptée, il n'aperçoit pas quelle est la raison d'être de la Commission dont il a l'honneur de faire partie, et il demande formellement qu'il soit fait mention de ses observations au procès-verbal.

M. Riant demande le renvoi de la séance à lundi prochain, afin d'exposer ses vues avec quelque développement. D'autres membres expriment le désir que la première réunion soit indiquée à samedi. M. Riant déclare ne pas s'opposer à l'adoption de cette proposition.

SÉANCE DU 3 MAI 1851.

M. *Riant* a la parole. Il commence par expliquer que les discussions qui ont eu lieu dans le sein du Conseil municipal ont établi, ce que ne peut nier le comité, que l'autorisation d'entrer la viande à la main, la vente quotidienne dans les étaux de marché et la criée sont des moyens de concurrence fort actifs à la boucherie parisienne. Ce sont des concessions qu'on a faites à l'opinion publique, qui réclame davantage; mais le conseil a pensé qu'au lieu de passer alternativement du monopole à la liberté, et *vice versa*, comme cela se fait depuis soixante ans, il valait mieux chercher à concilier les intérêts de la production et ceux de la consommation. C'est dans ce but que la question avait été renvoyée à la préfecture de police pour examiner les résultats des mesures déjà prises et coordonner leur action. Mais, puisque, même dans l'état actuel des choses, on parle encore de monopole, en quoi donc le fait-on consister? Ce n'est pas dans le nombre des bouchers de Paris, car ce nombre est assez élevé, trop élevé peut-être. D'un autre côté, le boucher de la banlieue, qui a la faculté d'entrer de la viande à la main, peut aisément se faire une clientèle à Paris; car il lui est facile de livrer sa marchandise à meilleur marché, puisqu'il a à supporter des frais bien moins considérables que ceux qui pèsent sur le boucher urbain, et qu'il n'est pas, comme ce dernier, dans l'obligation d'acheter ses bestiaux sur des marchés déterminés. On demande la viande à bon marché, et c'est un but qu'on poursuit avec raison; mais il ne faut pas que ce bon marché soit obtenu au détriment de la qualité de la viande. Cette viande se produit difficilement, et les éleveurs indiquent eux-mêmes, comme prix de revient, le chiffre de 45 à 50 centimes par demi-kilogramme. Ce n'est pas le bœuf que l'illimitation du nombre des bouchers fera vendre à un prix inférieur au prix actuel. Ce seront les vaches, en si grand nombre, qui se trouvent dans un rayon assez rapproché de Paris, dont les propriétaires tiraient autrefois tout le parti possible, au moyen du lait qu'elles fournissaient, sans se préoccuper de la chair pour laquelle les barrières sont jusqu'ici restées fermées. Or, on abat aujourd'hui près de 20,000 vaches dans les abattoirs, et 6,000 à peine viennent des herbages; sur le surplus, 6,000 encore peuvent peut-être sans danger passer dans la consommation; mais il en est 7 à 8,000 qui sont atteintes de pulmonie, résultant d'une nourriture peu saine et d'un séjour trop prolongé dans des étables, et dont l'usage comme viande ne peut que compromettre la santé publique. La production à son tour est lésée par cette masse de viande qui n'a rien coûté à un propriétaire indemnisé déjà par la vente du lait.

On a reproché à la boucherie de Paris ses prix de vente, mais il y a toujours eu différence dans les prix, parce qu'il y avait différence dans les qualités et dans les morceaux. Les récriminations ne sont venues que de la part des acquéreurs des bons morceaux, et cependant il était tout naturel qu'ils payassent le choix et la qualité supérieure. On a comparé ces prix à celui des hospices, et l'on a omis de remarquer que si l'administration des hospices achetait à raison de 80ᶜ le kilogramme, c'est que les achats consistaient dans des animaux entiers, tandis que le détail à l'étal ne peut être que la répartition d'un prix d'acquisition sur chaque partie, selon sa valeur spéciale.

L'honorable membre compare ensuite la boucherie de Londres et celle de Paris. La première n'a pas les frais de la seconde, car là point de droits qui augmentent le prix de la viande, et de plus, l'usage de la viande salée, en Angleterre, permet d'utiliser ce dont la boucherie de Paris n'a pas le placement. D'autres usages sauvegardent aussi les intérêts de nos voisins ; chez eux les maîtres ne dédaignent pas d'aller eux-mêmes chez le boucher ; ils font choix du morceau qui leur convient, ils en débattent le prix ; chez nous ce sont les domestiques, et il ne faut pas craindre d'indiquer les abus qui découlent de ces habitudes. Ainsi chacun sait que les domestiques stipulent, en général, le sou pour livre à leur profit ; de plus, ils ont soin de faire peser la graisse qui accompagne la viande, et cette graisse est ensuite rapportée au boucher, qui est contraint de la reprendre à un prix que ces domestiques ne trouvent pas toujours suffisant, depuis 1848 surtout, que les suifs ont éprouvé une baisse considérable. Certains d'entre eux ne reculent même pas devant l'indication sur leurs factures d'un poids mensonger, et l'ensemble de ces abus ne va pas à moins de 10 p. o/o pour les bénéfices des domestiques, dont 5 p. o/o pour le sou pour livre, et 5 p. o/o pour la graisse et pour la fraude.

Ce qu'il importe de rechercher, dit l'honorable membre, c'est l'importance des frais qui grèvent la viande pour l'amener à Paris. La production réclame 50ᶜ par demi-kilogramme. Il faut ajouter à cela le prix exigé par le *toucheur,* les frais de route, les accidents parfois fréquents. Voilà pour les producteurs qui peuvent envoyer une bande de bœufs, mais il en est d'autres qui n'ont que trois ou quatre animaux. Pour ceux-ci, il y a nécessité de se rendre à la foire la plus voisine et de les vendre à un premier intermédiaire qui, après avoir prélevé une somme de trente francs, revend à son tour à un second intermédiaire envoyant sur les marchés d'approvisionnement de Paris, lequel prélève de son côté une prime nouvelle qui ne sera point encore la dernière, car sur ces marchés existent aussi des intermédiaires désignés sous le nom de commissionnaires. C'est, en somme, quinze pour cent de perte environ pour le producteur. On conçoit les plaintes de l'agriculture ; mais faut-il en imputer les causes aux exigences de la boucherie parisienne ? On a aussi exagéré l'état de fortune des bouchers. Le relevé que je vais mettre sous les yeux du comité, ajoute M. Riant, répondra à cette question. Depuis 1826 jusqu'en 1850, il y a eu 1,103 mutations parmi les bouchers. Sur ce nombre, 335 se sont retirés dans une belle position de fortune, 243 avec une honnête aisance, 515 se sont ruinés; les renseignements manquent sur les dix autres. Quant aux 501 bouchers actuels, 24 ont une fortune qu'on peut évaluer de 10 à 15,000 francs de rentes, mais cela provient de leur patrimoine ou des dots de leurs femmes; 185 pourraient réaliser, en vendant leur établissement, un revenu de 3 à 5 mille francs; 197 vivent avec peine de leur industrie, et 95 sont au-dessous de leurs affaires. Ces deux dernières catégories seraient immédiatement ruinées par l'illimitation.

La boucherie de Paris n'est donc pas dans une situation prospère, et cela m'amène, dit l'honorable membre, à examiner l'utilité de la caisse de Poissy. Cette caisse est utile sans doute aux bouchers, mais elle est indispensable aux producteurs, car elle leur assure le payement immédiat et au comptant du prix de leurs bestiaux. L'illimitation, en supprimant la valeur de l'étal, réduirait comme conséquence le crédit que la caisse ouvre à chaque boucher, et la production éprouverait le contre-coup de cette réduction. Ce n'est pas là une hypothèse, l'expérience prouve en effet que la production a fait défaut, quand la caisse de Poissy a été supprimée.

Les partisans de l'illimitation justifient cette mesure qu'ils provoquent, en se fondant sur ce principe, que la concurrence amène le bas prix de la marchandise; mais ainsi que l'a reconnu M. de Tourdonnet dans une précédente séance, il faut qu'il y ait équilibre entre le prix de revient et le prix de vente, sous peine de voir se tarir la production. Or la production a fixé son prix rémunérateur (1 franc le kilog.). Les droits fiscaux se défendent comme nécessité absolue, ainsi qu'il sera expliqué plus loin, et la boucherie de Paris indique ses frais généraux, qui ne sont pas contestés. Où donc la concurrence amènera-t-elle une économie ? Ce ne peut être sur les éleveurs, car les éleveurs ne la réclameraient pas sans doute. Ce ne peut être davantage sur les droits d'octroi, la Ville y tient et pour cause, et à vrai dire, une diminution des droits ne serait pas, à proprement parler, une économie. C'est donc forcément sur les bouchers de Paris ? C'est ce qu'il faut examiner. Il y a à Paris 500 bouchers, et conséquemment 500 étaux qui entraînent, en frais généraux d'exploitation à une dépense évaluée de 5 à 6 millions. Cette somme est forcément prélevée sur la consommation de Paris, qui a des bornes, sinon absolues, au moins peu variables. L'économie qu'on pourrait tenter, c'est tout naturellement celle devant résulter de la réduction du nombre des étaux, et, par suite, d'une diminution dans les frais généraux, et c'est le contraire qu'on propose ! Cela, il faut bien le dire, est peu logique, à moins que la concurrence n'ait pour but de faire rendre gorge à la boucherie de Paris de gains, non pas illicites, mais exagérés, qui ne peuvent être combattus que par une rivalité d'intérêts, et j'ai répondu, par avance, à cette accusation, qui, au reste, ne s'est pas produite, par le relevé de la situation financière des membres de cette corporation.

Qu'y a-t-il à faire, dit M. Riant, pour donner satisfaction à tous les intérêts? Le voici en quelques mots : d'abord, création d'un syndicat des producteurs nommé par les conseils généraux des départements qui alimentent Paris en viande de boucherie, ayant pour mission de veiller aux intérêts des éleveurs; institution de jurés-vendeurs, au nombre de douze et plus s'il est besoin, agents de la caisse de Poissy chargés de se rendre dans les bassins producteurs et de diriger les animaux sur Paris, afin d'éviter à l'agriculteur les soins et les préoccupations qui l'assiégent, quand le moment est venu pour lui de réaliser le produit de ses travaux. Le prix de ses bœufs serait remis à chaque propriétaire deux ou trois jours après, sans déplacement, la vente en ayant été faite, soit sur pied, soit après abatage, à la criée qui, pour le dire en passant, serait mieux et plus utilement installée dans les cinq abattoirs, que sur un seul point de Paris et au centre même d'un quartier populeux. J'ajoute que les producteurs pourraient se servir des abattoirs, moyennant une rétribution convenable, et faire vendre, comme ils l'entendraient, dans des étaux qui leur seraient réservés sur les marchés. Puis il faudrait encourager la production de beaux animaux, que la loi de 1846, en substituant la perception du droit au poids au droit par tête, a fait abandonner presque complétement, et, pour cela, délivrer trimestriellement des primes aux bœufs de plus haute taille. Ces mesures, selon l'honorable membre, feraient cesser les plaintes légitimes des éleveurs; quant à l'envoi sur Paris de la viande morte, M. Riant la repousse énergiquement. Il signale de nouveau les dangers qui résultent de la consommation de viande provenant d'animaux dont on ne peut plus vérifier l'état de santé, car il est très-difficile, pour ne pas dire impossible, si ce n'est aux hommes de l'art, d'apprécier, par l'inspection des morceaux, si l'animal était ou non livrable à la consommation; et l'illimitation, en multipliant le nombre des personnes qui se livreront au commerce de la boucherie, ferait descendre les bouchers proprement dits au rang de revendeurs de viande, et doublerait les difficultés de la surveillance. Ce ne sont pas là des

craintes exagérées; les juifs examinent l'animal entier avant de le dépecer; chaque morceau est marqué, afin qu'il soit constant que cet examen
a eu lieu, et cette tradition s'est conservée intacte, moins, peut-être,
comme dogme religieux que comme mesure sanitaire. J'ai déjà indiqué,
continue l'honorable membre, l'économie qui résulterait, au profit de
la consommation, de la réduction du nombre des étaux dans Paris; j'a-
jouterai que je voudrais voir fortifier l'action de l'autorité sur ceux qui
exercent la profession de boucher, et, quand je parle ainsi, je n'entends pas seulement le pouvoir de l'administration, j'entends aussi l'autorité déléguée au syndicat, qu'il serait bon de reconstituer de telle
sorte, qu'il pût juger et punir pour certaines fraudes qui ne sont connues
que trop rarement par la préfecture de police. J'ai parlé, par exemple,
de ces tromperies des domestiques dont les bouchers sont involontaire-
ment les complices, et je crois pouvoir affirmer que, pour les cas analogues, l'intervention du syndicat serait plus efficace que la répression si
rare des tribunaux.

On a fait ici un reproche à la boucherie de Paris d'une industrie exercée par les gros bouchers, et qu'on a appelée *la cheville*. Ce commerce,
cependant, a sa raison d'être; je dirai plus, il est d'une nécessité indispensable, et c'est pour cela qu'il a survécu aux prohibitions légales, que
l'administration elle-même restreignait par des instructions particulières.
En effet, le débit dans les étaux n'est pas le même pour tous; la qualité
de la viande, les morceaux y diffèrent selon la population qu'ils des-
servent. Les chevillards (puisque le nom est consacré) distribuent à chacun selon les besoins spéciaux des bouchers. Sans doute, ils perçoivent
une prime qui s'ajoute au prix de la denrée, mais cette prime ne fait
que compenser les frais de déplacement auxquels les bouchers seraient
obligés pour se rendre sur les marchés d'approvisionnement, sans compter que l'absence, trop souvent répétée, des bouchers les oblige à prendre
à leur service un personnel plus nombreux. D'un autre côté, il n'est pas
toujours facile d'acheter un ou deux bœufs. Les éleveurs, on le comprend, préfèrent vendre par bande. S'ils vendent un peu moins cher en
bloc, ils y trouvent l'avantage de se défaire instantanément de toute leur
marchandise. La prime perçue par les chevillards, outre qu'elle est la
rémunération d'un service rendu et réclamé volontairement par ceux qui
en profitent, ne peut donc avoir pour résultat l'augmentation du prix de
la viande. Le seul moyen, au surplus, d'arriver à la suppression de la
cheville, si on la croit onéreuse, c'est de rapprocher les marchés du
mur d'enceinte de Paris, et cette mesure ne semble pas devoir soulever
d'objections graves. Quant au prix de vente au détail, la boucherie soutient qu'il a été basé sur le prix d'achat de l'animal sur pied, en repor-
tant sur les morceaux de choix la perte qu'elle subissait sur les bas mor-

ceaux. Cette explication rencontre des contradicteurs, mais le syndic, au nom de ses confrères, persiste avec énergie dans son dire. On comprend qu'il ne soit pas facile de vérifier cette assertion que le syndicat offre de justifier sur place, au marché, à l'abattoir et à l'étal; mais, pour prévenir désormais toute difficulté, qui empêcherait que, chaque mois, l'on affichât dans tous les étaux un tableau indicatif du prix d'achat sur les marchés, et la relation du prix moyennant lequel les différents morceaux de l'animal devraient être vendus au public comparativement au prix total? Et comme il existe des bœufs, veaux et moutons de qualités différentes, ne pourrait-on, par une marque particulière apposée sur la viande, indiquer la qualité? Cette marque existe déjà, dans un but différent sans doute, à la criée des Prouvaires. Plusieurs villes, comme celle du Mans, privées de mur d'enceinte et de barrières, l'ont adoptée pour indiquer les viandes qui ont acquitté les droits d'octroi. La mesure est donc d'une exécution facile. Ce ne serait pas là l'application de la taxe obligatoire; mais, en procédant ainsi, on donnerait au public les moyens de s'éclairer, et il est hors de doute que, dès lors, bien des préventions entretenues par l'ignorance des faits ne tarderaient pas à disparaître.

En résumé, ajoute M. Riant, l'illimitation c'est la ruine d'une corporation qui, pendant de longues années, a rendu de grands services à la population. Mon système, au contraire, c'est la disparition de ce qui est abusif et le maintien de ce qui est utile. Une mesure radicale répondrait sans doute mieux en ce moment aux exigences de l'opinion publique égarée, mais il y aurait bientôt réaction contre la popularité qu'on obtiendrait momentanément.

L'état des finances de la ville de Paris, dit en terminant M. Riant, est une question étrangère au comité. Je crois devoir cependant entrer dans quelques explications, et je le fais pour qu'il soit bien entendu que, si l'on a cru arriver à l'abolition des droits d'octroi, c'est une illusion qui ne saurait résister à l'examen des charges qui pèsent sur la Ville. Nous croyons inutile d'analyser cette partie des observations de M. Riant, puisqu'elles ne touchent pas, ainsi qu'il l'a fait remarquer lui-même, au débat qui s'agite devant le comité.

M. de Kergorlay commence par faire remarquer que les considérations developpées par M. Riant se trouvent déjà consignées dans le rapport fait au nom d'une commission du conseil municipal en 1841, et dans les différents factums publiés par des avocats et par des avoués au nom et dans l'intérêt de la corporation des bouchers. Elles ont été, dit-il, réfutées bien des fois; seulement, jusqu'à présent, on avait opposé le système de la liberté à celui du monopole. M. Riant veut essayer de les concilier en les faisant subsister l'un en présence de l'autre. C'est une tentative inexécutable. L'un des deux l'emportera nécessairement sur l'autre. Ou la corporation parviendra à annuler la concurrence des forains et des producteurs et à se rendre maîtresse du marché, comme elle l'a été jusqu'en 1848, ou elle sera la première à se plaindre de l'état des choses, si l'on parvient à établir et à maintenir une concurrence sérieuse et efficace. En effet, il y a une contradiction qu'il importe de faire remarquer entre les assertions de M. Riant et celles de M. le syndic de la boucherie. M. Riant croit qu'il n'y a plus de monopole aujourd'hui, par suite des mesures administratives prises en 1848 et 1849; il tient à ces mesures, il les approuve et en demande le maintien. M. le syndic, au contraire, dans la note autographiée qu'il a déposée sur le bureau dans une séance précédente, affirme que la boucherie ne pourrait pas supporter l'état actuel des choses, qu'elle le regarde comme fatal à ses intérêts. Quand on parle de l'organisation du commerce de la boucherie, il faut donc bien s'entendre, il faut savoir si l'on parle de l'état normal que la boucherie regrette et rappelle de tous ses vœux, ou de l'état actuel qu'elle trouve insupportable, parce qu'il implique un genre de concurrence sérieuse.

Si M. Riant ne m'accorde pas que l'état normal fut un monopole absolu et fatal, je lui répondrai par des chiffres.

Le rapporteur de la commission du conseil municipal de 1841, a consigné que, dans les dernières années qui ont précédé son rapport, le prix du demi-kilogramme de basse viande s'était élevé à 50 et 55 centimes, et que tout ce qui n'était pas basse viande se vendait 70 et 75 centimes, sans compter les morceaux de choix qui se payent le double du prix ordinaire. Or, dans cette période de temps, quel était le prix moyen de la viande vendue sur les marchés de Sceaux et de Poissy? Le prix moyen, pour les cinq années qui ont précédé 1841 est, pour le bœuf, 1 fr. 07 c., pour le mouton, 1 fr. 14 cent. Prenons, comme moyenne de ces deux espèces de viande, 1 fr. 10 cent. soit 55 centimes le demi-kilogramme. Eh bien! il est notoire partout, en France, que les bouchers vendent avec profit la viande à un prix inférieur de 10 à 15 centimes par kilogramme au prix d'achat; ils auraient donc pu la vendre au prix moyen de 45 centimes le demi-kilogramme; mais le rapporteur de 1841 constate que les plus basses viandes se vendaient 50 et même 55 centimes, et les autres, 70, 75 et même 80 centimes. Il n'est donc pas exact de dire que le haut prix des bons morceaux soit compensé par le bas prix des morceaux inférieurs. Si cela était, loin de m'en plaindre, je m'en réjouirais. Je trouverais très-bon qu'on fît payer aux riches les morceaux de choix 15 et 20 centimes par demi-kilogramme de plus que le prix moyen, à condition qu'on vendît les bas morceaux 15 et 20 centimes meilleur marché. Mais, quand les bas morceaux se vendent au prix moyen d'achat et même au-dessus; quand les bons morceaux se vendent 20 centimes au-dessus du prix moyen, sans compter les morceaux de choix dont le prix est doublé, je dis que c'est un état de choses intolérable, qui donne lieu aux plaintes les plus légitimes. Que si quelques personnes mettaient en doute la possibilité pour les bouchers de vendre la viande à un prix moyen inférieur à celui auquel ils l'achètent, je leur rappellerais comment se fait le commerce de la viande. Le boucher qui achète un animal sur pied n'achète que la viande nette, et il lui reste ce qu'on appelle le cinquième quartier, c'est-à-dire le cuir, le suif, les abats rouges et blancs, etc. J'ajoute qu'il est de notoriété que partout où les producteurs vendent la viande sur pied 50 à 60 centimes le demi-kilogramme, les bouchers la revendent à l'étal 45 et 50 centimes. Voilà où le monopole, à Paris, nous avait conduits en 1840. Voilà ce qui a donné lieu à des plaintes exprimées tout à la fois dans l'intérêt des consommateurs et dans celui des producteurs.

Ce monopole est-il nécessaire? Est-il avantageux? On n'a invoqué que deux considérations en sa faveur, celle du bon marché et de la salubrité garantie. Je viens de dire, en me fondant sur l'expérience, à quel prix la viande s'était élevée dans les années qui ont précédé 1841. Je puis ajouter que constamment on trouve une différence exorbitante entre les prix de vente sur les marchés d'approvisionnement de Paris et les prix de vente à l'étal. Mais M. Riant insiste et ajoute : Il est évident que si le nombre des bouchers était de moitié moindre, chacun verrait son débit doublé, il pourrait donc réduire le prix de la viande et réaliser les mêmes profits au bout de l'année, tandis que si le régime de la liberté double le nombre des bouchers, ceux-ci, voyant diminuer leur clientèle, seront obligés d'augmenter leurs profits sur chaque kilogramme de viande. Je lui réponds : Pressez votre argument. Où vous conduira-t-il? A réduire les 500 bouchers qui existent aujourd'hui à 300, à 200 à 100. Faites mieux encore; faites un beau cahier des charges et mettez la fourniture de la viande nécessaire à tous les habitants de Paris, en adjudication au profit d'un seul individu, en stipulant combien d'étaux il devra tenir ouverts, de quelle quantité de viandes de chaque espèce ces étaux devront être approvisionnés. Vous auriez ainsi la plus grande économie possible dans les frais généraux des débitants, et, par conséquent, accroissement de profits. Et cependant cette proposition ne peut pas soutenir une discussion sérieuse; je rougirais de m'y arrêter plus longtemps.

L'intérêt de la salubrité milite-t-il davantage en faveur du monopole? Il est hors de doute que pendant les quarante années écoulées depuis le rétablissement de ce régime, des plaintes se sont souvent fait entendre sur la qualité des viandes livrées à la consommation par les bouchers de Paris. Elles sont consignées dans le célèbre rapport de 1841. Elles ont,

de temps à autre, donné lieu à des saisies de viandes insalubres. Il est
donc constant que la vigilance des syndics et l'intérêt bien entendu de
la corporation ne suffisent pas pour préserver complétement les consommateurs de tout danger à cet égard. Le régime de la liberté présente-
t-il, sous ce rapport, de plus grands inconvénients que le régime du
monopole? Cela est impossible à croire, quand on considère que le
régime d'une entière liberté est pratiqué dans presque toutes les grandes
villes de l'Europe, à Londres, à Bruxelles, etc., sans donner lieu à
aucune plainte; qu'en France même, c'est un principe de notre administration publique, car, dans tous les décrets et ordonnances qui ont autorisé la création d'abattoirs depuis quarante ans, à Caen, à Bordeaux, à Saint-
Denis, etc., partout on trouve un article 4 qui dit expressément que *le
nombre des bouchers et celui des charcutiers ne pourra pas être limité.* Or tout
ce qui regarde l'approvisionnement est du ressort exclusif de l'autorité
municipale de par la loi de 1791. Pour que l'autorité centrale ait cru
devoir intervenir d'une manière aussi précise et aussi solennelle, il faut
qu'elle ait reconnu que la liberté du commerce de la boucherie était un
principe d'ordre public. Et, en effet, à Paris même, ne la voyons-nous
pas appliquée à la charcuterie, à la vente du gibier, du poisson, de tout
ce qui s'appelle comestibles, sans donner lieu à aucune plainte? Con-
cluons donc qu'il pourrait et devrait s'appliquer aussi à la vente de la
viande de boucherie.

D'ailleurs, M. Riant exagère singulièrement les dangers attachés à la
vente des viandes dites *insalubres.* M. Delafond, savant professeur à
l'école d'Alfort, a établi d'une manière irrécusable que la cuisson enle-
vait aux viandes provenant d'un animal malade tout élément d'insalubrité.
Une expérience, malheureusement trop fréquente, l'a démontré depuis
quelques années pour les animaux atteints de la péripneumonie ou de la
phthisie. Leur viande peut être moins appétissante à l'œil, le bouillon
peut être moins coloré, mais la chair n'est pas malfaisante. D'ailleurs, les
vaches qui meurent de la pommelière ne sont pas aussi nombreuses que
le croit M. Riant. Cette maladie régnait habituellement parmi les
vaches des nourrisseurs établis dans l'intérieur de Paris. Elle était due
aux étables malsaines dans lesquelles les animaux étaient entassés, et à
l'alimentation particulière qui leur était donnée pour en obtenir la plus
grande quantité de lait possible. Mais aujourd'hui, grâce aux chemins de
fer, il y a très-peu de vaches dans l'intérieur de Paris; le lait arrive, tous
les jours, de localités éloignées de Paris de 80, 100 et 200 kilomètres,
et je puis garantir que la pommelière est très-rare parmi les vaches nour-
ries avec soin par les agriculteurs, soit dans des pâturages, soit à l'étable.
Aussi nos vaches grasses sont-elles recherchées sur les marchés et prises
souvent comme viande de première qualité. On n'a pas craint d'avancer

que l'augmentation du nombre des vaches livrées à la boucherie était une preuve que l'agriculture était à bout, qu'elle ne pouvait plus fournir les bœufs que lui demandait la consommation, et qu'elle en était réduite à sacrifier ses vaches à lait. Non, jamais il ne s'est trouvé un agriculteur assez ignare pour livrer au boucher une bonne vache à lait qu'il a payée de 250 à 400 francs, et qui lui rapporte environ 200 francs par an. Jamais nous n'avons engraissé une vache qui fût encore bonne laitière. Si le nombre des vaches amenées sur le marché augmente, cela tient au développement que prend la production de la race bovine dans presque toute la France, et surtout à l'accroissement de la consommation du lait dans Paris, depuis qu'on peut y en amener de 200 kilomètres par les chemins de fer.

M. Riant nous a dit que Paris est éloigné des bassins de production, qu'il n'a pas d'herbages dans ses environs. Cela était bon à dire quand il fallait dix ou douze jours pour venir de Normandie, quinze au moins pour arriver du Limousin ou de l'Auvergne; mais aujourd'hui tout le grand bassin du centre n'est éloigné de Paris que de cinq à six heures. Aucune capitale n'est plus avantageusement située sous ce rapport.

M. Riant vous a dit encore que les frais de conduite grevaient les animaux de 15 à 20 p. o/o. Je ne le nie pas; mais qu'il veuille bien remarquer que j'ai toujours parlé du prix auquel se vendaient les animaux rendus sur les marchés d'approvisionnement. Ainsi, c'est d'après l'état actuel des choses que j'établis la différence exorbitante entre le prix de vente sur le marché et celui de la vente à l'étal.

Maintenant, je reconnais avec M. Riant les abus qui existent dans le commerce de la boucherie, le sou pour livre, le faux poids, l'abus de la *réjouissance,* etc., mais je crois qu'il n'appartient pas à l'autorité de mettre un terme à ces abus par des règlements. La libre concurrence seule peut les amoindrir et les faire disparaître.

Me voici arrivé aux conclusions de M. Riant. Je le remercie de vouloir protéger les intérêts des producteurs, en créant un syndicat pour les représenter, en présence du syndicat des bouchers, et en organisant des jurés-vendeurs. Mais je n'accepte ni l'une ni l'autre de ces créations. La liberté vaut mieux que toutes ces organisations factices. La libre concurrence peut seule assurer des apports réguliers sur les marchés aux meilleurs prix possibles. C'est une vérité élémentaire qu'il est triste d'être obligé de répéter aussi souvent.

M. Riant ne veut pas de taxation de prix pour la viande, mais il veut qu'on affiche dans les étaux les prix de vente sur les marchés; mais il ne sait pas combien ces prix sont illusoires et peuvent donner lieu à des erreurs graves par la difficulté de distinguer les diverses qualités de viandes, difficulté qui se complique par la diversité des provenances.

Nous discuterons successivement s'il est convenable d'augmenter le nombre des marchés à la criée, s'il n'est pas plus urgent d'améliorer les conditions de ce marché, qui a été organisé de telle sorte que la viande qui s'y vend est grevée, par kilogramme, de quatre centimes de plus que la viande sortant des abattoirs. Nous discuterons s'il est possible aujour-d'hui d'interdire aux bouchers forains de venir vendre dans Paris de la viande qui n'a pas été abattue dans les abattoirs. Je veux, en ce moment, me renfermer dans la question générale, dans la question de principe. Je ne crains pas de dire qu'elle est résolue. Les premiers essais du marché à la criée ont appris à la population à quel prix les producteurs pouvaient lui livrer de la viande de bonne qualité. L'opinion publique s'est émue et se préoccupe de cette grave question. Le Gouvernement, par nécessité comme par sympathie, doit la trancher dans le sens le plus favorable aux intérêts de la consommation et à ceux de la production qui sont identiques. Je suis persuadé qu'il n'y manquera pas. C'est pour cela que je lui apporte mon loyal concours dans cette discussion.

M. Lescuyot demande la parole et donne lecture de la note suivante :

« Messieurs, je vous demande la permission de présenter quelques observations très-succinctes et sans développement ; votre attention et vos lumières sauront bien en mesurer la portée.

« M. Horace Say, réclamant contre l'application à la boucherie du principe de la liberté absolue, a dit, dans une de vos précédentes séances, que toute liberté devait être limitée. Cela est vrai des libertés politiques et civiles, qui sont toutes limitées par nos codes ou par des lois spéciales. Mais il s'agit ici d'une liberté commerciale, et nous demanderons quelles sont les limites apportées au commerce de l'épicerie, des étoffes, des draps, des vins, des bois, de toutes les marchandises en un mot, soumises uniquement à la vérification des poids et mesures.

« *Réglementation* veut dire *organisation;* mais *liberté* veut dire *indépendance*. Voyez ce que la législature vient de faire pour le roulage ; elle l'a affranchi de toutes ses servitudes. Il ne reste soumis qu'à une surveillance d'ordre public.

« Au reste, nous ne discutons un moment le thème de la liberté que parce que nous y sommes amenés par le cours des débats.

« Nous préférons la *réglementation* demandée par le conseil municipal, et nous ne cesserons de protester contre un système qui tendrait à confondre ces deux régimes.

« Nous demandons aussi qu'on écarte de la discussion le mot de *monopole,* qui ne sert qu'à soulever les envies et les préventions, et qui ne doit plus avoir de sens pour des hommes sérieux et pratiques. La concurrence, qu'on a étendue aussi loin que possible, a enlevé toute signification à ce mot passionné. Du jour où les barrières de Paris ont été ouvertes à quiconque voudrait envoyer des viandes abattues en vente sur le marché des Prouvaires, le *monopole* a disparu, et la *liberté,* qu'on a l'air de chercher encore, a été mise en action. Aussi, nous ne comprenons guère ce qu'on se propose de faire de plus.

« Un seul vœu spécieux avait été émis au commencement des débats ouverts par la presse périodique : *la viande à bon marché.* Nous sommes tellement de cet avis, que nous avons toujours eu à la disposition du public, à proportion des qualités et des morceaux, de la viande à tout prix et même à bas prix.

Permettez-moi de poser nettement cette question de bon marché.

« Quelles sont les conditions régulatrices du prix de la viande ? Il y en a trois :

« 1° Le prix de revient de la production ;

»2° Les impôts et octrois ;

« 3° Les frais généraux des bouchers.

« Or comment peut-on et veut-on agir sur ces trois conditions ?

« 1° En ce qui concerne le *revient de la production,* qui varie de 8 à 10 sous le demi-kilog., ce qui force les producteurs de vendre à 9, à 10, quelquefois un peu plus, ceux-ci se plaignent souvent de cours trop bas. Ils demandent qu'on aide à une production plus étendue et plus avantageuse. Tout ce qu'on fera dans ce but, nous y applaudirons. Mais ce n'est pas un moyen de procurer le bon marché.

« 2° En ce qui touche aux *impôts et à l'octroi,* ni l'État ni la ville de Paris ne sauraient faire de sacrifices sur leur revenu, au milieu des exigences d'une époque si accablée de charges de toute nature. Il n'y a donc pas à chercher encore de ce côté-là un moyen de bon marché pour la viande.

« 3° Restent les *frais généraux des bouchers,* qui les écrasent aujourd'hui par suite de la concurrence des forains, des marchés et de la criée. C'est à peine si leur débit couvre les frais de la plupart des étaux. Or, qu'imagine-t-on pour forcer le bon marché ? c'est d'augmenter encore, et d'une manière illimitée, le nombre de ces étaux, de sorte que le débit soit plus divisé qu'il ne l'est, et qu'il devienne impossible, aux nouveaux comme aux anciens bouchers, de rentrer dans leurs dépenses, à moins d'élever encore le prix de la viande ou de n'en vendre que de mauvaise qualité. Ce n'est donc pas encore là un moyen de bon marché. Au contraire, il en résultera l'augmentation de prix que vous avez déjà vue s'opérer en 1825, sous l'influence de la même théorie. Cherchez donc ailleurs, Messieurs, les moyens d'amener le bon marché tant demandé, et qui, selon nous, existe déjà, et vous trouverez la boucherie de Paris très-empressée de seconder dans ce but les vues de l'administration.

« Voilà trois aperçus bien simples que je recommande aux méditations du Comité. Je ne me permets pas de les développer. En appelant le syndic de la boucherie dans cette Commission, Messieurs, on ne lui demandait pas des discours, mais des faits et des observations dictées par l'expérience du métier. Je me renfermerai toujours dans ce genre modeste de discussion; mais je compte d'autant plus sur votre attention et sur votre indulgence. »

M. Delestre fait remarquer que les observations qui viennent d'être présentées par M. Lescuyot ne répondent pas à ce qui vient d'être dit par M. de Kergorlay. M. le syndic, ajoute-t-il, semble accepter aujourd'hui la situation faite à la boucherie parisienne par les ordonnances de police de 1848 et 1849, situation contre laquelle il protestait il y a peu de jours. Selon l'honorable membre, il faut choisir entre le système de la liberté et celui du monopole. Le régime mixte sous lequel on vit depuis 1848 est bâtard, et soulèvera toujours des réclamations qu'il vaut mieux prévenir, en se réfugiant dans la liberté.

M. Lescuyot. — M. Delestre m'a mal compris s'il croit qu'au nom de la boucherie parisienne j'ai pu considérer comme normal l'état de choses actuel. J'ai pris soin de dire que je ne discutais le régime de la liberté que parce que j'y étais amené par le cours des débats, et que nous préférions la *réglementation*, parce que nous y apercevons l'intérêt général sauvegardé. Mais loin de donner mon assentiment au régime bâtard que repousse M. Delestre, je répète que nous ne cesserons de protester contre un système qui tendrait à confondre le régime de la liberté et celui de l'organisation.

Personne ne demandant la parole, la discussion générale est fermée.

M. le Préfet annonce qu'à la prochaine séance on votera sur le principe de la liberté du commerce de la boucherie ou sur la réglementation de ce commerce.

Ici se terminent les procès-verbaux de la discussion générale, résumée et analysée par le secrétaire de la Commission, M. Baube.

Plusieurs membres ont fait observer que les débats qui allaient suivre la discussion générale devant se composer de détails nombreux et d'interpellations croisées qui rendraient difficile une rédaction résumée, telle que celle de ces procès-verbaux que la Commission approuvait complétement, il serait bon d'employer un sténographe qui recueillerait tous les détails et toutes les interruptions de débats naturellement rapides et coupés. M. le Préfet ordonne en conséquence qu'un sténographe soit attaché à la Commission, dans le but indiqué.

Les procès-verbaux qui suivent ne sont donc plus l'œuvre du secrétaire; c'est la traduction des notes sténographiées.

SÉANCE DU 7 MAI 1851.

M. le Préfet de police, président. — Il a été décidé, à la séance d'hier, que nous voterions aujourd'hui sur le principe de liberté ou de restriction du commerce de la boucherie.

M. Delestre. — J'avais, dans la dernière séance, demandé qu'on voulût bien poser la question d'une manière nette et catégorique. Doit-on agir dans le sens de la libre concurrence, ou doit-on réglementer l'organisation actuelle de la boucherie dans le système de la restriction? J'ai dit que je votais pour la libre concurrence.

M. Husson. — Il y a, il me semble, trois degrés dans la question :

1° Y a-t-il lieu de maintenir la boucherie sous l'empire de son régime actuel? Je crois que cette question sera bientôt résolue, évidemment d'une manière négative.

2° Supposant cette question résolue négativement, y a-t-il lieu d'introduire dans le commerce de la boucherie la concurrence, sans renoncer pourtant à une certaine réglementation, c'est-à-dire en déclarant simplement le nombre des bouchers illimité, en faisant une nouvelle et sérieuse épreuve du système de l'ordonnance de 1825.

3° Si cette opinion est repoussée, la question se trouve jugée; il y a lieu de recourir à la liberté la plus absolue.

M. le Préfet. — On n'a jusqu'à présent parlé que de la boucherie. Il ne s'agit pas seulement de la boucherie, il s'agit du commerce des bestiaux et de la viande. La boucherie, telle qu'elle est organisée, comprend trois faces différentes. La première, c'est le transport des bestiaux du lieu de production au lieu de consommation, par exemple, de Coutances à Poissy, du Charolais à Sceaux, c'est-à-dire l'apport des bestiaux *sur le marché* avec liberté ou restriction.

La seconde comprend la vente et l'abattage des bestiaux.

La troisième comprend l'exploitation de la bête abattue, dépecée, c'est-à-dire le commerce de la viande.

Il faut que la question soit posée de manière que ces trois points soient bien résolus.

M. Horace Say. — Je crains qu'en prenant le système que M. le Préfet indique, on n'embrasse trop à la fois et qu'on ne s'égare. Il y a dans ce moment un régime d'ordonnance qui règle l'organisation de la boucherie; c'est tout à fait indépendant des questions d'agriculture, du voyage des bestiaux. Nous avons à nous occuper du commerce de la boucherie de Paris. Quant au moyen de faciliter aux agriculteurs la mise en exploitation de leurs produits, c'est un autre ordre d'idées. Quand les bestiaux arrivent sur les marchés de Sceaux et de Poissy, ils peuvent être achetés librement par les bouchers de la banlieue, qui ne sont pas compris dans la réglementation de Paris; ils ont pour acheteurs essentiels les bouchers de Paris, c'est vrai, mais les bouchers de Paris sont soumis à une réglementation. Cette réglementation est imparfaite à beaucoup d'égards; il y a des dispositions tombées en désuétude. Il est question de réformer complétement cette organisation de la boucherie. Je crois qu'il ne faut pas mêler toutes les questions. On nous demande de faire un projet de règlement concernant le commerce de la boucherie de Paris. Cela fait, nous passerons à une autre série de questions, sur lesquelles nous ferons des réponses distinctes.

La question de la boucherie comprend la caisse de Poissy, les obligations que vous imposez aux bouchers sur le marché, mais non pas le déplacement des marchés. Les bouchers de Paris iront chercher les bestiaux sur les marchés où vous les mettrez.

Quand nous aurons régularisé le commerce de la boucherie dans notre nouveau règlement, nous aurons à voir comment il faut faire pour que les bouchers, ceux de Paris aussi bien que ceux de la banlieue, trouvent les bestiaux au meilleur marché possible, et de manière à assurer au producteur toute la rémunération que leur offre la consommation. Nous dirons sans doute alors qu'il faut un marché en aval, et un en amont de Paris; nous dirons qu'il faut que les marchés se tiennent de telle ou telle façon, ouvrent tous les jours, si vous voulez; qu'il n'y aura pas de ces arrangements qui renchérissent le prix des bestiaux; mais cela est étranger à l'organisation de la boucherie proprement dite.

Sur ce premier point, il faut mettre tout le monde à même de voter librement et c'est pour cela que, dans les assemblées délibérantes, on met aux voix les questions les plus larges pour marcher ensuite de restrictions en restrictions. Qu'on mette aux voix le principe de la liberté : si l'on n'admet pas la liberté, on pourra proposer un système qui se rapproche beaucoup de la liberté, qui sera le système de M. Husson. Si ce système est rejeté, on dira : Est-ce la corporation limitée où vous vous arrêtez ?

M. de Torcy. — Il me semble que la question, posée comme l'entend l'honorable membre, est posée par son petit côté. Je crois que nous ne pouvons pas et que nous ne devons pas nous occuper de l'organisation particulière de la boucherie avant de nous être occupés de la question beaucoup plus générale et plus intéressante de l'approvisionnement et par conséquent de l'établissement d'un marché. Il faut s'occuper d'abord de l'approvisionnement de la ville de Paris et des débouchés offerts aux producteurs, ensuite vous viendrez à réglementer, à organiser votre boucherie, qui est une manière de distribuer l'approvisionnement déjà fait. C'est là une question subsidiaire qui doit venir en dernier lieu.

M. Delestre. — Je regrette que notre honorable collègue n'ait pas été présent à la dernière séance. Il y a été parfaitement convenu qu'après avoir épuisé la discussion générale, dans laquelle est entré l'examen de toutes ces questions, on arriverait à mettre les deux systèmes en présence ; car il n'y a que deux systèmes : libre concurrence ou organisation avec restriction de la boucherie.

Pour faciliter la solution de ces questions, je proposerai à la Commission de délibérer sur cette formule :

« La boucherie de Paris doit rentrer dans le système commun de la libre concurrence. »

Je demande la permission d'expliquer le mot *commun*, que je mets là : c'est qu'il faut comprendre la possibilité, pour l'administration, d'exercer sur le commerce de la boucherie, la même surveillance qu'elle a le droit et le devoir d'exercer sur la vente de toutes les denrées alimentaires.

(Cette proposition est mise aux voix et adoptée à la majorité de 9 voix contre 4.)

M. le Préfet. — Je me suis engagé à vous donner la pensée de la préfecture de police, et à donner un corps aux idées que nous avons discutées. Voici comment je les ai formulées :

« Les marchés établis sur la route des éleveurs, à proximité, mais à une certaine distance de la consommation, le monopole des bouchers, la caisse de Poissy, c'est-à-dire l'organisation actuelle de la boucherie de Paris ; tout cela a pu être bon et peut-être nécessaire, à l'époque où les voies actuelles de communication n'existaient pas, lorsque les principes de la liberté du commerce et du crédit, ainsi que les institutions qui en dérivent étaient presque inconnues.

« A cette même époque on croyait parer aux disettes de grains par des greniers d'abondance, et l'on poursuivait comme accapareurs les marchands de blé. Aujourd'hui le commerce des grains se fait librement, et l'on n'en manque nulle part. Lorsque le commerce de la viande sera rendu à la liberté, on s'apercevra certainement qu'il est plus facile d'en avoir en abondance que sous le régime actuel.

« La préfecture de police croit qu'en matière de commerce et surtout d'approvisionnement, aucune organisation, quelque parfaite qu'elle puisse être, ne vaut la liberté. Convaincue de cette vérité, elle demande que la suppression du monopole de la boucherie, déjà aboli en fait par la concurrence de la vente à la criée et des étaux établis sur différents marchés, soit proclamée en droit. Elle demande, en outre, que l'ancien système d'approvisionnement de viande pour Paris, soit remplacé par l'organisation suivante :

« 1° Il sera établi à l'intérieur des fortifications, ou près des portes, deux marchés à bestiaux de boucherie.

« Ces marchés se tiendront au moins quatre fois par semaine, et alternativement, aux jours qui seront jugés les plus convenables.

« Les éleveurs, approvisionneurs, marchands, pourront envoyer leurs bestiaux à ce marché comme il leur plaira. Ils les vendront directement ou par mandataires, ou les feront vendre par les facteurs dont il va être parlé.

« Les heures d'ouverture et de fermeture des marchés seront fixées par un arrêté de la préfecture de police.

« 2° Il sera établi sur ces marchés des facteurs à l'instar de ceux qui fonctionnent sur les autres marchés de la ville de Paris; ils seront astreints à un cautionnement en rapport avec l'importance de leurs opérations.

« Ces facteurs recevront les bestiaux en consignation; ils les vendront aux conditions qui leur seront imposées par les propriétaires, soit à l'amiable, soit à la criée, soit en les envoyant aux abattoirs.

« 3° L'exploitation des abattoirs de Paris sera mise en harmonie avec les principes de liberté qui viennent d'être admis, de manière qu'ils soient à la disposition de tous.

« 4° La viande entrée dans Paris et destinée à la consommation, soit qu'elle provienne des abattoirs, soit qu'elle arrive par les bureaux d'octroi, sera réputée marchandise ordinaire, et le commerce en sera surveillé au point de vue de la salubrité, de la même manière que le poisson, la volaille et les autres denrées alimentaires. »

Je vous ai donné la charpente, l'idée mère d'où doit découler toute l'organisation nouvelle. Je ne suis pas entré dans les détails, parce que ce n'est pas ce que nous avons à faire. Cela revient aux ordonnances de police; nous avons seulement à constituer la base du nouvel ordre de choses.

M. de Torcy. — Je demande la parole pour une question préjudicielle. Quand je devrais être regardé comme très-routinier et très-entêté, je persisterai à dire que, dans toutes les discussions de la Commission, nous ne devons pas perdre de vue le but; ce but est d'alimenter la consommation le mieux possible, en meilleure marchandise possible et au meilleur compte possible. Je me demande en quoi, par la nouvelle organisation dont on s'occupera tout à l'heure en détail, nous pouvons nous flatter d'avoir un approvisionnement plus considérable, supérieur et à meilleur compte. Je crois que la concurrence de la viande débitée, gaspillée, abîmée, est une idée acceptée, je l'admets forcément, mais, suivant moi, cette concurrence doit frapper d'un préjudice notable la viande debout; je crois que la viande débitée, étant d'une moins bonne qualité, doit déprécier le prix de la viande debout.

Premièrement, je me demande si, le prix de la marchandise debout étant avili, il n'y a pas à craindre que l'approvisionnement fait au moyen de la viande débitée ne soit plus suffisant, ou tout au moins ne soit plus satisfaisant, pour la consommation de Paris.

Secondement, je me demande si, au lieu d'avoir à payer seulement le bénéfice du boucher, de l'intermédiaire naturel entre le consommateur et le producteur, nous n'aurons pas à payer trois bénéfices, celui du concessionnaire du marché, celui du facteur du premier marché, celui du facteur du second marché, de la halle des Prouvaires. Je me demande, par conséquent, d'où viendra l'augmentation de l'approvisionnement, quand, au moyen de la concurrence de la viande débitée et manipulée, par conséquent dépréciée, vous éloignerez l'approvisionnement de la viande vivante, sur la valeur de laquelle rejaillirait la dépréciation de la viande morte.

Troisièmement, je me demande si l'approvisionnement de la capitale, livré en grande partie à la viande morte, sera de meilleure qualité.

Enfin, je me demande si le consommateur doit attendre le bon marché du nouveau mode d'approvisionnement, qui nécessitera un grand nombre d'intermédiaires plus ou moins fonctionnaires, intermédiaires dont les salaires ou les bénéfices devront toujours, en dernier lieu, être payés par les consommateurs.

M. le Préfet. — Il est évident que les marchés, placés comme ils le sont, se trouvent moins à la portée de Paris que ceux qui seraient à la porte de la ville. A l'époque où il n'y avait pas de chemins de fer, où les bœufs arrivaient avec si grand'peine par les chemins de traverse jusqu'à la capitale, il était naturel que les bouchers allassent au devant. Il est même probable que cette station a été faite par les bouchers pour trouver à mieux choisir. A l'époque dont je vous parle, il était difficile de venir de Saint-Lô à Paris, du Charolais à Paris; les bœufs restaient d'un côté à Sceaux, de l'autre côté à Poissy, parce que c'est ce qu'il y avait de mieux alors; mais aujourd'hui si vous aviez à établir ces marchés, avec les chemins de fer qui convergent tous vers Paris, iriez-vous les mettre à Sceaux et à Poissy?

Un membre. — Et la banlieue?

M. le Préfet. — La banlieue viendra aussi bien s'approvisionner à Paris qu'à Sceaux et à Poissy. Ce n'est pas d'ailleurs pour la banlieue que nous sommes ici.

Le même membre. — La banlieue consomme pour moitié.

M. de Torcy. — Grâce aux votes de l'Assemblée, nous voilà privés, nous autres Normands, de chemins de fer et de moyens d'amener nos bestiaux à Paris par les voies que les autres provinces auront à leur disposition.

Si nous avons 50 ou 60 lieues de distance, il n'y a pas de comparaison à établir entre les 5 ou 6 dernières lieues qu'il faut faire et les premières. Nous aurons sur nos marchandises en venant à Paris une aggravation de frais et une diminution de valeur, parce que nous aurons plus de fatigue. Il faut être homme pratique pour comprendre cette fatigue. Ainsi, quand un animal sur 60 lieues en a fait 55, il en fait beaucoup plus difficilement 5 autres, qu'il n'en a fait 10 ou 15 d'abord; il est à bout de rouleau, si je puis m'exprimer ainsi. Je crois que vous repoussez la Normandie de votre approvisionnement (c'est une chose à considérer, surtout dans la position où nous sommes avec la législation anglaise); vous nous forcerez à expédier en Angleterre.

M. le Préfet. — C'est possible.

M. Lupin. — Tant mieux !

M. de Torcy. — Tant mieux ! Voilà le bout de l'oreille de MM. les producteurs du centre.

M. le Préfet. — Les circonstances viennent mettre à la disposition de Paris des éléments de prospérité, des facilités de communication ; nous sommes forcés d'en profiter. Vous vous trouvez dans la même position que les marchands de fraises et d'artichauts des environs de Paris. Ils ne peuvent pas faire concurrence aux fraises et aux artichauts qu'on envoie d'Orléans ; c'est un déplacement d'intérêts. Les chemins de fer vont chercher les bœufs dans le fond du Morvan, du Charolais, de l'Auvergne ; la concurrence vous est faite naturellement, il faut que nous en profitions ; c'est à vous à voir s'il n'y a pas moyen d'envoyer vos bestiaux sur un autre point.

M. Delestre. — Je demande la parole pour une motion d'ordre. Ce qui simplifie singulièrement notre travail, c'est la détermination prise par le comité d'agir dans le sens de la libre concurrence. Il ne faut pas perdre de temps. Au lieu de cette petite guerre de tirailleurs, ne pourrions-nous pas fixer la série des différentes délibérations qui doivent avoir lieu ; c'est-à-dire indiquer que l'on commencera par considérer la question sous le point de vue de l'approvisionnement, puis de l'installation du factage en remplacement de la caisse de Poissy, et enfin en ce qui concerne les mesures administratives à prendre.

De cette façon on suivrait une marche logique, et toutes les questions soulevées par M. de Torcy arriveraient à l'article qui serait la tête du chapitre des observations à faire.

M. le Préfet. — Nous avons cherché très-longtemps la solution de cette question qui nous préoccupait, et pour ma part je ne pouvais arriver à rien enter de bon sur ce qui existe. Je me suis dit un jour : Si Paris avait été bâti la nuit dernière, et que ce matin je fusse chargé d'approvisionner Paris de viande, avec les chemins de fer, avec tous les éléments de prospérité, avec toutes les ressources de crédit que nous possédons aujourd'hui, comment ferais-je? Je n'irais pas mettre les marchés à Sceaux et à Poissy, à quatre ou cinq lieues d'ici, j'établirais des marchés à Paris, et le système que je viens de vous proposer s'est déroulé naturellement quand j'ai cherché à l'instituer, sans me préoccuper du passé.

Ainsi voici ce que je propose pour l'établissement des marchés :

« Il sera établi à l'intérieur des fortifications, auprès de l'une des portes, deux marchés à bestiaux de boucherie.

« Ces marchés se tiendront au moins quatre fois par semaine, et alternativement, aux jours qui seront jugés les plus convenables.

« Les éleveurs, approvisionneurs, marchands, amèneront ou enverront leurs bestiaux à ce marché comme il leur plaira; ils les vendront directement ou les feront vendre par les facteurs dont il va être parlé, suivant qu'ils le jugeront convenable.

« Les heures d'ouverture et de fermeture des marchés seront fixées par un arrêté de la préfecture de police. »

M. Delestre. — Je conçois parfaitement la pensée de M. le Préfet; il a voulu indiquer d'abord le mode; mais il faut aussi tenir compte de la position qui sera faite nécessairement à Paris, c'est-à-dire celle d'un entrepôt général; il y a par conséquent à réglementer ce qui doit servir à l'approvisionnement de cette ville et ce qui doit simplement passer devant elle pour aller au delà.

M. le Préfet. — Cela va sans dire.

M. de Tourdonnet. — Si vous voulez faire voter sur ce paragraphe tel qu'il est, d'une manière absolue, je n'ai rien à ajouter; mais je ne puis admettre que les deux entrepôts que vous créez aux portes de Paris soient seulement des marchés de bestiaux sur pied. Je demande, et je développperai cette pensée s'il y a lieu, que ce soit aussi des marchés de viande abattue.

Paris doit être considéré comme un entrepôt, et quand nous arrivons à Paris, nous producteurs, qui en sommes éloignés, nous voulons être certains, autant que possible, de la vente de nos bestiaux. La certitude de l'approvisionnement de Paris dépend de la confiance qu'on nous inspire, à nous producteurs; par conséquent, nous enverrons à Paris de la viande sur pied, mais nous voulons avoir le droit d'envoyer la viande dans un autre centre de consommation que Paris, et si nous n'avions que le droit d'envoyer hors barrière des animaux sur pied, nous serions circonscrits dans une limite très-restreinte, et nous n'aurions pas notre vente régulière assurée comme nous la demandons. Si les marchés de viande abattue sont situés en dedans des barrières de l'octroi, il est évident que nous aurons de la difficulté à ressortir notre viande pour la vendre ailleurs, ce qui nous portera préjudice.

M. le Préfet. — Les marchés doivent être une institution libre, tout à fait en dehors de l'octroi. Si vous ne vendez pas votre viande, vous la retirerez.

M. de Tourdonnet. — Je réserve mon opinion, et je demanderai à la reprendre après cet article. J'ai posé la question ainsi au début, et on m'a laissé continuer, ce qui m'a fait penser qu'on voulait voter d'une manière absolue sur ce paragraphe.

M. de Kergorlay. — Je crois que M. de Tourdonnet est dans l'erreur, puisque les marchés sont hors Paris. Sa proposition arrivera tout naturellement lorsqu'il sera question de l'abattoir. Ainsi vous pouvez amener vos marchandises sur les marchés et les transporter ensuite à Beauvais, à Amiens. Du reste, je suis loin de m'opposer à la proposition que fait M. de Tourdonnet; je suis tout à fait d'avis de donner au producteur toute la liberté possible pour écouler sa marchandise, soit sur le marché de Paris, soit en dehors du marché; et en supposant que les marchés fussent à l'intérieur de Paris, s'il trouvait convenable de transporter sa marchandise hors des murs, on devrait lui restituer le droit qu'il aurait pu être obligé de payer.

Dans l'un comme dans l'autre système, il est dans l'intérêt de la consommation, comme dans celui de la production, que les marchés soient aux barrières de Paris; c'est réclamé par tout le monde depuis longtemps.

Quant à ce que disait M. de Torcy de l'envoi de bestiaux de la Normandie à Paris, je crois que la Normandie a plus d'intérêt à les diriger sur Évreux, sur Rolleboise, sur Nantes, et de les mettre sur le chemin de fer, que de les envoyer directement à Paris. D'ailleurs il ne peut pas se passer bien longtemps avant que le chemin de fer de Caen soit fait.

M. de Torcy. — Nous serons ruinés avant.

M. de Kergorlay. — Vous aurez beau décréter ces marchés, ils ne seront pas établis avant deux ou trois ans; il faut acheter le terrain, fairé les dispositions. Je ne crois pas qu'on puisse tarder longtemps à établir le chemin de Caen, si j'ai bien compris la discussion de l'Assemblée législative.

Je crois donc très-nécessaire de transporter les marchés de Sceaux et de Poissy près de Paris. Quand vous avez mis un bœuf au marché de Poissy, que ce bœuf n'est pas vendu, vous êtes obligés de l'amener à Sceaux pour le marché suivant. Pendant ces quelques jours, la bête souffre considérablement; il y a une grande déperdition de marchandise.

D'un autre côté, vous ne pouvez pas répondre aux plaintes des bouchers de Paris organisés, limités ou illimités, quand ils vous disent: « Pour aller au marché de Poissy, je suis obligé de perdre une journée, de faire des dépenses de stationnement; il faut que je sois à l'auberge, que je fasse une dépense plus ou moins considérable avec le producteur, avec les gens qui amènent les bestiaux; d'un autre côté, je suis obligé d'avoir à ma boutique un garçon pour me remplacer, tandis que, si vos marchés sont à la barrière, je n'ai qu'une demi-heure, une course de fiacre à dépenser.

Le point le plus important à mes yeux, c'est qu'il n'est pas possible de supprimer la cheville, si vous ne supprimez pas le marché de Sceaux et de Poissy. Cette suppression est dans l'intérêt de la production comme dans celui de la consommation.

Les marchés étant à Paris, le boucher peut amener son garçon avec lui, peut lui apprendre à connaître la marchandise, peut le former à tâter le bœuf.

Je crois que, sous tous ces rapports, la translation des marchés est une chose indispensable. Je sais que cela va blesser les intérêts des villes de Poissy et de Sceaux; j'en suis désolé, mais c'est indispensable dans l'intérêt général de la production et de la consommation. L'expérience et la pratique viendront nous montrer si nous sommes entrés dans une bonne voie par l'illimitation, ou nous forcer à revenir sur nos pas. Mais le fait est qu'il y a des inconvénients dans le système actuel sur lesquels nous sommes d'accord, et pour la suppression desquels il faut voter dans l'intérêt des deux systèmes.

M. Husson. — Je ne reviendrai pas sur les observations que j'ai fait valoir contre la translation des marchés, car il me semble que je suis à peu près seul ici de mon opinion; les inconvénients que j'ai fait valoir sont ceux relatifs à la circulation d'abord, qui sera entravée par l'arrivage d'une grande quantité de bestiaux, à la nécessité de faire paître les moutons, soit avant la tenue des marchés de Paris, soit après quand ils ne seront pas vendus, et enfin à la dépense considérable qui incombera à la ville de Paris pour l'établissement de ces marchés. J'appellerai seulement l'attention du comité sur deux autres points. La pensée du comité est d'éviter un grand trajet aux bestiaux qui viennent sur le marché par les voies diverses, et qui sont obligés de faire un long parcours quand ils arrivent par les chemins de fer. Je crois que cet inconvénient ne sera nullement évité; car n'oubliez pas que sur les marchés de Sceaux et de Poissy, l'approvisionnement de Paris ne compte que pour 5o p. o/o environ. Les départements qui, outre la capitale, sont approvisionnés par ces marchés, reçoivent une quantité équivalente à 5o p. o/o. Vous n'aurez donc rien gagné au déplacement; car à la place de ces 5o p. o/o de bestiaux qui feront ce trajet en moins, en tant qu'ils approvisionnent Paris, vous aurez 5o p. o/o qui le feront en plus pour aller dans les départements où ils seront destinés à être consommés.

Maintenant je ne crois pas que, si vous vous décidez à transporter les marchés aux portes de Paris, le Gouvernement consente à supprimer les marchés de Sceaux et de Poissy; mais en supposant même une certaine préférence donnée aux marchés de Paris, l'approvisionnement continuera certainement à se faire pour partie sur le marché de Poissy, et aussi sur le marché de Sceaux, quoique pour de moindres quantités. Vous diviserez donc l'approvisionnement en trois parties, et le consommateur, selon moi, aura beaucoup à souffrir de cette division. Je crois, en conséquence, que la concurrence sur les marchés de Paris, concurrence que nous recherchons par dessus tout, ne sera pas aussi considérable qu'aujourd'hui, par suite de cette division même.

M. de Tourdonnet. — M. Husson craint que la translation des marchés à Paris ne soit préjudiciable aux bestiaux d'Orléans et aux bestiaux qui arriveront du Nord. Mais les éleveurs normands et les éleveurs des autres provinces ne demandent pas à vendre uniquement à Paris, ils demandent à vendre là où on leur offre le plus grand prix possible. Eh bien! Paris est le centre des chemins de fer, ils se divisent à droite et à gauche, et vont aboutir à toutes les têtes de lignes; il y a évidemment une grande facilité pour l'écoulement dans la concentration des chemins de fer à Paris, tandis qu'à Poissy nous avons sept lieues à faire pour venir rejoindre les lignes, et si nous sommes obligés de vendre tout à Paris, il n'y a pas de débouchés suffisants.

Quant à la seconde objection de M. Husson, il dit que le Gouvernement ne supprimera pas les marchés de Sceaux et de Poissy. C'est une question qui regarde la ville de Paris, et si Paris veut placer des marchés à sa barrière, je ne sais si le Gouvernement peut l'en empêcher.

M. Julien. — L'institution des marchés dans l'état actuel de la législation appartient au ministre de l'agriculture et du commerce, et ceux de Sceaux et de Poissy ont été établis ou consacrés par des actes du Gouvernement.

M. de Tourdonnet. — Ce que je voulais répondre simplement, c'est ceci : c'est que, du moment où les deux marchés seront institués à la barrière de Paris, il est inévitable que les acheteurs directs de Paris, les grands consommateurs, les bouchers, et, il faut le dire aussi, tous les autres bouchers des villes des environs, viendront là où le marché nouveau sera, là où il y aura une plus grande concurrence, parce que cela leur fera espérer encore un plus grand nombre de bestiaux. Évidemment au bout de trois, quatre, cinq mois au plus, il n'y aura plus de marchés à Sceaux et à Poissy. S'il y a encore quelques animaux qui s'y rendent, ce seront des animaux appartenant à Sceaux et à Poissy ou aux environs ; mais on vendra là où la concurrence sera la plus grande, et, en peu de temps, le fait remplacera le droit, si droit il y a.

Je crois que ces deux objections ne sont pas très-sérieuses dans le système de la liberté.

M. Lupin. — Un argument de plus pour l'établissement des marchés aux portes de Paris, c'est que Poissy n'est pas plus central pour la banlieue que Paris. La banlieue ne peut acheter plus d'une fois par semaine, et elle est obligée d'aller tantôt à Sceaux tantôt à Poissy.

M. Husson. — J'admets bien que si les grands marchés parisiens s'établissent, il y aura une tendance à ce que la viande se concentre sur ce point, parce qu'il y aura comparativement sur ces marchés une concurrence plus active ; mais alors ma première objection prend une nouvelle force ; car, si les départements sont obligés de venir acheter chez vous, il est évident que vous n'évitez nullement la fatigue et la dépense qui résultent des grands trajets pour les 5o p. o/o des animaux qui sont destinés à l'approvisionnement extérieur.

M. Lupin. — Ceux qui iront sur des points éloignés, n'iront qu'en chemin de fer ; il y en a dans toutes les directions à présent.

M. Husson. — Les chemins de fer ne rayonnent que sur des lignes principales ; ils ne vont pas partout.

M. Lupin. — D'ici à deux ou trois ans Caen aura un chemin de fer.

M. de Torcy. — Il n'y a pas de chemin de fer entre la Seine et la Loire.

M. Lupin. — Dans tous les cas, il y a un rayonnement dans toutes les directions; par conséquent vous pouvez faire une partie des chemins par cette voie.

M. de Torcy. — M. Lupin est dans l'erreur sur les distances. Personne n'a répondu à un argument qui a sa valeur au point de vue de l'approvisionnement, c'est que nécessairement la viande vivante devra craindre de venir lutter contre la viande morte. La viande morte nécessairement maniée, manipulée, perd de sa fraîcheur, de sa qualité, de la facilité de son débit, en un mot elle est dépréciée.

M. le Préfet. — Alors on n'en enverra plus.

M. de Torcy. — On en enverra parce qu'il faut en envoyer, parce que du pays de M. de Tourdonnet et de partout ailleurs on a des animaux qui ne sont pas bien préparés, qui sont de moins bonne qualité. Je crois que la viande dépecée est déguisée : on ne peut établir la même différence entre telle ou telle qualité de viande morte qu'entre tel ou tel bœuf debout. Il est certain, dès lors, que la bonne qualité de la viande vivante se trouvera atteinte, frappée par la concurrence de la qualité inférieure de la viande morte; il est certain aussi, suivant moi, que la dépréciation qui frappera cette viande morte viendra atteindre la viande que vous amènerez vivante; c'est-à-dire que, quand vous pourrez vous procurer de la viande arrivée dépecée à Paris à 6, 7, 8 sous la livre, je suppose, il sera fort difficile de persuader les consommateurs et de trouver acquéreurs pour de la viande vivante à 10 et 12 sous la livre. Dès lors, comme vous ne généralisez pas ce genre d'opérations sur la surface du pays, comme à Rouen, ou dans telle autre ville, on n'aime pas la viande morte et dépecée, on préférera naturellement, je parle du Calvados, je parle de la Normandie, parce que je connais mieux la Normandie, on préférera naturellement aller vendre dans des localités où on vendra plus avantageusement : nous n'amènerons plus. Dès lors, comment arrivez-vous au but que vous vous proposez : *l'approvisionnement plus considérable, meilleur et à meilleur marché?* Vous allez au but diamétralement opposé à celui que vous cherchez. Dans l'état actuel, la concurrence existe sinon en droit, au moins de fait : où sont les résultats? Où est la réduction du prix de la viande? Je ne la vois nullement, je pourrais dire que je vois une augmentation. Dernièrement, j'ai fait acheter de la viande dans Paris, et jamais je n'ai payé de la viande de qualité le prix qu'on la paye aujourd'hui; ce n'est certainement pas le monopole des bouchers qu'il faut en accuser. Je dois dire cependant que j'ai acheté de la viande primée, je ne veux tromper personne.

Plusieurs membres. — C'est bien différent.

M. de Torcy. — Laissons la viande primée. Je prie M. le syndic de nous dire si la bonne qualité de la viande dans Paris est plus ou moins chère, plus ou moins bon marché qu'elle n'a jamais été avant la concurcurrence.

M. le Syndic. — En fait de morceaux d'élite, elle est plus chère : la criée est là pour le dire. Il a été vendu à la criée de la viande 1 franc o3 centimes le demi-kilogramme.

M. de Torcy. — J'ai acheté de la viande 3 francs la livre.

M. le Préfet. — Ce que vient de dire M. de Torcy est spécieux, mais l'exemple de Londres est là pour répondre à toutes ses craintes. A Londres, il vient de la viande morte de toutes les parties de l'Angleterre, de tous les pays étrangers, de France, de Hollande, d'Écosse. La moitié de la consommation de Londres est faite avec la viande qui arrive tuée ; j'en ai vu arriver: j'ai vu des bâtiments chargés complétement de viande tuée, et cela n'empêche pas les éleveurs des autres contrées de l'Angleterre d'envoyer leurs bêtes sur pied au marché de Londres, quand ils croient y trouver avantage.

M. de Kergorlay. — J'ai écouté avec beaucoup d'attention les observations de M. de Torcy ; voici son argument : Il pose en fait que la viande qui arrivera abattue des départements sera d'une qualité inférieure à celle qui provient d'animaux amenés debout à Paris et abattus dans les abattoirs, et il en conclut que le marché de Paris étant inondé d'une quantité de viande d'une valeur inférieure, cette dépréciation retombera même sur la viande provenant des animaux debout.

D'abord je crois que, quant à la qualité réelle de la viande comme salubrité, comme susceptible de donner de bon bouillon bien coloré, savoureux, de donner de la viande tendre, remplissant les conditions de celle que nous mangeons avec plaisir, il n'est pas prouvé que la viande venant de 5o ou 6o lieues dans un chemin de fer ou sur un bateau à vapeur ne remplisse pas ces conditions-là. Par conséquent, je ne crois pas que les bouchers soient obligés de la vendre à meilleur marché. Je crois que la différence est beaucoup plus dans l'apparence que dans la réalité. Il est reconnu que nulle part on ne sait parer la viande, la présenter sous une forme agréable ; mais le boucher parisien sait donner à ses marchandises ce que le marchand de légers tissus de soie, par exemple, donne aux siennes en les drapant ; le soufflage donne à la viande un peu d'apparence, s'il est vrai que nous ne fassions que de l'apparence. Cela n'empêchera pas les consommateurs de l'acheter le même prix ; le boucher d'en demander le même prix. Comme l'acheteur ne voit pas sa viande crue, qu'il se contente de la manger sur sa table, s'il la trouve aussi tendre, s'il y voit cette même couche de graisse jaune que nous trouvons si séduisante sur notre pot au feu, la viande morte ne sera pas dépréciée.

Nous sommes, nous Normands, ceux qui seront condamnés les derniers à amener de la viande debout sur le marché de Paris. Les Limousins, les Berrichons amèneront de la viande morte qu'ils vendront 7 ou 8 sous. Nous enverrons de la viande qui sera beaucoup plus délicate; nous l'enverrons sur pied, afin que cette viande conserve une qualité supérieure. Vous croyez que, parce qu'on vendra de la viande à 7 et 8 sous, elle ne pourra pas se vendre 10 et 12 sous. Mais, si le marché de Paris est complétement déprécié, éloignons-nous de ce marché, afin qu'il y ait insuffisance ou un peu de l'apparence de l'insuffisance. Les prix se relèveront immédiatement, même pour la viande de qualité infé rieure. Il y a dans Paris de grands consommateurs, de grands restaurateurs, de grands cuisiniers; il y a un public assez délicat pour rechercher la viande de qualité supérieure. Je dis qu'au point de vue général nous devons nous réjouir de cette différence de prix; c'est le moyen de concilier les besoins du pauvre, a qui il faut de la viande et de la viande à bon marché, avec les besoins du producteur, qui est contraint de vendre de la viande cher, avec les besoins aussi de celui qui produira de la viande plus délicate et qui fera le sacrifice de l'envoyer à pied sur le marché de Paris. Je ne crois pas me tromper en disant qu'il y a quelques races d'animaux qui se vendent très-cher sur le marché de Londres.

Ainsi, grâce à ces arrivages forcés, qui ne tueront point vos marchandises, vous aurez de la viande très-salubre à des prix inférieurs.

J'ajoute un mot relativement à l'établissement des marchés, parce qu'il y a une considération émise par M. de Torcy à laquelle il n'a pas été répondu. M. de Torcy est effrayé de l'augmentation de frais qui résulterait de l'obligation de faire faire les six lieues de plus aux animaux qui ordinairement étaient vendus sur le marché de Poissy.

M. de Torcy. — Et le séjour.

M. de Kergorlay. — Le séjour sera moindre qu'il n'est, parce qu'il n'y a que deux marchés et M. le Préfet nous en annonce quatre, et il ne demanderait pas mieux qu'il y en eût un tous les jours : ce sera réglé par les habitudes et les besoins de l'acheteur et du producteur. Je réponds à votre observation directement.

Je reconnais qu'il y aura une petite augmentation de frais et de peine pour les animaux, mais je crois qu'elle sera largement compensée. Je n'ai pas là les chiffres, mais je crois que les frais de conduite des animaux de Paris à Poissy sont très-considérables; il me semble qu'ils se rattachent encore à des habitudes de corporation.

M. le Syndic. — 70 centimes par bœuf.

M. de Kergorlay. — C'est considérable.

M. le Syndic. — Ils prendront le même prix pour les amener du marché aux abattoirs.

M. de Kergorlay. — Ce sera à la porte même de l'abattoir.

MM. de Torcy et Husson me paraissent préjuger tous les deux une très-grave question, que je n'entends pas résoudre, sur laquelle vous serez appelés à émettre une opinion, et qui recevra sa solution plus tard. Ces deux messieurs, dans leur argumentation, supposent qu'en changeant la situation des marchés spéciaux, on maintiendra le système des marchés : l'interdiction de vendre et d'acheter des bestiaux en dehors des marchés établis et des heures et des jours donnés. C'est là une question capitale ; et le principe général que nous venons de poser de la libre concurrence dans le commerce de la boucherie me paraît la préjuger, sans la résoudre complétement.

M. Husson a fait une autre objection et a dit : Je ne crois pas que le Gouvernement consente à la suppression du marché de Poissy. Je ne sais pas si le Gouvernement en fera une question gouvernementale, politique, administrative ; mais peu importe que les marchés de Poissy et de Sceaux restent marchés, et voici pourquoi : c'est que, faisant un pas de plus, nous admettrons, sans restriction ou avec quelques restrictions, la possibilité de vendre en dehors des nouveaux marchés. Je suis persuadé qu'il ne résultera pas du projet que nous formulons maintenant qu'on n'aura le droit de vendre et d'acheter des bestiaux, dans tout le rayon de l'approvisionnement de Paris, qu'aux deux marchés. Cela étant admis, votre grande objection, tirée de la difficulté, pour les bouchers de la banlieue, de venir acheter de la viande à Paris, tombe complétement. Ils pourront acheter à Poissy et à Sceaux, sur ces marchés spéciaux ou sur la route.

D'un autre côté, M. de Tourdonnet a fait une observation capitale, qui intéresse les producteurs comme les consommateurs, c'est l'affluence des grands marchés. Voyez un peu ce qui se passe à Londres et à Manchester. Il y a une espèce d'attraction magnétique qui, en l'observant de près, a quelque chose de merveilleux. Oui, plus les marchés sont considérables, et plus vous voyez affluer les marchandises d'une part, et de l'autre les prix diminuer. Donc, tout en maintenant la possibilité, pour les éleveurs, d'envoyer sur les marchés de Poissy et de Sceaux, je suis persuadé que les bestiaux se vendront meilleur marché sur le marché de

Paris, même avec le prix de transport; comme le poisson qui vient de nos côtes de la Manche se vend meilleur marché à Paris qu'à Caen ou dans le port de mer.

M. de Torcy. — C'est vendu d'avance.

M. de Kergorlay. — Remarquez, en outre, que les marchés de Paris sont appelés à devenir les marchés des lieux de plus en plus éloignés de Paris. Il est beaucoup plus avantageux que les grands marchés soient aux portes de Paris, de manière à ce que les deux gares se touchent et à ce que les animaux qui viennent de la Normandie au centre de Paris n'aient pas de frais de transport pour grimper sur le chemin de fer de Paris, et s'en aller à Lille, à Saint-Quentin, à Beauvais, à Péronne, à Arras, dans le Nord tout entier; ils n'auront plus que quelques lieues à faire pour aller aux petits marchés de côté et d'autre. Il y a là un principe d'une fécondité immense comme débouché pour les producteurs de toutes les parties de la France. Il y a, je le dis à M. Husson, qui, par sa position, doit se préoccuper de la consommation de Paris, il y a là une garantie immense pour la consommation de Paris. Soyez sûrs que le marché de Paris deviendra le marché d'approvisionnement des villes de 10, 15, 20 départements, vous aurez à votre disposition des quantités de viande immenses, que vous, le plus grand mangeur, vous garderez le jour où vous en aurez besoin. C'est pour cela que le principe, sauf les modifications qu'on nous proposera pour leur donner le caractère d'entrepôt, de l'établissement de marchés à Paris, est plus utile que nuisible à la production et à la consommation.

M. de Torcy. — Je crois que le tableau qu'on vous fait de l'approvisionnement futur de Paris n'est pas très-exact. En effet, on le compare à ce qui se passe pour la marée, et on vous dit : Vous aurez la viande à meilleur marché à Paris, comme vous y avez déjà le poisson. Il me semble qu'il n'y a pas de comparaison à établir. On est obligé d'expédier le poisson à Paris, parce qu'on est assuré du débit; on a ses correspondants, ses marchands attitrés à Paris, et on vend depuis le lundi jusqu'au samedi, tous les jours. Mais, quant à la viande, ce n'est plus cela; je l'ai dans mon herbage, dans mon étable, et je ne suis pas obligé de m'en débarrasser comme le pêcheur qui décharge son bâtiment, qui est obligé de se débarrasser de son poisson à heure dite pour repartir. Aussi vous me ferez difficilement comprendre à moi, producteur, que mon intérêt soit lié à celui de la consommation. Tout ce que vous me dites de la masse de viande qui va venir, soit debout, soit débitée à Paris, de cette abondance qui va rendre ce vaste marché si chargé, un lieu de vente à si bon marché, me paraît un argument irrésistible pour que je me détourne de ce marché. Je demanderai ensuite à M. de Kergorlay et à la Commission de vouloir bien entrer dans quelques détails pratiques. Nous avons touché la question des plus grands frais pour l'amenage des bestiaux; il y a un autre point de vue de la question, le voici : au marché de Poissy, qui dure six heures, le temps est d'une lenteur extraordinaire pour le malheureux producteur qui est là à attendre MM. les bouchers, qui déjeunent bien tranquillement, parce qu'ils ont vu qu'il y avait 2,000 ou plus de 2,000 bêtes arrivées, et qui se disent : Nous aurons toujours le temps de faire notre marché. J'y ai passé dernièrement quelques heures, et le temps coulait excessivement lentement. Mais je me figure le producteur amenant ses bestiaux sur le marché de Paris; nous aurons à attendre non plus des heures mais des jours; nous n'aurons plus les frais de renvoi, nous serons bien plus heureux; nous aurons les frais de séjour. Il faudra que nos bêtes, nos hommes, toute notre spéculation stationne pendant un certain temps et nous coûte des frais énormes. Vous ne vous préoccupez pas, vous, Monsieur de Kergorlay, de cette transposition de frais, de cet impôt énorme que vous mettez sur les produits de l'agriculture, et dont vous soulagez les bouchers, les intermédiaires. Je suis, moi, extrêmement préoccupé du mal que vous faites à mon pays, et du mal que vous pouvez faire à l'approvisionnement général de la capitale. D'un autre côté, je suis frappé de ce que M. le Préfet disait tout à l'heure pour l'approvisionnement de Londres. Cela me donnerait une certaine confiance dans votre idée; car si vous n'aviez pas un exemple de ce qui se passe ailleurs pour appuyer ce que vous dites, je vous croirais dans la voie la plus fausse, la plus mauvaise qu'il soit possible de suivre.

M. de Tourdonnet. — Je dois faire observer que, dans la nomenclature des conditions que M. le Préfet de police vient de nous lire, l'une des conditions est précisément relative aux heures d'ouverture et de fermeture des marchés. Puisque vous les rapprochez de Paris, vous pouvez les ouvrir de meilleure heure et les fermer plus tard. Au marché de Poissy, il fallait être arrivé, je crois, avant dix heures pour pouvoir vendre. Il y avait mille formalités que vous n'aurez plus lorsque les marchés seront près de Paris. Tout se simplifie dans le système de la liberté et atteindra son véritable but. Il est certain que la moitié des producteurs, dès que vous leur assurerez la vente de toutes les parties de leur animal, sans crainte d'être trompés, aimeront mieux le vendre ainsi que d'avoir à débattre leur prix sur l'animal sur pied; ils préféreront une opération qui leur rendra compte de leur viande, de leur suif, de leur cuir; et alors on verra diminuer le prix de la viande sur pied, de la viande incertaine.

M. de Torcy a dit qu'on ne pouvait pas comparer les diverses qualités de la viande abattue aussi bien que les diverses qualités des animaux sur pied. Quant à moi, je comparerai dix mille fois mieux les qualités des animaux abattus que celle des animaux sur pied, lorsque je ne connais pas l'alimentation, l'hygiène qui ont présidé à l'élève de l'animal, et je connais tout cela lorsque, l'animal étant débité, je vois les quartiers; je vois alors la qualité de son cuir, la quantité de son suif. Je déclare qu'au point de vue de la liberté du commerce, de la sincérité des transactions, je préfère, autant que possible, la viande abattue, débitée; je préfère une estimation facile, logique, à une estimation occulte, sur les conditions de laquelle je puis singulièrement me tromper. Je crois que, du moment où vous aurez donné au vendeur toutes les facilités possibles et toute certitude de payement, il préférera vendre sa viande abattue à la vendre sur pied, les Normands comme les autres. Vous serez obligés alors de vous conformer au changement d'habitude des acheteurs; il y a beaucoup de morceaux que vous n'enverrez pas à Paris; vous arriverez à la salaison et à la fumaison de la viande. Quand on veut juger cette question des marchés actuels et de la boucherie de Paris, il faut se préoccuper de toutes les circonstances nouvelles que les chemins de fer nous ont apportées, des changements que l'alimentation publique a subis depuis 1789; car les questions d'alimentation ont singulièrement changé par l'influence de la politique; on n'y a pas fait attention jusqu'ici; c'est une très-grave question. Nous sommes obligés de nous prêter aux circonstances nouvelles, et j'insiste pour arriver à la sincérité, à la loyauté des transactions, en faisant la vente de la viande abattue plutôt que la vente de la viande sur pied. C'est une nécessité d'avenir.

M. Lupin. — M. de Torcy a dit tout à l'heure que l'allégation de M. le Préfet sur ce qui se passait à Londres lui était très-sensible. Je vais lui montrer qu'en effet l'apport énorme de la viande abattue n'a eu aucune influence sur le prix de la viande sur pied. Voici le cours public du mois dernier. Le bœuf sur pied de première qualité s'est vendu 3 schellings 10 deniers les 8 livres; la viande abattue s'est vendue 3 schellings 4 deniers; la différence est peu de chose. La plus basse qualité est, dans un cas, 2 schellings 4 deniers; dans l'autre, 2 schellings 2 deniers. Pour le mouton, il va de 4 schellings 10 deniers à 4 schellings 8 deniers sur pied, et abattu, de 4 schellings 2 deniers à 4 schellings Ainsi, il y a une petite différence en faveur de la viande sur pied, et à Londres, il y a la moitié de l'approvisionnement qui se fait en viande abattue.

M. le Syndic. — La viande, à Londres, se conserve mieux qu'à Paris.

M. Lupin. — Nous avons neuf mois de l'année où nous la conservons. Du reste, je trouve là immédiatement la réponse : dans la dernière semaine, la viande s'est mal vendue, à cause de l'humidité et de la chaleur de l'atmosphère, ce qui arrive tout autant à Londres qu'à Paris. Il y a même plus de difficulté à la conserver à Londres qu'à Paris, à cause de l'humidité; ce n'est pas le temps sec et chaud qui fait gâter plus vite la viande, c'est l'humidité. Dans la semaine qui a suivi la semaine sainte, vous avez eu un désastre à Paris.

M. Delestre. — M. de Torcy disait : Nous attendons longtemps sur le marché de Poissy. Cela s'explique. Les bouchers n'ont d'autres concurrents qu'eux-mêmes. Ils se mettent à l'aise et attendent que le moment de la cloche arrive pour acheter et contraindre en quelque sorte le producteur à livrer son bœuf à bas prix. Mais si le marché, au lieu d'être à Sceaux ou à Poissy, s'établissait à Paris, c'est-à-dire près de l'embouchure (permettez-moi l'expression), des chemins de fer, vous auriez les intermédiaires des départements qui feraient concurrence aux bouchers de Paris et de la banlieue dans l'intérêt des producteurs.

M. le Syndic. — Le marché de Poissy s'ouvre à neuf heures. Et je désirerais qu'on fît une enquête là-dessus. Les marchands de bœufs, les commissionnaires en bœufs ne viennent jamais sur le marché avant onze heures, onze heures et demie.

M. Lupin. — Ils n'ont rien à y faire.

M. le Syndic. — Pardon ! Et nous, bouchers réguliers, nous sommes arrivés sur le marché avant les marchands. Nous avons même porté plainte plusieurs fois à cet égard. Les bouchers réguliers de Paris s'en vont vers midi et demi, ayant acheté leurs marchandises. M. de Torcy sait que tous les bons bouchers qui tiennent à avoir de la bonne viande achètent immédiatement. Il n'y a peut-être pas 30 bouchers qui attendent jusqu'à cinq ou six heures pour tâcher d'avoir des animaux à meilleur marché.

M. le Préfet. — Je vais mettre aux voix la première partie, non pas la rédation exacte, mais le sens, le principe :

« Il sera établi à Paris, à l'intérieur des fortifications, deux marchés de bestiaux de boucherie. »

(Cet article est adopté.)

M. le Préfet. — Ces marchés auront lieu au moins quatre fois par semaine.

M. de Tourdonnet. — Je ne voudrais pas qu'on préjugeât la question, et par conséquent je voudrais que, nous en rapportant à la préfecture de police, on ne mît dans la rédaction ni deux, ni quatre, ni six. Et voici pourquoi : J'arrive de province avec mes bœufs, et dans mon ordre d'idées, avec mes bœufs sur pied ou ma viande abattue. S'ils sont sur pied, il m'est fort égal qu'il y ait seulement quatre marchés; ça ne fera qu'un jour d'intervalle, je trouverai toujours à placer mes bœufs. Je ne serai jamais forcé à subir une perte. Mais, s'il s'agit de viande abattue, je ne veux pas être obligé d'entrer dans Paris, si je puis vendre ailleurs;

c'est pour moi un point important. Puis il est impossible que vous me donniez seulement quatre marchés par semaine, parce que vous me forceriez à stationner sur le marché où je serais pendant quarante-huit heures, et que je serais forcé de faire le tour de Paris pour arriver au marché du surlendemain. Si vous admettez le principe de la liberté de vendre sous la forme que vous voudrez, vous ne pouvez pas échapper à la nécéssité d'avoir un marché quotidien. Je demande qu'on pose ainsi la question. Fixerez-vous le nombre des jours de marché?

M. Mosselmann. — On pourrait dire que les marchés se feront suivant les besoins du commerce.

M. le Syndic. — Pour la viande abattue, tous les jours, mais non pas pour la viande vivante. Nous en sommes à la question de la viande vivante; si vous mettez deux, trois marchés, vous aurez des marchés où il n'y aura pas de viande, et des marchés où vous en aurez beaucoup.

Vous savez que les marchés correspondent avec les foires des départements.

M. de Tourdonnet. — Il y aura moins de foires, et d'ailleurs les foires ne doivent pas nous préoccuper ici.

M. le Préfet. — Mais avec les chemins de fer.....

M. le Syndic. — Vous comptez trop sur les chemins de fer.

Un Membre. — En effet, on faisait concorder le marché de Poissy avec la foire de Clamecy; mais aujourd'hui tout est changé.

M. le Syndic. — Le bœuf est fatigué, il faut qu'il se repose avant de partir par le chemin de fer.

M. de Tourdonnet. — Je demande à préciser la question. Lorsque vous avez voté un article, si cet article est logique en lui-même, tout ce qui vient après se trouve englobé d'avance dans ses termes. Si vous ne votez qu'un principe, je n'ai rien à dire; mais, si vous votez un article qui comprenne la limitation des marchés à deux, trois, quatre, six, vous préjugez la question du marché quotidien qui viendra plus tard, lors de la question de la viande abattue.

Si nous agissons toujours sur les anciens errements, nous arriverons à des idées fausses, et nous ne partirons pas du principe que nous avons posé, de la liberté commerciale. L'institution que nous préparons ici aura une grande influence sur la France entière. Ce n'est pas ici seulement que nous avons un monopole; il y a des monopoles dans toutes les villes, et, dernièrement, les conseils munipaux de certaines villes réclamaient contre le monopole en faveur de la liberté de vente et appliquaient la libre concurrence dans leur enceinte.

M. le Préfet de la Seine a été appelé devant la commission de l'Assemblée; il s'y est rendu, mais il ne s'est pas prononcé, et il s'est re- tranché derrière le travail qui se faisait dans la Commission de la préfec- ture de police; il a demandé à revenir la semaine prochaine pour s'ap- puyer sur une délibération connue, précise. Les principes fondamentaux sont formulés par nous à l'heure qu'il est; M. le Préfet de police pèse de tout son poids sur ce qui se fait à l'Assemblée. M. le Préfet de la Seine se servira aussi de notre délibération. Cette délibération est donc très- importante. Vous devez donner satisfaction à tous. Vous cherchez la viande à bon marché pour la ville de Paris, et vous ne ferez venir une foule de producteurs que par la confiance que vous inspirerez, par la cer- titude du placement, par une véritable concurrence. Ne nous perdons donc pas dans les détails, et laissons à M. le préfet de police le soin de faire une réglementation nouvelle sur le nombre des marchés, sur leur installation, sur les heures d'ouverture et de fermeture des marchés. Je demande qu'on ne pose la question du nombre des marchés que quand nous arriverons à la question de la viande abattue.

M. le Préfet continuant sa lecture. — « Les éleveurs, approvision- neurs, marchands amèneront ou enverront leurs bestiaux à ce marché comme il leur plaira. Ils les vendront directement ou les feront vendre par les facteurs dont il a été parlé, suivant qu'ils le jugeront conve- nable. »

M. de Tourdonnet. — Je demande qu'on ajoute à la fin de cette phrase, à laquelle je me rallie, simplement ces mots : « Tous les éleveurs pour- ront envoyer de la viande sur pied ou abattue. »

M. le Préfet. — Je combats cette addition. Dans l'idée du projet, il s'agit d'un marché à la viande *sur pied* ou marché aux bestiaux; ce ne peut pas être le marché à la viande abattue.

M. Delestre. — Il y a la question des abattoirs qui arrive subsidiai- rement.

M. le Préfet. — Si vous voulez établir un marché à la viande abattue, nous verrons tout à l'heure quand nous serons aux abattoirs; mais, dans ce marché, vous ne devez appeler que le boucher; vous ne devez mettre en contact que l'éleveur et le boucher, ou l'intermédiaire qui veut tuer.

M. Julien. — Il y a une question qui parait décidée par ce para- graphe, et qui me semble ne devoir pas être résolue par prétérition : c'est celle du maintien ou de l'abolition de la caisse de Poissy.

M. le Préfet. — Elle est annulée par le fait.

M. Julien. — Je ne me prononce pas en ce moment sur la question en elle-même; mais je crois qu'elle doit être discutée spécialement. Il ne faut pas que, sans y prendre garde, nous repoussions cette institution en votant une disposition qui implique son rejet.

M. le Préfet. — Dans les préliminaires que je vous ai lus, il est certain que je regardais la caisse de Poissy comme parfaitement inutile.

M. le Syndic. — Les bouchers de Paris, comme les bouchers de la banlieue, auront la faculté d'acheter à ce marché ou en dehors du marché.

M. Lupin. — Dans les fermes, si vous voulez.

M. Husson. — La rédaction dit : « Les éleveurs, approvisionneurs, etc., amèneront ou enverront leurs bestiaux.... » Cela semble indiquer une espèce d'obligation. Je crois que, pour mieux rendre la pensée du projet, il faut dire : « pourront envoyer...; » puisque, sous le régime de la liberté, ils pourront ne pas amener leurs bestiaux, et conserver la faculté de les vendre directement.

(Cette rédaction est adoptée.)

M. le Préfet. — « Il sera établi sur ce marché des facteurs à l'instar de ceux qui fonctionnent sur les marchés de Paris. » Il est évident que la création de ces facteurs détruit la caisse de Poissy.

M. Delestre. — Il est évident que la voie dans laquelle nous sommes entrés, laisse de côté la caisse de Poissy. En voici la raison ; elle est concluante. Vous rendez le commerce de la boucherie libre ; vous retireriez d'une main ce que vous donnez de l'autre, en conservant la caisse de Poissy. Cette caisse ne peut exister qu'à la condition d'être obligatoire ; or tous ceux qui n'auraient pas un cautionnement à déposer ne pourraient pas faire le commerce de la boucherie.

Cependant, dans l'intérêt de l'approvisionnement de Paris, il faut offrir aux producteurs la certitude d'être payés des transactions qu'ils pourront faire avec la boucherie. L'intérêt privé des producteurs sera de choisir les hommes avec lesquels ils auront à traiter ; puis, la plupart des affaires se feront au comptant. Ce sera la conséquence forcée de la libre concurrence. Quant aux acheteurs qui n'auront pas d'argent à donner immédiatement, ils se feront créditer, soit par une caisse d'escompte, soit par les facteurs, et, de cette façon, ils auront les avantages de la caisse de Poissy, et ne seront point contraints d'en subir les inconvénients, c'est-à-dire l'obligation de déposer un cautionnement, ce qui est tout à fait contraire au système de la libre concurrence.

M. de Tourdonnet. — Il est impossible de maintenir le cautionnement avec la liberté : ce sont deux idées contradictoires. La caisse de Poissy ne peut exister qu'avec le cautionnement, puisque aujourd'hui elle résulte des cautionnements des bouchers. Maintenant donc que la caisse de Poissy n'existe plus, d'après votre vote, telle qu'elle existait précédemment, vous arrivez à cette seconde question : Faut-il une caisse de crédit ou n'en faut-il pas ? Cette question est très-importante ; les avis sont très-partagés, jusque dans la production même où nous marchons cependant assez d'accord, sauf M. de Torcy et quelques autres qui pour nous sont des exceptions, par la nature supérieure de leurs produits et la position particulière qu'ils leur créent.

M. de Torcy. — M. de Tourdonnet me présentant comme une exception, je demande la permission de lire dix lignes d'une brochure sur l'organisation de la boucherie. Cette lecture prouvera à la Commission que non-seulement aujourd'hui, mais en 1841, alors que la corporation de la boucherie se montrait si hostile à la production, des producteurs ont pensé comme moi. Je lis :

« L'organisation de la boucherie parisienne est une de nos plus anciennes et de nos meilleures institutions municipales. Depuis le XVe siècle, époque de sa création, elle a subi bien des modifications : les unes malheureuses, qu'il a fallu abandonner ; les autres heureuses, vers lesquelles on a souvent dû revenir. L'histoire de ces transformations et des effets qu'elles ont produits porte avec elle un haut enseignement, et doit être consultée. »

Je dis que je ne suis pas seul ; voici, je crois, un producteur de mon avis, et je suis persuadé que, si les producteurs de mon pays étaient consultés, ils entreraient dans la même voie que moi.

M. de Tourdonnet. — Quel est l'auteur ?

M. de Torcy. — M. Bella père.

M. de Tourdonnet. — Voilà à peu près sept ou huit jours que je suis en présence des compatriotes de M. de Torcy ; j'ai eu devant moi un très-grand nombre de Normands, j'en suis très-heureux. J'en connais beaucoup, et je partage en grande partie leurs idées. Je les ai soutenus de mes faibles moyens depuis que nous nous réunissons en assemblée. Cette année-ci, au congrès de l'agriculture, la question de la caisse de Poissy a été soumise à une commission de cinquante à soixante membres, sur lesquels il y avait plus de vingt Normands. Les producteurs des divers départements normands se sont trouvés en présence ; nous avons discuté la question ; il n'y a pas eu la moindre contradiction. La question du maintien de la caisse de Poissy a été posée ; la commission en a voté le maintien, mais en la modifiant. Mais lorsque la question a été soumise au congrès en séance publique, il y a eu une énorme majorité contre la caisse de Poissy, avec les modifications que nous ont soumises M. de Kergorlay et autres membres. Je n'ai pas entendu une voix normande demander le maintien de la caisse de Poissy. Les éleveurs normands ont compris que c'était contradictoire avec la liberté de la boucherie.

M. de Torcy. — Je le comprends très-bien aussi.

M. de Tourdonnet. — Il faut que chacun se fasse son crédit là où il le trouve, en admettant la liberté ; c'est clair.

Puisque les facteurs ont un cautionnement proportionné aux services qu'ils rendent et aux obligations qui leur sont imposées, faites verser ce cautionnement dans une caisse non obligatoire ; et permettez à ceux qui en auront besoin, à ceux qui sous le régime de la liberté demandent le crédit qu'ils n'ont pas le moyen de se procurer ailleurs, permettez-leur de se servir de cet argent qui dort. Réfléchissez à ceci : on parle toujours de l'approvisionnement, il est basé sur la confiance qu'ont les producteurs dans la facilité de leur payement et dans la certitude de la vente. Eh bien ! je parle de moi, puisqu'il faut parler de soi dans ces questions-là, je parle du pays dont je suis et qui se compose de cinq à six départements, ou seize à dix-huit cantons plus particulièrement. Nous ne savions pas autrefois venir à Paris, nous avions des acheteurs qui nous imposaient des prix tellement fictifs, que nous avons été obligés de nous révolter contre cet état de choses, et nous avons envoyé directement nos bêtes à Paris. Nous pouvons bien parler puisque nous fournissons 16,000 bœufs à la capitale.

Nous avons donc été obligés d'envoyer nous-mêmes. Je connais deux producteurs qui sont venus l'année dernière, et ils ont été frottés complétement par suite de tous les abus qui avaient lieu ; ils ont perdu plus que s'ils avaient vendu sur place. Et puis nous sommes sur la limite extrême de l'approvisionnement de Paris. Nous sommes dans les conditions les plus défavorables par la distance et les moyens de transport, et, par suite du découragement, nous sommes arrivés à n'envoyer que 12 à 13,000 bœufs. Je connais beaucoup d'éleveurs qui n'envoient plus. Ils ont besoin d'une caisse de crédit, d'une caisse directe, à laquelle ils payeront un petit droit, car elle ne peut rendre ses services gratuitement. Permettez aux facteurs de créer une caisse, dont, sous le régime de la liberté, on pourra se servir ou ne pas se servir ; c'est incontestablement un des meilleurs moyens d'inspirer confiance aux expéditeurs et d'assurer l'approvisionnement.

M. le Préfet. — Je ne comprends pas une caisse facultative de crédit ; à quoi cela pourrait-il aboutir ? Je vous donne tout ce que vous pouvez désirer : la certitude du payement. Si, à côté de cela, il peut se créer un établissement de crédit qui trouve des éléments d'existence, il se créera ; mais n'allons pas faire un système restreint, bâtard. Je vous donne le facteur qui vend pour vous et qui vous paye.

M. Riant. — Ce sont des facteurs facultatifs.

M. Delestre. — Je conçois parfaitement les craintes exprimées par M. de Tourdonnet. Dès l'instant qu'une caisse seulement *facultative* pourra s'établir comme intermédiaire entre le producteur et l'acheteur, il n'y a aucun inconvénient à ce que cette caisse soit sous la surveillance de l'administration. Celui qui viendra acheter au comptant ne sera pas forcé de s'en servir et de déposer un cautionnement, comme à la caisse de Poissy; le vendeur sera garanti par la responsabilité du facteur, quand ce vendeur ne trouvera pas un acheteur avec lequel il fasse une transaction directe, et qu'il aura chargé le facteur de la vente à opérer. Il y a donc avantage, puisque personne n'est obligé de subir cet intermédiaire du factorat, à ce que ce factorat existe sous la surveillance de l'autorité municipale.

M. de Tourdonnet. — Voilà une caisse de crédit libre en dehors de la surveillance de l'administration; que va-t-il résulter de là? Cette caisse de crédit est soumise à toutes les fluctuations d'une caisse de crédit; elle peut tomber, languir; elle peut faire faillite. Je demande ceci : Je suis à cent vingt lieues de Paris; j'envoie vingt bœufs par le chemin de fer qui m'a donné un bordereau de départ; je fais vendre mes bœufs par le facteur qui est surveillé par la police, ce qui me donne toute sécurité; je demande qu'une fois mes bœufs vendus, le facteur m'envoie un bon avec lequel je me présenterai chez le receveur pour le faire accepter. Les cautionnements des facteurs sont déposés à la caisse des dépôts et consignations; ils dorment entre les mains du trésor ou dans la caisse municipale, n'importe où vous voudrez les faire déposer, je ne m'en préoccupe pas. J'aimerais pourtant mieux la caisse municipale que le trésor pour l'approvisionnement de Paris, si les lois de finances le permettent. Le facteur qui fait cette vente a un crédit égal au moins à son cautionnement, peut-être supérieur. Le cautionnement et le crédit garantissent la valeur du bon que j'ai reçu.

M. le Préfet. — Vous confondez le payement avec le crédit. Le facteur ne doit pas recevoir de crédit; il doit vous payer comptant. Le facteur, auquel vous donnez mandat de vendre, vend, reçoit son argent et vous envoie un bon au porteur dans votre pays, sur le receveur général ou sur un banquier. Je ne comprends pas ce que vous voulez faire par votre caisse de crédit.

M. de Tourdonnet. — Appelons-la caisse de payement.

M. de Kergorlay. — C'est très-différent.

M. de Tourdonnet. — J'ai pris part, comme quelques-uns de ces messieurs, à la délibération du congrès de l'agriculture, et quand je me suis rallié à l'amendement de M. Pommier et autres, c'était en vue d'une caisse de payement entre le producteur et le consommateur. Je veux être payé à domicile par cette caisse, au moyen d'un billet du facteur qui serait accepté par l'administration. Le facteur payera comptant ou à domicile. Dans ce dernier cas, c'est moi qui fais crédit au facteur. Or, je lui fais crédit parce qu'il est cautionné et surveillé. S'il y a une caisse en règle, le fonctionnement est plus facile, ma confiance est plus entière.

En laissant cette caisse facultative, vous ne compromettez pas la liberté, et, l'autorisant et la surveillant, vous produisez la confiance qui assure l'approvisionnement.

M. de Kergorlay. — Vous voulez faire un papier courant.

M. de Tourdonnet. — Oui, mais un papier dont la valeur soit garantie par un cautionnement.

M. Mosselman. — Il y a des bons de beurre et de volaille qui, par suite de la parfaite solvabilité des facteurs, sont pris par tous les banquiers de province comme des billets de banque. Le billet de beurre, en Normandie, est plus recherché que le billet de banque. Cela vient seulement de la confiance qu'inspirent les facteurs. Ils vous ouvrent un compte courant, et vous tirez sur eux. Ils ne courent pas de risques.

M. Husson. — Je ne prends pas précisément la parole pour défendre rétrospectivement la caisse de Poissy. Il est impossible d'admettre la caisse de Poissy à l'état d'existence d'une caisse de crédit, d'une caisse Gouin, par exemple ; il est impossible que la ville de Paris consente à courir les risques qui seraient attachés à l'existence d'une caisse qui ne serait pas fondée sur un cautionnement. Seulement j'essayerai de vous faire apercevoir l'insuffisance que je crois voir dans l'existence de facteurs tels qu'on les conçoit.

M. le Préfet vous a dit que le payement serait assuré pour tous ceux qui emploieraient les facteurs sur le marché de Paris. Un grand nombre d'éleveurs viennent vendre eux-mêmes sur les marchés actuels. Les éleveurs normands, qui viennent en grand nombre sur les marchés de Sceaux et de Poissy, ne s'y rendent pas seulement pour avoir le payement comptant, ce qu'ils obtiennent facilement avec la caisse de Poissy, mais pour débattre leurs prix avec toute la science normande et la connaissance qu'ils ont des bestiaux ; en un mot pour se défendre du boucher qui se défend lui-même, afin d'obtenir de meilleures conditions. Eh bien ! les éleveurs normands ne renonceront pas aisément à vendre par eux-mêmes leurs bestiaux. S'ils persistent dans leur habitude d'aujourd'hui, s'ils voient que l'intérêt de vendre mieux est supérieur à celui d'obtenir le payement certain, ils continueront de vendre par eux-mêmes, c'est-à-dire à l'amiable. Dans ce cas, ils se trouveront en face d'un boucher libre qui n'aura pas derrière lui la caisse de Poissy ; par conséquent, ils seront obligés, jusqu'à un certain point, de subir la loi de ce boucher. C'est là un inconvénient, et je crois que les marchands normands seront obligés de renoncer à l'avantage considérable de vendre par eux-mêmes leurs bestiaux, et de s'adresser aux facteurs, précisément pour acheter le payement certain. Mais comment l'obtiendront-ils ? Moyennant le payement d'un droit au facteur, c'est-à-dire moyennant 1 p. o/o. C'est à peu près là ce que devra être la commission du facteur. Il arrivera ceci nécessairement : vous avez 70,000 bœufs normands qui viennent sur le marché ; je suppose qu'il y en ait 50,000 vendus directement ; 50,000 bœufs à 320 francs en moyenne (cette moyenne est élevée, mais les bœufs normands sont beaux) font environ 16 millions ; de telle sorte que les éleveurs normands, qui aujourd'hui vendent leurs bestiaux et reçoivent leur prix sans aucun frais, auront à payer aux facteurs 1 p. o/o sur 16 millions, c'est-à-dire 160,000 mille francs. Dans mon opinion, un tel résultat n'est pas de nature à diminuer le prix de la viande.

M. le Préfet. — Ce qui m'a décidé à passer outre, c'est que la caisse de Poissy ne sert à rien, en fait ; elle paye le dixième des bœufs qui se vendent sur le marché. Ensuite, comment voulez-vous qu'un marchand normand qui vient vendre ses bœufs lui-même au comptant ait quelque chose à craindre. Il livre son bœuf et il reçoit son argent. S'il fait crédit, ce sera à ses risques et périls : laissons faire à chacun ses affaires.

M. Husson. — L'éleveur qui arrivera sur le marché, plutôt que de remmener son bétail, dans un moment où il y aura de grands arrivages, préférera, s'il n'y a pas d'institution qui lui assure son prix, vendre d'une manière un peu incertaine.

M. le Préfet. — Il aura toujours la ressource du facteur et de l'abattoir, où il pourra faire tuer ses bestiaux pour les faire vendre à la criée.

M. de Kergorlay. — Il est d'usage de vendre tous les animaux au comptant, et je crois que d'ici à longtemps la plupart des vendeurs tiendront à être payés comptant.

Maintenant, la suppression de la caisse de Poissy présente-t-elle quelque difficulté ou quelque danger ? Je ne crois pas. L'intérêt des facteurs qu'on veut instituer sera de garantir le payement ; ce sera précisément leur utilité aux yeux du propriétaire. Ils feront comme les facteurs au beurre, et ils pourront bien faire passer l'argent par un billet sur le trésor, ou à meilleur marché encore, si le mouvement de la circulation entre les pays producteurs et Paris le leur permet. Il y a des producteurs qui trouvent bon de le toucher à Paris ; c'est leur affaire.

Les producteurs désirent, en général, être payés comptant ; ce sera un avantage pour les bouchers qui seront en mesure de payer comptant ; ceux-là arriveront sur le marché la ceinture remplie d'écus. Pour les bouchers qui ne seront pas en mesure de payer comptant, je crois qu'il leur sera facile de trouver quelque caisse de crédit pour eux, qui prêtera à meilleur marché que la caisse de Poissy, et qui, par conséquent, se trouvera un agent plus économique et plus certain tout à la fois pour le consommateur et pour le producteur. Il se trouvera une multitude de banquiers qui offriront aux bouchers un crédit qui dépendra de la situation morale du boucher; si le producteur ne demande pas son argent en écus, il lui donnera un papier sur la ville de province où il résidera.

J'avoue que je ne regrette pas du tout la caisse de Poissy, et que je crois que cette suppression n'altérera pas les conditions du marché et ne sera pas préjudiciable aux intérêts des producteurs, ni même à leurs habitudes.

M. Lupin. — Il y a un mode de payement encore très-commode : ce sont les billets à ordre de la banque de France, qui paye dans tous les départements où elle a des caisses succursales, et à Paris même. L'effet à recevoir sur Paris est très-recherché.

M. le Préfet. — Il y a cinquante ans qu'on s'occupe de ces questions-là ; elles sont résolues aujourd'hui : le crédit sert à tout le monde.

M. Julien. — L'observation de M. de Kergorlay sur le prix élevé du service rendu par la caisse de Poissy me paraît excellente, à une seule condition pourtant, c'est que la somme qui représente le droit que l'on payait à la caisse de Poissy, somme qui est fondue dans l'octroi, qui fait corps avec le droit d'octroi, en sera détachée et disparaîtra. Il faut savoir si la ville de Paris consent à cet arrangement. Nous raisonnons actuellement dans un état de choses que voici : il y a un droit d'octroi de 9^c,40, plus le décime, par kilogramme de viande, y compris ce qui jadis était le droit de la caisse de Poissy. Ce qui est payé aujourd'hui à la caisse de Poissy n'est qu'un intérêt de 5 p. o/o par an sur les avances faites aux bouchers. Il est vrai que, dans le cas de retard, il y a de plus la commission de demi p. o/o, pour un délai qui peut aller jusqu'à deux mois, en outre du premier mois; c'est une commission modérée, et il n'est pas possible d'organiser une caisse de crédit à des conditions plus douces que la caisse de Poissy, en ne tenant compte que de ce qu'elle perçoit aujourd'hui. Il faut donc savoir si on obtiendrait de la ville de Paris l'abandon d'une portion du droit d'octroi correspondant à ce qu'elle percevait auparavant. Si on l'obtient, rien de mieux; mais, dans le cas contraire, on pourra se plaindre de payer un énorme octroi, sans aucune compensation.

M. Lupin. — Quand la ville de Paris a rendu un service par la caisse de Poissy, elle a eu le droit de se faire payer le prix du service ; mais, si elle a fait entrer ce prix dans l'octroi, on la mettra en demeure de se prononcer, et on lui dira : légalement, vous ne pouvez nous faire payer un service que vous ne rendez pas.

M. le Préfet. — Il ne faut pas confondre cette question avec la nôtre. La nôtre est très-simple. Je pourrais ajouter et dire à M. Lupin : Que chacun fasse des concessions ; que la ville de Paris diminue son octroi et que les éleveurs ne demandent plus qu'on paye 5o francs à l'entrée des frontières par tête de bétail : tout le monde s'en trouvera peut-être mieux. Mais là n'est pas la question aujourd'hui ; restons à la suppression de la caisse de Poissy. A chaque jour suffit son travail. Nous reconnaissons aujourd'hui la caisse de Poissy comme parfaitement inutile au crédit et aux transactions commerciales ; ce n'est pas elle qui vous fait envoyer avec plus ou moins de confiance vos bestiaux à Paris. Je croyais qu'elle était disposée de manière à faire le payement de tout ce qui arrivait sur le marché ; j'ai appris avec surprise qu'elle n'en payait pas le dixième.

M. Lupin. — Les 9/10 payent directement au comptant. Ce sont les petits bouchers qui font indirectement le crédit aux gros par le cautionnement qu'ils sont obligés de verser, et il ne font jamais pour eux usage de la caisse de Poissy ; ils achètent à la cheville.

M. Husson. — Voici le mécanisme de la caisse de Poissy. Elle reçoit 3o à 4o millions de francs des mains des bouchers qui veulent se faire ouvrir un crédit sur les espèces consignées et un crédit sur leur cautionnement. Tout achat de bestiaux fait par un boucher de Paris est payé comptant par la caisse de Poissy, au moyen des avances faites et du cautionnement, et ce mode de payement est obligatoire. Les bouchers parisiens ne feraient certainement pas ces versements par anticipation, et ne fonderaient pas ainsi leur crédit, s'ils n'y étaient contraints par les règlements de leur institution. C'est précisément ce mécanisme qui assure le payement comptant dont nous parlions tout à l'heure. Vous ne pourrez le remplacer, ni par le facteur, ni par aucune autre institution, parce que, dans votre système, rien ne sera obligatoire.

M. Lupin. — Ce qui nous manque en France, c'est l'usage du crédit. Presque toutes les affaires se font au comptant. Si l'Angleterre et les États-Unis en sont arrivés au point où ils sont, c'est qu'ils ont fait usage du crédit. Le payement comptant sera l'obligation naturelle ; s'il se fait du crédit volontaire et non pas forcé, tant mieux.

M. Husson. — On disait tout à l'heure que le producteur exigerait ce payement comptant, et que, dès lors, il y aurait payement immédiat. Je réponds que non. On dit que les facteurs seront tenus de payer comptant, qu'ils seront astreints au règlement qui les régira. Tout le monde sait que les producteurs sont obligés de faire un crédit qui va de trente à soixante jours, notamment dans le commerce des farines, et ce crédit, ils le font malgré eux; ils se sont plaints à diverses reprises à l'administration, en disant que les facteurs leur imposaient la condition d'un crédit. L'administration a répondu : vous pouvez exiger le payement comptant, mais ce sera peut-être contre vos intérêts, car les facteurs ne reçoivent pas que votre commission. Ils sont aussi chargés de vendre pour d'autres, qui acceptent volontiers cet ajournement; il est donc à craindre qu'ils ne donnent, abusivement sans doute, la préférence, pour leurs ventes, à ceux qui subissent cette condition-là sans mot dire, et vous vous trouveriez vis-à-vis de vos confrères dans une condition inférieure. Je conclus de cet exemple, que les approvisionneurs seront obligés de faire des crédits; par conséquent, le payement comptant sur lequel vous vous appuyez disparaît complétement.

M. le Préfet. — Avec la liberté du commerce, avec les voies de communication, avec l'organisation du crédit, avec la science commerciale, qui n'est plus à l'état de problème, tout ce qui était vrai, il y a cinquante ans, se trouve tout à fait faux aujourd'hui. Je me demande pourquoi on a créé une caisse de Poissy. Il y a cinquante ans, on ne venait jamais de Limoges à Paris deux fois dans sa vie. Un marchand qui envoyait ses bœufs ne savait pas comment il rapporterait de l'argent. Alors la ville de Paris tout entière lui disait : Apportez-nous vos marchandises, vous aurez votre argent, nous vous en répondons. Aujourd'hui ce n'est plus cela, les habitants du Limousin, du Morvan, viennent à Paris en un jour; ils sont beaucoup plus avancés que leurs grands-pères; ils n'ont pas peur de vendre à crédit, ni de recevoir un chiffon de papier sur lequel on aurait soufflé il y a cinquante ans, car ils aiment mieux remporter du papier que des écus. La caisse de Poissy fait encore de la véritable barbarie, quand elle emporte avec des voitures des écus de Paris. Maintenant celui qui reçoit des écus va les changer contre du papier pour l'emporter chez lui.

M. le Syndic. — Il y a des marchands qui ne veulent pas de papier.

M. le Préfet. — Ils sont très-rares.

M. Husson. — Il y a dans quelques esprits un préjugé qui est véritablement très-difficile à déraciner. On croit que la caisse de Poissy apporte sur le marché des espèces pour avoir le plaisir de compter de l'argent sonnant; mais ce qui est vrai, c'est qu'elle n'emporte que la quantité d'argent qui lui est nécessaire, suivant les exigences des producteurs des différentes contrées. Je me suis occupé de cette question, qui a déjà été soulevée ailleurs, et je me suis fait représenter les états de mouvements de fonds de la caisse de Poissy. Or, j'ai pu constater que, dans les époques de crise, il faut emporter beaucoup d'argent sur le marché; qu'aux époques de tranquillité, le papier est admis plus volontiers; mais que, même dans les époques de tranquillité, il y a des parties de la France dans lesquelles les éleveurs n'acceptent nullement les billets de banque et exigent les payements en espèce. Il ne faut donc pas dire que la caisse de Poissy puisse faire autrement; elle emporte et paye l'argent nécessaire. Elle ne fait rien qui soit, comme on l'a dit, barbare; elle fait ce que les facteurs appelés à la remplacer seront obligés eux-mêmes de faire.

M. Riant. — Vous voyez combien la question est grave; vous voyez M. le Ministre du commerce qui a appelé votre attention sur l'importance et la gravité de la question; vous voyez M. de Tourdonnet qui vous dit : Je ne demande pas, moi, que la suppression de la caisse de payement et de crédit soit la conséquence de l'adoption de votre principe d'illimitation. La séance est un peu avancée, ne serait-il pas convenable d'ajourner à la séance prochaine la question, soit de la suppression de la caisse de Poissy, soit de la substitution d'une autre caisse. Avec le principe de liberté, j'avoue qu'il n'est pas possible qu'elle existe; mais cependant elle touche à des intérêts très-graves; n'y aurait-il pas lieu, après l'avoir supprimée, d'y substituer une autre caisse? Nous venons de supprimer la caisse de la Vallée; je n'étais pas de cette opinion, parce que je me suis enquis, dans tous les détails, de la fonction de cette caisse, et que cette caisse ne fonctionnait qu'avec le cautionnement des facteurs. Je crois que, pour la viande, il faut faire cette transition pour passer de l'état actuel des choses à l'état nouveau. Je vous demande d'y réfléchir. Si vous supprimez la caisse de Poissy, vous compromettez votre principe d'illimitation. C'est alors que les détracteurs de l'illimitation vous diront : A telle époque, il y a eu perturbation. Je vous engage à remettre à la prochaine séance l'examen de cette question.

M. le Préfet. — Nous ne voulons pas la résoudre aujourd'hui.

M. Delestre. — Avant de nous séparer, voulez-vous me permettre de vous faire une citation. Dans un rapport au Roi, voilà ce qu'écrivait Turgot :

« La suppression de la communauté des bouchers, comprise dans celle des jurandes, nécessite celle de la caisse de Poissy. Cette caisse est d'ailleurs un impôt très-onéreux au peuple de Paris, aux bouchers et aux propriétaires des provinces où l'on engraisse des bestiaux pour l'approvisionnement de Paris. Aussi la suppression en est-elle universellement désirée. »

Cette opinion d'un homme grave et fort expert en ces matières remonte à 1776.

SÉANCE DU 8 MAI 1851.

M. de Tourdonnet. — Nous en étions restés hier sur la discussion de
la caisse de Poissy. Je ne veux pas reprendre une discussion qui est très-
avancée. Je veux seulement préciser les faits pour me bien fixer sur
ce que nous allons voter. Nous sommes convenus qu'il était impossible
qu'avec le principe de liberté qui dominait nos délibérations, nous
puissions admettre une restriction et une chose aussi lourde que la caisse
de Poissy. Nous aurions peut-être mieux fait d'émettre un vote explicite;
mais comme, sauf un ou deux membres, je n'ai vu personne la soutenir
d'une manière très-ardente, je vois que je puis considérer la question
comme résolue.

M. le Préfet nous a proposé des facteurs. Avant de connaître l'opinion
de M. le Préfet et celle de la Commission, j'avais déjà publié mon idée ;
j'approuve donc complétement cette création; la logique de la liberté
m'y entraîne. Mais voici une difficulté sur laquelle je suis indécis : moi,
producteur, j'arrive avec des bœufs sur le marché de Paris, j'ai le droit
de les vendre par moi-même ou par facteur; si je les vends moi-même,
c'est à mes risques et périls, j'ai devant moi mon acheteur, c'est à moi
de me faire payer ou de lui faire crédit. Si, au contraire, préférant un
mandataire, je prends un facteur, ce facteur vend mon animal à celui qui
s'offre pour l'acheter. Le facteur est nécessairement, puisque vous lui
faites donner un cautionnement, responsable du prix de la viande à mon
égard. Peu m'importe l'acheteur; s'il fait à l'acheteur un crédit d'un jour,
de deux jours, cela ne regarde ni moi, ni l'administration; cela regarde
ce facteur; il est responsable jusqu'à la quotité du cautionnement qu'il a
versé; il est même responsable au delà envers moi, si je puis le saisir. Le
choix des facteurs est très-important ; l'administration devra donc examiner quelle est la moralité, quelle est la fortune, quels sont les moyens
d'existence des facteurs qu'elle nommera ; autrement elle encourrait une
très-grande responsabilité envers les expéditeurs, puisque le facteur,
une fois nommé, inspire confiance au producteur précisément parce
qu'il est nommé par l'administration.

Ce n'est pas une objection que je veux faire, c'est simplement un
éclaircissement que je veux faire arriver à mon esprit par la discussion.

L'administration impose un cautionnement aux facteurs, c'est la garantie du payement de l'expéditeur. Je prends le chiffre de 3o,ooo francs, c'est le chiffre actuel, ou 4o,ooo francs, peu m'importe; vous avez dit que le cautionnement serait basé sur l'importance des opérations qu'ils feraient, donc le chiffre sera toujours suffisant. L'honorable M. Dubois a eu la complaisance de me faire, avant la séance, une observation qui m'a un peu éclairé. Il m'a dit : « Les facteurs seront surveillés par l'inspecteur du marché, par les agents de l'administration; et comme ils seront obligés de remettre tous les jours un bordereau ou rapport, il est évident que par ce fait, sans empiéter nullement sur les facultés que donne la liberté, l'administration sera parfaitement éclairée sur ce qui aura lieu au marché, sur l'importance du service de chaque facteur, et alors elle pourra diminuer ou accroître le cautionnement, afin qu'il réponde toujours des services que remplira le facteur. » Mais il y aura toujours deux, trois, quatre facteurs qui prendront faveur, qui auront une clientèle plus étendue que les autres, c'est inévitable. Dans tout commerce, l'homme qui est le plus habile, le plus capable, l'homme qui emploie le plus de propagande, de moyens honnêtes ou déshonnêtes, je ne m'occupe pas de cela puisqu'il sera surveillé, cet homme prend faveur. Nous, producteurs (je parle surtout pour ceux qui sont éloignés, qui ne peuvent pas venir), nous voulons expédier, nous prenons un almanach de la ville de Paris, nous trouvons douze, vingt, trente facteurs cautionnés, approuvés par l'administration; et, l'administration étant moralement garant de ces facteurs puisqu'elle les a choisis, désignés, qu'elle a épluché leur conduite, je m'adresse au premier venu, celui qui me vient le premier sous l'œil ou celui sur lequel j'ai une donnée particulière. Il peut y avoir un jour où ces hommes auront inspiré tant de confiance que leur cautionnement ne suffira plus aux opérations personnelles qu'ils feront, et il arrivera ce qui arrive quelquefois pour un receveur particulier qui s'en va et dont on n'entend plus parler. Vous avez son cautionnement que vous pouvez saisir, vous avez la garantie que vous pouvez trouver dans sa fortune; mais il arrivera quelquefois qu'il y aura des pertes, et que vous ne pourrez concourir qu'au prorata des ressources qui lui resteront. Ne peut-il pas y avoir un inconvénient pour l'expéditeur lointain au cas où, par un événement quelconque, la fuite du facteur, ou un événement politique, les expéditions seraient compromises? L'administration qui a nommé le facteur n'est-elle pas responsable en argent? Vous me direz : non, elle ne l'est pas ; judiciairement, elle ne peut être atteinte. Mais n'y a-t-il pas là une considération à faire valoir pour que les facteurs soient solidaires? Vous pouvez trouver que cela contrarie la liberté.

M. le Préfet. — Non-seulement cela; mais alors vous n'auriez plus qu'un facteur.

M. de Tourdonnet. — C'est possible. Ce n'est pas une objection que je fais, c'est un éclaircissement que je demande, afin qu'en votant l'organisation de ces facteurs avec le cautionnement un peu élevé, suffisant, je sache bien ce que je fais.

M. Dubois m'a fait une autre observation ; il m'a dit : « Non-seulement l'administration, en nommant les facteurs, veillera à ce qu'ils aient un cautionnement suffisant pour leurs opérations ; mais il faut qu'étant chargés des payements, ils aient entre les mains un fonds de roulement pour pouvoir payer, à bureau ouvert, les producteurs les plus pressés, et se faire rembourser par l'acheteur. »

Ce que j'avais l'honneur de dire hier se trouve parfaitement justifié par cette organisation ; si elle était admise, ce serait pour moi la caisse de payement. Que ceci ait lieu en dehors de l'administration, que ceci ait lieu facultativement aux risques et périls des facteurs réunis entre eux, vous ne pouvez pas échapper à cette conséquence : les facteurs ne voudront pas qu'il y ait parmi eux un fripon, ils s'observeront les uns les autres ; ce ne sera pas une corporation nombreuse, difficile à surveiller, mais enfin vous ne pouvez pas empêcher qu'entre eux ils se surveillent, pour qu'ils soient moraux, honnêtes, je ne demande pas autre chose. Vous arriverez forcément, inévitablement, dans un temps plus ou moins éloigné, je ne le demande pas à l'heure qu'il est, parce que je ne veux pas contrecarrer un projet d'institution auquel je participe et que j'appelle de tous mes vœux, vous arriverez à surveiller cette caisse.

M. le Préfet. — Vous êtes dans l'erreur, si vous entendez parler de caisse de crédit.

M. de Tourdonnet. — Je parle d'une caisse de payement.

M. le Préfet. — Qu'est-ce que c'est qu'une caisse de payement ? Quelles sont ses fonctions ?

M. de Tourdonnet. — Elle paye à bureau ouvert ; elle garantit le payement des animaux et viandes, dans toutes circonstances.

M. le Préfet. — C'est le facteur qui payera. Le facteur recevra de l'argent de ceux qui achèteront, il payera ceux qui vendront. Si le facteur a de l'intelligence, il trouvera toujours du crédit à Paris ; les banquiers iront tous au-devant de lui pour payer à bureau ouvert pour le compte de chaque facteur. Si tous les facteurs n'avaient qu'une caisse, vous n'auriez plus qu'un semblant de concurrence, vous auriez le monopole et vous retomberiez dans tous les inconvénients de ce qui existe pour la caisse de Poissy.

M. Dubois. — M. de Tourdonnet prend ici le meilleur moyen de se rendre raison de la bonté d'un système : c'est de le voir fonctionner pour ainsi dire, par avance. Eh bien ! ce qui se pratique maintenant dans

nos marchés au beurre, au poisson, etc., est précisément ce qui se pra-
tiquera, mais dans des proportions plus grandes, quant au commerce
de la boucherie. Aujourd'hui, dans les marchés dont je viens de parler,
la plupart des opérations se font au comptant. Les facteurs reçoivent
d'une main pour donner de l'autre. La majeure partie des acheteurs
payent immédiatement, et les facteurs ne font crédit qu'à ceux dont ils
connaissent la solvabilité, et qui, d'ailleurs, les remboursent à bref délai.
Il n'est donc pas nécessaire que le fonds de roulement des facteurs ait
l'importance qu'on pourrait supposer.

M. Delestre. — M. de Tourdonnet demandait tout à l'heure quel serait
le rôle de la ville de Paris. Est-elle caution, dans l'acception légale du
mot, ou ne fait-elle que prêter un appui moral aux facteurs? C'est de
cette seconde manière qu'il faut envisager l'intervention de la ville de
Paris. Elle est dans la position d'un homme honnête consulté sur la moralité et la position de fortune d'un tiers. Elle donne un avis favorable
sur la probité, sur la solvabilité de telle et telle personne, quand le producteur ne connaît pas personnellement quelqu'un à qui s'adresser directement. La ville de Paris ne peut offrir d'autres garanties que l'enquête
faite sur l'agent désigné par elle, et son intérêt propre à favoriser son approvisionnement.

Maintenant je suis frappé d'une observation de M. le Préfet. Il a dit
que, dans son système, le cautionnement serait en raison des affaires
que ferait le facteur.

M. le Préfet. — N'attachez pas trop d'importance à cela : il a bien
fallu que je dise qu'on verrait à *peser* le cautionnement qu'on pourrait
exiger.

M. Delestre. — Ce n'est pas une critique, au contraire. Ce serait là
une bien grande garantie donnée par la ville de Paris aux producteurs,
que de faire vérifier à des époques peu éloignées l'état de la caisse de
roulement et l'état de la caisse personnelle du facteur, de telle façon
que l'administration serait là pour jeter en quelque sorte le cri d'alarme,
dans le cas où elle verrait que les spéculations du facteur dépasseraient
de beaucoup les moyens mis à sa disposition.

M. Husson. — Il va sans dire que l'administration surveillera les facteurs.

M. Julien. — Si le nombre des facteurs est limité, si leurs fonctions sont exclusives, si on ne peut employer d'autre intermédiaire
sur le marché, ces facteurs étant des agents de la ville de Paris, choisis
par elle et imposés par elle aux producteurs et aux acheteurs, je ne
suis pas bien sûr que la ville de Paris ne soit pas légalement respon-

sable de leurs faits. Je ne voudrais pas qu'elle comptât trop sur cela, car il y a, ici, non pas une simple désignation, mais un mandat; et il est de principe que le mandant répond des faits de son agent dans l'exercice des fonctions qu'il lui a confiées.

M. Delestre. — Je me suis mal fait comprendre. La Ville dit simplement : Nous avons fait une enquête sur la moralité et la solvabilité de ces agents, vous pouvez vous adresser à eux, mais ce ne sont pas des intermédiaires obligatoires.

M. Baube. — Je ne comprendrais pas que la Ville pût être déclarée responsable. Ce serait la placer dans une situation que personne, je crois, n'entend lui faire. Que se passe-t-il aujourd'hui ? Il y a sur les marchés de Paris un nombre déterminé de facteurs pour certaines natures de denrées. Leur intervention est obligatoire en ce sens que les expéditeurs sont forcés de s'adresser à eux, s'ils ne veulent pas venir vendre en personne leurs produits. On pourrait prétendre, par suite, qu'il y a là mandat nécessaire; mais il a été imposé aux facteurs un cautionnement basé sur l'importance des ventes qu'ils peuvent faire dans un espace de temps excessivement court, je veux dire le temps indispensable pour opérer le recouvrement du prix des ventes qui n'est pas toujours acquitté *marché tenant,* pour me servir de l'expression usitée. Ce recouvrement est, en effet, très-souvent renvoyé, soit au lendemain, soit au plus prochain marché; mais le cautionnement suffit, et au delà, à garantir ces opérations. Il en est d'autres, au contraire, qui se prolongent indéfiniment par la volonté même des expéditeurs ou par la confiance que les facteurs leur inspirent. Tel producteur laisse accumuler, jusqu'à concurrence d'une certaine somme entre les mains du facteur, son correspondant, le prix de vente des denrées qu'il lui adresse, soit pour faire un payement à Paris, soit pour lui être envoyé en une seule fois, soit enfin pour être acquitté sur mandat. En quoi cela peut-il regarder la ville de Paris ? Il n'y a plus là mandat obligatoire. Ce mandat est devenu facultatif du moment où l'expéditeur laisse son argent dans les mains du mandataire, alors qu'il a le droit de se le faire remettre. Au surplus, dans l'organisation projetée, le recours aux facteurs ne serait même pas obligatoire.

M. Husson. — Cette dernière observation me semble lever toute difficulté.

M. le Syndic. — Le commissionnaire vend au marché de Poissy sous son nom; il rapporte le prix de la vente, 30 ou 40,000 francs, et le lendemain ou le surlendemain il envoie à l'expéditeur ces 30 ou 40,000 francs, soit en argent, soit en lui donnant un mandat sur un banquier. Il y a des commissionnaires qui font crédit, mais c'est à leurs risques et périls. Tous ces commissionnaires, aujourd'hui, ont des banquiers qui leur avancent des fonds. Tous les jours je suis consulté sur la solvabilité ou la moralité de tel ou tel commissionnaire. On me demande s'il est solvable ou s'il ne l'est pas; ces banquiers me font demander si on peut lui ouvrir un crédit de 200 à 300,000 francs.

M. de Tourdonnet. — Je n'ai pas d'objection à faire à tout ce qui vient d'être dit. Il en résulte que, le cautionnement étant basé sur les opérations que feront les facteurs, opérations qui seront contrôlées tous les jours par l'administration sur le rapport fait par son inspecteur ou sur l'inspection des registres, j'aurai toujours un cautionnement suffisant pour me garantir mon payement. C'est tout ce que je demande en principe. Quant au fonctionnement, on me dit qu'il aura lieu par une caisse libre qui sera créée par les producteurs ou autrement. J'accepte cela sous le régime de la liberté. Je demande seulement si le cautionnement sera proportionnel aux affaires que feront les facteurs, ou, en d'autres termes, si le cautionnement est le même pour chaque facteur.

M. le Préfet. — Oui, évidemment.

M. de Tourdonnet. — Il est bon de s'entendre; j'ai compris le contraire. Vous me dites que le cautionnement sera le même, je n'ai plus rien à dire parce qu'il y a là une vérité économique; j'aurais protesté si ce n'avait pas été ainsi.

Quoi qu'il en soit, une caisse régularisée de payement me semble indispensable, et j'aurais préféré que ce cautionnement du facteur servît à l'alimenter.

M. Lupin. — Le crédit n'existe que pour vingt-quatre heures ou quarante-huit heures et pas même pour cinq ou six jours; car maintenant on correspond de tous les pays en moins de vingt-quatre heures.

M. de Tourdonnet. — Je demande maintenant que M. le Préfet veuille bien poser : 1° la question de l'incompatibilité de la caisse de Poissy avec le régime de la liberté; 2° la question de l'établissement de facteurs avec cautionnement.

M. le Préfet. — On avait passé cet article sans voter, parce qu'on voulait attendre la discussion sur les facteurs.

« Les éleveurs, approvisionneurs, marchands, etc., pourront envoyer leurs bestiaux sur ces marchés, pour y être vendus soit directement, soit par mandataire, soit par l'intermédiaire des facteurs dont il va être parlé. »

(Cet article est adopté à l'unanimité.)

M. le Préfet. — « Les heures d'ouverture et de fermeture des marchés seront fixées par un arrêté de la préfecture. »

M. Baube. — C'est là une disposition purement réglementaire qui me paraît ne devoir pas trouver place dans le projet que nous élaborons.

Plusieurs Membres. — C'est juste.

M. le Préfet. — La question des marchés sur pied est épuisée, nous passons aux fonctions des facteurs; nous allons discuter leur cautionnement et la manière dont ils fonctionneront. Ce que l'on vient de dire suffit pour faire apprécier l'importance de cette institution, qui n'est que facultative et qui ne gênera en rien la liberté.

M. Delestre. — Nous sommes tous d'accord que la caisse de Poissy, étant de sa nature obligatoire, ne peut exister avec la libre concurrence, et que nous proposerons à sa place le factage libre.

(L'institution du factage est adoptée à l'unanimité.)

M. le Préfet. — « Il sera établi sur ces marchés des facteurs à l'instar de ceux qui fonctionnent sur les autres marchés de la ville de Paris; ils seront astreints à un cautionnement en rapport avec l'importance de leurs opérations. »

M. Delestre. — Dans le cas où il serait impossible au facteur de remplir les intentions du mandant, le facteur aura-t-il la faculté de faire abattre et vendre à la criée?

M. Husson. — S'il en a reçu la commission.

M. Lupin. — En disant seulement : il y aura des abattoirs, les abattoirs seront de telle et telle manière, on pourra y faire abattre; cela arrêtera toutes les objections. On a envoyé des bestiaux : s'ils ne sont pas achetés, c'est une affaire entre le mandataire et le mandant. Le mandant a dit au facteur qui avait sa confiance : vous vendrez à un prix de . . ., le facteur a rempli ou n'a pas rempli ces conditions; ça ne regarde pas l'autorité, ce n'est plus de la réglementation.

M. le Préfet. — Voilà l'idée rectifiée et complétée :

« Les facteurs recevront les bestiaux en consignation; ils les vendront aux conditions qui leur auront été imposées par les propriétaires, soit à l'amiable, soit à la criée, soit en les envoyant aux abattoirs. »

M. de Kergorlay. — Dans le cas où le facteur n'aura pas vendu les bestiaux et où il n'aura fait que les transmettre à l'abattoir, il n'aura droit à aucune espèce de remise.

M. le Préfet. — C'est une question réglementaire qu'il est bien difficile de traiter ici. Comme c'est le facteur qui sera votre mandataire, qu'il surveillera ce qui se fera dans les abattoirs et à la criée, et qu'il recueillera les deux comptes pour vous les transmettre, il lui sera dû une commission.

M. Lupin. — Il peut arriver que le producteur envoie à un facteur, pour vendre au marché, des bœufs, et lui dise le soir : Vous n'avez pas vendu mes bestiaux, et je vous les retire. Je veux en disposer par un autre ou par moi-même. Dans ce cas, y aura-t-il un droit, et quel sera ce droit?

M. Delestre. — Si l'on n'a pas pu vendre, il ne peut pas y avoir de droit. Il faut, dans l'intérêt du producteur, que le facteur ait un avantage à réaliser la vente.

M. de Tourdonnet. — Nous sommes maintenant hors du marché sur pied, et nous arrivons à l'abattoir. Si vous retirez l'animal du marché, vous en faites ce que vous voulez; vous l'envoyez tuer dans les abattoirs privés, vous le vendez à dix lieues, vous êtes libre; mais je prends le cas où, le bœuf n'étant pas vendu, vous voulez user des abattoirs de la ville, alors, ou vous le laissez au facteur, ou vous le lui retirez pour le donner à un autre agent, ou vous vous en chargez vous-même. Eh bien! je choisis le premier moyen : Je laisse mon bœuf au facteur; je suis à cent lieues ou je suis présent, peu importe : la situation est la même en principe; et je dis au facteur : Je vous ai demandé 300 francs de mon bœuf, vous n'en avez trouvé que 250; vous ne l'avez pas vendu, je veux qu'il soit tué à mon compte à l'abattoir, et qu'il soit vendu abattu. Le facteur auquel j'ai donné ma confiance, et qui a le droit de faire conduire à mon compte le bœuf à l'abattoir, doit-il percevoir un droit pour cette seconde mission, ou sa mission de factage cesse-t-elle du moment où ce bœuf entre à l'abattoir? Est-ce un autre agent qui perçoit le droit?

M. Delestre. — Il est très-facile de répondre à la question ainsi posée. Le facteur devient l'*alter ego* du vendeur, et, par conséquent, ce n'est plus un droit obligatoire, c'est une question de salaire à débattre entre lui et le producteur.

M. de Tourdonnet. — Maintenant, le facteur étant créé pour être un facteur du marché sur pied, le marché sur pied durant beaucoup plus longtemps qu'aujourd'hui, partant du matin et durant jusqu'à cinq et six heures du soir, le facteur peut-il conduire le bœuf à l'abattoir lorsque tout son temps est pris au marché? Il est impossible que le facteur puisse être à la fois facteur responsable et juré-vendeur comme il l'est dans le fait, au marché sur pied, et en même temps, mandataire responsable de la tuerie des animaux dans les abattoirs. Il faut qu'il manque à l'un de ses devoirs ou qu'il ait un autre individu dont il sera responsable.

Un Membre. — Il aura des employés comme tout négociant.

M. de Tourdonnet. — Il faut nous occuper de la pratique. Dans les trois cents et quelques articles de l'ordonnance de 1830 qui sont arrivés après l'établissement du monopole, vous avez dix, vingt, trente articles qui se détruisent et qui rendent l'exécution de l'ordonnance de 1829 absolument illusoire. Nous voulons réformer tout cela et arriver à une grande simplicité de rouages; pour cela il suffit de quatre ou cinq articles.

M. le Préfet. — Dans mon système, les abattoirs sont régis par un homme intéressé, obligé d'opérer, sous le contrôle de l'administration, suivant un tarif réglé. Le facteur se bornera à marquer un bœuf, à le peser sur la balance s'il le veut, et à l'envoyer par son conducteur avec une note à l'agent de l'abattoir qui travaillera pour lui. Et il lui dira : Vous allez tuer et habiller ce bœuf, et m'en rendre compte dans la journée. L'agent de l'abattoir tue le bœuf, fait de la peau et des abats ce qui est prévu par le règlement; il envoie la note au facteur et la viande par quartiers à un facteur de la criée, ou à un autre marché s'il est nécessaire d'en créer. Ainsi le facteur du marché sur pied est votre seul mandataire.

M. de Tourdonnet. — Je comprends la réponse que vous me faites. Le facteur a donc à percevoir une rémunération dès le moment qu'il consent à être mandataire. Cette rémunération sera-t-elle la même pour tous les services? Je ne m'en préoccupe pas.

Maintenant vous arrivez à un ordre d'idées tout à fait différent, aux abattoirs. Les abattoirs doivent-ils être affermés à un seul et même adjudicataire? Comment ces abattoirs seront-ils organisés? La question me semble très-importante, et c'est là que je reviens toujours à la charge, avec mon idée de viande abattue. Dans le projet de M. le Préfet, il y a le marché des Prouvaires qui devient un marché central. Je présume, quoique M. le Préfet ne l'ait pas encore expliqué, que les abattoirs vont devenir un marché en gros et demi-gros pour la viande abattue; car jusqu'ici nous ne nous sommes occupés que de la viande sur pied. Mais, comme nous avons admis, en principe, qu'avec la liberté nous avions le droit d'envoyer de la viande abattue; comme, ainsi que j'ai eu l'honneur de le dire, nous tendons de plus en plus à envoyer la viande abattue, et que, les changements du commerce nous forçant à agir ainsi, il faut que nous sachions ce que va devenir cette viande abattue, je demanderai qu'elle soit vendue en gros et demi-gros, dans les marchés extérieurs. Je sais, jusqu'ici, que j'ai le droit de l'envoyer au marché des Prouvaires. Je demande, en outre, si nous aurons le droit de l'envoyer à l'abattoir directement, de manière à ce que la viande vendue sur pied et envoyée à l'abattoir se trouve dans la même situation que notre viande abattue.

M. le Préfet. — Vous me faites une question sur laquelle je ne suis pas très-prêt à répondre, parce que je n'ai pas étudié dans cet ordre d'idées; je vais seulement vous expliquer ce que nous entendons faire et ce que nous croyons être le plus avantageux pour tout le monde : c'est de ne pas confondre la viande sur pied et la viande abattue. J'ai à m'occuper du commerce des bestiaux beaucoup plus que du commerce de la viande, parce qu'il faut avoir l'œil sur le commerce des bestiaux, veiller à ce qu'on n'en entre pas de malsains. Quand la viande abattue est entrée dans Paris, c'est qu'elle a été examinée et reconnue saine. Si la viande abattue arrive sur le marché aux bestiaux, nous allons avoir là une complication, une réunion de deux ou trois commerces qui sont tout différents. Un marché n'est réellement utile qu'autant qu'il est centralisé; vous le sentez pour le commerce des bestiaux et nous le sentons, nous, pour le commerce de la viande. Ce qu'il y a de mieux, c'est d'établir le commerce de la viande, dans l'intérieur de Paris, d'une manière tout à fait indépendante du commerce des bestiaux. Si vous ne trouvez pas avantage à envoyer la viande à Paris, vous l'enverrez ailleurs.

M. Lupin. — Nous suivons l'animal sur pied; il a été retiré du marché et il arrive aux abattoirs. Que vont être les abattoirs? Comment seront-ils régis? Nous devons commencer par là. Si l'administration met en entreprise l'abatage aux abattoirs avec des conditions qu'elle aura écrites d'avance, je vois là encore un monopole qui m'effraye. Je demanderais qu'il y eût une division des grands abattoirs et que la Ville adjugeât ces abattoirs à des particuliers. Le propriétaire des bestiaux viendra demander à ceux qui auront loué les abattoirs : A quel prix voulez-vous m'abattre mon bœuf?

M. Husson. — Il me semble qu'on élève ici une question qui n'est pas de nature à être posée. Qu'est-ce que sont les abattoirs ? Ce sont des lieux où on abat et prépare les animaux. Je ne ne pense pas qu'ils puissent, en aucun cas, devenir des marchés publics dans toute la force de l'expression. Je ne crois pas non plus que les marchés à bestiaux puissent recevoir de la viande abattue, ce n'est pas dans leur essence; n'oublions pas que c'est l'intérêt de la consommation que nous devons toujours avoir en vue. Or qu'est-ce qu'on demande aujourd'hui? Si je ne me trompe, c'est un privilége pour la production : on voudrait avoir le droit d'entrer dans Paris la viande, et de faire ressortir les quantités qui ne seraient pas vendues. Si vous faites cela pour la viande, pourquoi ne le feriez-vous pas pour le poisson, pour le beurre, et pour toute autre denrée assujettie.

Il importe, dans l'intérêt de l'approvisionnement, d'en maintenir l'unité; si la viande abattue se vend à Paris, il faut qu'elle se vende à l'intérieur, et sur un point central.

Les producteurs enverront sur le marché les quantités qu'ils croiront pouvoir vendre, suivant les besoins, et je crois qu'ils vendront avec facilité tous les morceaux qu'ils y apporteront. Si, à la fin de leur approvisionnement journalier, il se trouve qu'ils n'aient pas vendu aussi avantageusement certains morceaux, ils feront ce que font les autres marchands qui viennent sur nos marchés, ils vendront à meilleur compte ce qui leur restera, après avoir fait un bénéfice raisonnable sur l'ensemble de leur apport. Et qu'est-ce qui en profitera ? Ce seront les consommateurs, et ce sera bien. Dans mon opinion, il est de la dernière importance, pour la population de Paris, de ne pas abandonner le principe tutélaire de l'unité de l'approvisionnement et de l'approvisionnement intérieur. D'ailleurs, sous le régime de la liberté, il sera loisible aux producteurs de faire vendre la viande à l'extérieur comme ils l'entendront, sur les marchés nombreux de comestibles qui existent à la ceinture de Paris.

M. le Préfet. — Il est de fait que nous ne pourrions pas donner à la viande le droit de sortir, sans commettre une injustice envers les autres marchandises. Mais ce que dit M. Husson, au point de vue de la facilité de l'approvisionnement et du désir qu'a la ville de Paris de garder la viande qui entre, afin d'augmenter la concurrence, est un très-mauvais principe, en ce que cela nuit aux producteurs, et qu'il faut toujours, pour entretenir la qualité et l'abondance, favoriser, autant que possible, la production. Si, par une mesure exceptionnelle, nous pouvions laisser sortir la viande qui ne se serait pas vendue, on ne craindrait pas d'apporter de la viande cinq ou six fois plus qu'il ne nous en faut. C'est ce qui se fait sentir partout où on met cette pensée à exécution. Le marché deviendrait un entrepôt qu'on ne craindrait pas d'aborder. Mais je ne pense pas que, dans les circonstances actuelles, ce soit possible.

M. Husson. — Je conçois très-bien que si la viande arrivait en masse et subitement, comme arrivent les crues de la Seine, il y aurait de graves inconvénients à ce qu'on ne pût réexporter les excédants de l'approvisionnement ; mais, suivant les saisons, les apports seront, croyez-le, proportionnés aux besoins. Les envoyeurs sont des hommes intelligents qui ont étudié la place et qui, d'ailleurs, ne feront pas moins bien que les producteurs des autres denrées alimentaires qui se vendent sur nos marchés.

M. le Préfet. — Celui de Normandie ne sait pas ce que celui du Limousin apporte, c'est le cours des marchés publics qui attire ou qui repousse la marchandise.

M. Husson. — Cela dépendra des saisons. On pourra d'ailleurs saler la viande.

M. le Préfet. — En principe il faut favoriser le producteur et lui donner toutes les facilités possibles pour apporter sa viande. S'il vend un jour sa marchandise en perte, il ne viendra pas le lendemain.

M. Lupin. — Il y a une chose à répondre à la difficulté qu'a soulevée M. Husson, pour la sortie des viandes. Cette espèce de drawback existe déjà. La Ville ne perçoit rien sur ce qui est entré dans ses abattoirs et en ressort sans entrer dans la ville; on ne paye que sur ce qui entre.

M. le Syndic. — Le marché existe toujours dans les abattoirs; aujourd'hui on achète à la cheville. Vous continuerez à avoir vos mandataires qui auront tué les bœufs, et qui vendront aux bouchers de Paris, aux bouchers du dehors, ou aux personnes qui voudront venir acheter un demi-bœuf ou un quart de bœuf.

M. de Tourdonnet. — Cette question est pour moi une énorme question dans la pratique; c'est le véritable fonctionnement de la liberté que je désire; et si vous nous le donnez, nous vous en serons très-reconnaissants. Il est évident que je ne peux séparer dans mon esprit l'abattoir de la viande abattue. Dès le moment que je ne vends pas mon animal, j'ai la faculté de l'emmener à une tuerie libre ou à l'abattoir public. Si vous donnez à l'abattoir toute espèce de garanties en le plaçant sous la surveillance de l'administration, mon intérêt, qui parle toujours très-haut en fait de questions semblables, m'amènera à choisir l'abattoir surveillé; il n'y a pas d'abattoir privé possible en présence des abattoirs surveillés administrativement et devenus libres; ces derniers seront les seuls qui fonctionneront, j'en suis certain.

Me voilà à l'abattoir, ayant fait abattre mon animal, l'ayant fait diviser en trois ou quatre morceaux. Que vais-je faire de mon animal? Vais-je le vendre à l'intérieur, le vendre à l'abattoir ou le réexpédier à l'extérieur? Voilà les trois facultés que j'ai. Jusqu'ici, un des plus grands griefs que nous ayons eus contre le monopole, ç'a été la faculté exclusive de sortir de l'abattoir, pour aller hors de Paris. On peut nous conserver cette faculté, mais dans la pratique j'y trouve un grand embarras. Les abattoirs sont près des barrières de Paris, c'est vrai; mais il y a encore une certaine distance pour les gagner. Il y aurait des voitures qui sortiraient à chaque instant. C'est l'objection qui m'a été faite à l'administration de la Ville; j'ai été dans les bureaux, je me suis informé, on m'a dit : Il y aurait trop de voitures, trop de sorties pour qu'on puisse accorder cette faculté. Je pose donc ainsi préalablement la question : Considère-t-on les abattoirs comme un nouveau marché où nous pouvons vendre la viande en gros et demi-gros? La cheville était une chose très-mauvaise sous le monopole; mais, sous le régime de la liberté, c'est la chose la meilleure, c'est par là que vous arriverez au bon marché de la viande. Le producteur n'ira pas vendre au détail; il y aura toujours le détaillant, le boucher. Ce que nous demandons, c'est d'abord de vendre sur pied, nous le pouvons de la manière la plus large; c'est ensuite de vendre en gros et demi-gros de manière à ne pas être débordés par les frais, à ne pas être obligés de suivre nos petits morceaux sur l'étal, parce que nous ne les reconnaîtrions pas.

Vendre en dehors la viande abattue était pour moi ce qu'il y avait de plus large, l'approvisionnement de Paris n'en était pas compromis; on nous le refuse. Maintenant je fais un pas en dedans, on ne nous a pas permis le marché extérieur, je dis : Donnez-nous la liberté de vendre en gros et demi-gros, dans l'abattoir, à tous ceux qui se présenteront, non-seulement aux bouchers, mais aux grands approvisionneurs de Paris, aux maîtres de pensions et autres; donnez-nous cette faculté dans les limites où réellement elle sera bonne et fructueuse; donnez-la nous aussi près que possible des barrières, à l'abattoir. Si vous me refusez cela, je vous suivrai au marché central; mais je déclare que ce serait contraire à la liberté, de me faire faire une lieue pour arriver au centre de Paris, sans me laisser la faculté de ressortir de Paris si je n'ai pas vendu, ou s'il y a encombrement de viandes.

M. Delestre. — M. de Tourdonnet se préoccupe à son point de vue, et d'une manière toute particulière, de l'intérêt de la production; je tiens surtout à favoriser la consommation. Dans la circonstance actuelle, ces deux intérêts se trouvent parfaitement d'accord, si l'on fait de l'abattoir ce qu'il est réellement aujourd'hui, un marché de viande à la cheville. Effectivement, il est avantageux de faire amener la viande sur pied. Si l'on ne pouvait vendre dans l'abattoir, celui qui amènerait de la viande sur pied serait moins favorisé que celui qui enverrait de la viande abattue. Celui qui envoie de la viande sur pied est obligé, quand il ne l'a pas vendue, de mener l'animal à l'abattoir, puis de l'abattoir au marché des Prouvaires; deux trajets, double dépense qui se résout en augmentation de prix pour le consommateur. Voyons la situation de celui qui enverrait directement de la viande abattue ; cela arrivera souvent à une certaine époque où l'on connaîtra les morceaux qui se vendront le mieux à Paris et ceux qui se placeront plus fructueusement ailleurs. A l'aide des chemins de fer, on dirigera les bas morceaux vers les localités qui en consommeront davantage, et les bons vers la ville qui les recherchera. Ces derniers arriveront directement à la halle des Prouvaires; ils auraient, par conséquent, moins de frais à supporter. Je crois que, pour être juste, il faut autoriser largement la vente à la cheville aux abattoirs. Ce genre de spéculation ne devait pas exister avec le monopole; mais avec le système de liberté, on ne pourra plus contraindre à passer par l'abattoir, pour aller à la halle des Prouvaires, ceux qui auront amené de la viande sur pied. On doit laisser le commerce parfaitement libre, le bœuf peut être débité là où il a été abattu. La production et la consommation y gagneront.

M. Baube. — La vente à la cheville, dans l'abattoir, ne paraît pas devoir soulever d'objections. Mais la question que me semble poser M. de Tourdonnet est celle-ci. La viande abattue pourra-t-elle être vendue à l'abattoir, au moyen de la criée?

M. le Préfet. — Dans notre idée, nous ne pouvons autoriser, dans les abattoirs, que la vente de la viande tuée dans les abattoirs.

M. de Kergorlay. — Lorsque nous nous sommes préoccupés de la création des deux marchés de bestiaux, M. de Tourdonnet a soulevé la question de savoir comment on pourrait amener à faire vendre à Paris, pour la consommation de Paris, la viande abattue dans les départements. M. le Préfet lui a répondu, très-justement à mon avis : « Dans « mon article 2 je parle de l'organisation des marchés de bestiaux; réser- « vons la question de la viande abattue pour plus tard. » M. le Préfet nous développe son plan tout entier. Après avoir établi les marchés, les avoir constitués par les agents nécessaires pour servir d'intermédiaires et de mandataires aux propriétaires, M. le Préfet suit les animaux aux abattoirs. Au moment où il nous parle de l'organisation des abattoirs et où je crois que nous devons discuter cette organisation, M. de Tourdonnet reproduit sa question et nous dit : Aurai-je le droit d'y amener ma viande abattue? Je dirai à M. de Tourdonnet : Je me préoccupe tout autant que vous de savoir à quelles conditions, dans quels lieux, de quelle manière nous pouvons faire arriver de tous les départements de production, de la viande abattue et la mettre à la disposition des consommateurs, soit de Paris, soit de dehors de Paris. Mais je crois que nous devons ajourner encore cette question et commencer par discuter la question de l'existence et de l'organisation des abattoirs. M. le Préfet a une idée qui est susceptible de controverse, sur laquelle je n'exprime pas d'opinion : celle de modifier gravement l'organisation actuelle des marchés à bestiaux; au lieu d'avoir des établissements municipaux, en faire des établissements confiés par voie d'adjudication à des entrepreneurs qui exploiteraient, abattraient les animaux à des conditions déterminées par la Ville pour le compte de tous les particuliers qui voudraient leur en confier.

Lorsque nous aurons organisé les abattoirs, nous arriverons au marché de viande de Paris; puis viendra se poser la question de la viande débitée. Comment ferons-nous et où la placerons-nous? Je crois que, d'après l'organisation que nous allons donner aux abattoirs, il sera possible de la placer dans les abattoirs.

M. Husson nous a fait tout à l'heure une définition qui, je crois, n'est pas exacte. Il nous a dit qu'il entendait par abattoir, un lieu où l'on abat, et non pas un marché. Il est connu de nous tous que, en fait, les plus grands abattoirs, celui de Montmartre en particulier, sont devenus d'immenses marchés, et je crois très-difficile que cela ne soit pas.

La seconde observation par laquelle M. Husson a répondu à M. de Tourdonnet était celle-ci : que M. de Tourdonnet demandait un privilége pour la viande, en demandant la faculté de faire ressortir gratis la viande qui aurait payé un droit en entrant. M. de Tourdonnet demande, au contraire, la permission de vendre dans les abattoirs, qui seront considérés comme marchés. D'ailleurs, la faculté de ressortir est beaucoup plus dans l'intérêt de la consommation que dans l'intérêt de la production; je le signale à M. Husson, parce que c'est une préoccupation toute légitime de son esprit, d'après sa position officielle, que celle de la certitude des approvisionnements de Paris. Je le répète, la plus grande garantie pour l'approvisionnement de Paris, c'est la plus grande facilité donnée à la production, c'est la conversion des marchés d'approvisionnement de Paris en grands entrepôts de commerce ; et au point de vue spécial de la certitude du bon marché pour les consommateurs de Paris, je supplie M. Husson d'entrer dans notre ordre d'idées.

M. Husson. — Je n'ai pas nié qu'il ne se fît aujourd'hui, dans les abattoirs, une vente qui est connue sous le nom de vente à la cheville. Sous le régime de la liberté, il serait sans doute fort difficile d'empêcher de vendre dans les abattoirs, comme cela se pratique aujourd'hui, la viande provenant des animaux qui y sont amenés vivants. Mais je ne voudrais pas qu'on fît, dans les abattoirs, des marchés à la criée. Je vous démontrerai en son lieu les inconvénients qui, selon moi, au point de vue de la consommation aussi bien qu'au point de vue de l'ordre et de la sécurité des abattoirs, s'opposent à ce que vous en fassiez des marchés publics.

M. Delestre. — Je ne parlais tout à l'heure que de la permission de vendre la viande là où elle a été tuée; la viande morte arrivant des départements à destination de Paris ira directement aux Prouvaires.

En ce qui touche les abattoirs, je crois qu'il ne faut pas louer à un seul la totalité des abattoirs. Il faut être logique jusqu'au bout : nous voulons de la concurrence, cette concurrence nous l'établissons entre les bouchers par le système que nous avons suivi. Il faut que ce même système se retrouve dans l'organisation des abattoirs. Je voudrais non-seulement que les abattoirs fussent loués à plusieurs, mais je voudrais encore prévoir le cas de coalition entre tous les locataires de ces abattoirs, et réserver à la Ville un endroit où elle pourrait faire elle-même concurrence aux abatteurs, aux loueurs d'abattoirs qui élèveraient trop leurs prix.

M. le Préfet. — Il y aura des conditions fixées par un cahier des charges.

M. Julien. — Les abattoirs sont des établissements essentiellement municipaux; ce n'est qu'à ce titre qu'ils peuvent être exclusifs, que vous avez le droit de dire : abattez là et non ailleurs. Il faut donc qu'ils restent municipaux, sauf à être affermés, comme le sont actuellement les abattoirs de porcs, qui n'en sont pas moins des établissements dont toute personne peut user, en payant les droits fixés par le tarif. S'il en était autrement, il devrait être permis aux particuliers d'établir des abattoirs dans la ville. Vous n'auriez pas le droit d'exclure les abattoirs privés, d'après la législation actuelle, et vous ne voulez pas, sans doute, permettre d'établir des tueries dans toute la ville.

M. Delestre. — La question n'est pas là : on peut se dispenser d'arriver aux abattoirs de la ville, on peut faire abattre partout où l'on veut *extrà muros;* on arrive avec de la viande morte. Le caractère municipal restera toujours aux abattoirs; la ville de Paris continuera d'exercer sur eux une surveillance active.

M. Julien. — Si vous louez les abattoirs à des individus qui ensuite en feront tel usage, ou les loueront à telle personne que bon leur semblera, sous la seule garantie de la concurrence, vous êtes obligés de fixer des conditions suivant lesquelles tout le monde pourra ouvrir des abattoirs dans la ville.

M. Delestre. — Je ne veux pas ôter aux abattoirs leur caractère municipal; mais ce que je voudrais, c'est une disposition qui fût telle qu'on pût avoir un chiffre minimum sans pouvoir dépasser un maximum fixé par l'administration.

M. Husson. — Ce sont des abattoirs municipaux; il faut que nous ayions un tarif, c'est la règle.

M. le Préfet. — Chaque abattoir de Paris serait mis en adjudication sur un cahier de charges qui en fixerait le tarif et les conditions d'exploitation. L'administration municipale transporterait son droit à un individu qui exploiterait, mais elle conserverait la propriété des abattoirs.

M. le Syndic. — Forcera-t-on les bouchers de Paris à aller tuer dans les abattoirs?

M. Husson. — Ils pourront tuer leurs animaux dans les abattoirs qui leur conviendront, pourvu que ce soit des abattoirs publics. C'est la conséquence forcée du régime nouveau.

M. Lupin. — Ils iront à Orléans s'ils veulent.

M. Husson. — Dans les villes où il existe des abattoirs il ne peut exister de tueries particulières; dans les autres villes on peut tuer partout, en se conformant aux règlements de police.

M. le Syndic. — Vous allez affermer à des individus les abattoirs; ils vont demander 3 francs, je suppose, pour tuer un bœuf : si je puis faire établir aux portes, en dehors de Paris, une espèce de hangar pour servir de tuerie, et si je dépense 50 centimes pour tuer mon bœuf j'économise 2 fr. 50 centimes. Les bouchers de Paris perdant l'habitude de tuer dans les abattoirs, ne craignez-vous pas que les locataires ne réclament une indemnité ?

M. le Préfet. — Vous êtes libre. Mais on entre aujourd'hui dans une voie qui tend à demander la diminution des droits d'octroi. Cette question est complétement en dehors de ce nous faisons. L'organisation que je propose ne peut en rien toucher à ce droit, parce que cela arrêterait complétement ce que nous voulons faire. Commençons par organiser et laissons les droits de la Ville en dehors. Vous tuerez vos bœufs où vous voudrez; mais continuez à payer à la Ville le droit qui représente celui perçu, soit à l'abattoir, soit à la porte d'octroi.

M. le Syndic. — Si cependant vous louez à quelqu'un l'abattoir Montmartre moyennant 50,000 francs, je suppose que personne n'y abatte, et qu'arrivera-t-il?

M. Husson. — C'est l'affaire du preneur; ce sera un marché aléatoire; il devra examiner, avant de s'engager, et s'il se ruine par de fausses combinaisons, l'administration n'y peut rien.

M. de Tourdonnet. — L'article, conçu dans les termes que vient de nous lire M. le Préfet, ne peut soulever aucune objection. Mais la question que nous avons posée reste tout entière. Une fois que vous aurez adopté le principe de l'adjudication des abattoirs réglée par un cahier des charges pour les formes et les conditions, quel sera le mode d'application? Admettez-vous d'une manière absolue que l'abattoir puisse être affermé ou adjugé à un seul et même individu qui agira à ses risques et périls, dans les limites de ses conditions? Ou y aura-t-il plusieurs adjudicataires? J'avoue que je ne suis pas partisan d'un seul adjudicataire.

M. le Préfet — Un adjudicataire par chaque abattoir.

M. de Tourdonnet. — Il y a cinq abattoirs, il y aura donc cinq adjudicataires. Eh bien! je ne suis pas partisan de cinq adjudicataires. Je verrais dans une adjudication seule et unique pour chaque abattoir une nouvelle forme du monopole. Je vois là le moyen d'échapper peu à peu, par certains abus, à l'application de la liberté, et je voudrais qu'il me soit démontré que, dans ce système, il est impossible d'accaparer la tuerie, de pressurer ceux qui arriveront faire tuer, en profitant de l'absence de concurrence ; je le crois possible.

Les abattoirs sont bâtis; il faut bien en faire quelque chose; il faut que la Ville en retire du bénéfice : je le conçois. S'ils n'étaient pas bâtis,

on les bâtirait autrement ; mais on ne peut pas les démolir ; il faut les utiliser. J'avais prévu la situation ; je voyais qu'on était obligé d'arriver à un affermage et à une adjudication ; mais en limitant les adjudicataires à cinq, seulement, on tue la concurrence. Il y a bien un cahier de charges ; mais je n'ai pas une énorme confiance, moi producteur, dans le conseil municipal lorsqu'il défend les intérêts de la Ville. On ne peut voir toutes les questions au même point de vue ; celui qui est chargé d'intérêts collectifs ne fait pas les mêmes concessions que celui qui agit au point de vue d'un intérêt privé. Je demanderais donc, non-seulement qu'on employât le mode d'adjudication et qu'il y eût un cahier des charges qui fixât les conditions d'une manière bien déterminée, mais qu'on affermât, soit un échaudoir, soit deux échaudoirs, soit un groupe d'échaudoirs à des adjudicataires différents, de façon que le même principe de libre concurrence que vous venez d'établir, dans les marchés ex. térieurs, fût appliqué dans les tueries qui constituent un second degré du commerce. Le tueur qui tuera le mieux, qui habillera le mieux, fera sa clientèle, vous en aurez qui auront plus d'ouvrage que d'autres ; ce sera leur habileté et leur honnêteté qui en seront cause.

M. le Préfet. — Vous démolissez entièrement mon système. Comment voulez-vous qu'il y ait autant de tueurs que d'échaudoirs dans un abattoir, et ensuite comment voulez-vous organiser notre factorat des marchés de. manière à ce qu'il puisse envoyer en toute sécurité l'animal à tuer à l'abattoir, si vous avez trente, quarante exploitants. Il n'y a plus de responsabilité ; il n'y a plus que des ouvriers qui feront cela au meilleur marché possible ; vous n'aurez plus de garantie.

M. de Tourdonnet. — Je crois appuyer votre système ; c'est vous qui le compromettez en n'appliquant pas la libre concurrence aux abattoirs. Je vais vous faire voir que je viens à votre aide.

Vous avez trente facteurs ; ils ont la faculté de faire tuer aux abattoirs les bœufs que nous leur envoyons. Ils trouvent là vingt, trente tueurs, qui sont soumis aux conditions du cahier des charges et surveillés par l'administration ; ils prennent le meilleur. Qui, d'ailleurs, empêchera les facteurs d'avoir un échaudoir? Vous ne pouvez pas les en empêcher ; s'ils veulent tuer eux-mêmes, vous ne pouvez les forcer à tuer chez un autre ; ils auront ce droit. Vous savez que les tueurs ont une grande influence sur la viande ; ils peuvent faire gagner 2 centimes par kilogramme sur la viande. M. le syndic sait très-bien que la manière de présenter la viande peut faire une assez grande différence dans le prix. Au fonds, je n'attaque pas votre système général ; je le consolide en le basant sur la libre concurrence.

M. Julien. — Seront-ils obligés de tuer pour toute personne qui se présentera ?

M. de Tourdonnet. — Toute personne qui se présentera aux conditions du tarif.

M. le Préfet. — Un abattoir qui ne sera pas géré par un seul adjudicataire deviendra immédiatement un lieu de vol, de désordre.

M. de Tourdonnet. — Vous aurez un directeur d'abattoir, un surveillant, un inspecteur.

M. le Préfet. — Il faut qu'ils soient responsables vis-à-vis de nous. Nous ne pouvons pas surveiller huit ou dix exploitants ; ce sera un désordre complet.

M. Husson. — Nous sommes tous d'accord sur ce principe, qu'il faut que dans les abattoirs publics il y ait une concurrence. Mais il me semble qu'on se préoccupe beaucoup trop à ce sujet, car cette concurrence existera par le fait. Il y a cinq abattoirs ; la concurrence résultera précisément de cette multiplicité. On enverra dans tel ou tel abattoir de préférence, quand l'agent du service d'abatage sera plus habile, et qu'il inspirera dès lors plus de confiance. Il y aurait de grands inconvénients à diviser dans l'abattoir même l'exploitation des échaudoirs. Pour abattre, il faut avoir un personnel et un matériel. Si vous divisez par fractions l'abattoir, et que vous forciez chacun à avoir un personnel, des garçons, des chevaux, un matériel, pour un petit nombre d'échaudoirs, je me préoccupe de la manière dont tout cela pourra fonctionner, et je crains que M. le Préfet de police ait bien de la peine à y mettre un peu d'ordre. De plus, veuillez ne pas perdre de vue que les abattoirs ont coûté 17 millions, et qu'ils doivent donner un revenu à la ville de Paris. Or, si vous les mettiez en adjudication à des conditions telles, que l'exploitation serait minime et les frais relativement considérables, le prix qui doit revenir à la ville de Paris, pour prestation de ces établissements, serait à peu près nul.

M. de Tourdonnet. — Il serait plus gros que par une seule adjudication.

M. Husson. — Je voudrais donc qu'il y eût un maître d'abattoir pour chaque établissement, c'est-à-dire cinq, et que l'on ne plaçât pas chacune de ces exploitations dans l'impossibilité de rapporter à la ville de Paris un produit dont elle a un absolu besoin.

M. Delestre. — M. Husson croit qu'en ayant mis en adjudication chacun des abattoirs, il va au-devant de ce que nous redoutons, de cette espèce de monopole qui s'attacherait à l'exploitation par un seul. Moins il y a d'adjudicataires, plus la fusion devient possible. Ainsi nous avons combattu longtemps pour la question du chemin de fer de la rive droite et du chemin de la rive gauche ; on l'a résolue à nos dépens par la fusion ; c'est ce qui pourrait arriver pour les abattoirs.

M. Husson a dit encore : Il y aura concurrence, en ce qu'on pourra aller à l'abattoir où l'on trouvera plus d'avantages. Mais il faut tenir compte du déplacement ; on ira à l'abattoir-le plus proche et l'on n'aura pas réellement le choix. Cette raison-là pèse peu dans la balance. Je désire que le système de la libre concurrence soit appliqué partout. Peut-être n'avons-nous pas trouvé le joint. L'administration y réfléchira, et elle se conformera à cette loi générale que nous avons votée, celle de la libre concurrence.

M. Husson. — Les abattoirs sont distribués de telle sorte que vous aurez toujours, sans faire faire beaucoup de chemin à l'animal, le choix entre deux ou trois abattoirs.

M. de Tourdonnet. — M. le Préfet de police nous a dit qu'il craignait qu'il n'y eût confusion, et que son autorité fût méconnue. Mais nous ne demandons aucun changement à ce qui existe aujourd'hui ; il y a autant de tueries qu'il y a d'échaudoirs. Nous demandons qu'il y ait autant de tueries libres qu'il y a d'échaudoirs ou de groupes d'échaudoirs ; je laisse à l'administration le droit de décider le nombre des adjudications qu'elle fera. Ce que je demande, c'est qu'il y ait concurrence réelle, qu'il y ait plusieurs têtes saisissables. Ce n'est pas un changement à ce qui a lieu aujourd'hui ; les bouchers peuvent se disputer, dans l'organisation actuelle : quand il y aura un tueur soumis à un cahier des charges, un inspecteur, une organisation sérieuse, il n'y aura pas plus de trouble à craindre qu'aujourd'hui.

M. Husson nous parle de charrettes, de chevaux. Les tueurs sont tueurs et pas autre chose ; ils ne sont pas vendeurs. L'expéditeur ira vendre sur le marché, où il voudra. Le tueur tuera à l'abattoir, voilà tout ; il n'aura ni chevaux, ni charrettes.

M. Husson. — Vous oubliez que vos entrepreneurs seraient autorisés à transporter votre viande, ou bien il faut un quatrième entrepreneur pour livrer l'animal abattu à la halle à la criée.

M. de Tourdonnet. — Nous jugeons maintenant la question de l'abattoir intrinsèquement ; nous verrons, une fois l'abattoir admis, ce que nous aurons à faire pour le transport de la viande. Les deux systèmes de la libre concurrence et de la restriction sont en présence. Je demande la libre concurrence, c'est-à-dire plusieurs têtes de tueurs en présence.

M. Baube. — Je crois qu'on ne peut pas comparer l'état actuel avec le système de M. de Tourdonnet. Aujourd'hui chaque boucher a son échaudoir particulier. Il en dispose pour y préparer sa viande. Mais les tueurs qui chercheront à en faire une spéculation s'efforceront d'attirer la clientèle l'un de l'autre ; ce sera une lutte continuelle. Nous avons vu ce qui s'est passé dans l'abattoir à porcs quand le monopole a été enlevé aux concessionnaires; il est arrivé des garçons charcutiers qui ont voulu tuer pour les uns et pour les autres. Les mandataires du commerce de la charcuterie ont, depuis, constitué un personnel d'abatage.

M. de Tourdonnet. — Il n'y a pas analogie. Il y a eu procès entre l'adjudicataire de l'abattoir à porcs et l'administration; il n'y a encore pas d'état normal: ce qui est arrivé là ne peut pas être considéré comme une règle générale.

M. Baube. — Je voulais seulement dire qu'on ne pouvait comparer l'état actuel des choses avec celui que préconise M. de Tourdonnet. Ce qui me paraît incontestable, c'est que des tueurs, qui se disputeront la clientèle des abatages, ne peuvent pas ne pas être un élément de trouble dans les abattoirs.

M. Lupin. — Cela arrive dans tous les marchés. Sur le marché des Innocents, les marchandes de légumes cherchent à attirer les acheteurs.

M. Julien. — Ce n'est pas la même chose; des tueurs dans un abattoir ne sont pas des marchands sur une place publique.

M. Lupin. — En mettant les abattoirs dans une seule main, il n'y aura pas un abaissement du tarif maximum. Et quand je viendrai me plaindre que mon bœuf est mal abattu, mal habillé, l'administration ne pourra rien faire. Ce sera fait par le défaut de concurrence. Comme il y aura liberté de faire abattre ailleurs, on ne viendra pas à la Ville, parce qu'elle fera plus mal que les autres. Dans l'intérêt même de la Ville, il vaut donc mieux diviser les abattoirs entre un certain nombre d'adjudicataires que de les mettre en une seule main.

M. Husson. — Je comptais soulever la question qui vient d'être indiquée et qui me paraît, en effet, très-importante. Je voulais demander si l'on entendait que l'entrepreneur d'abattoir, qui fonctionne comme on vient de vous le montrer, serait un agent facultatif comme le facteur, ou si on devrait nécessairement, pour faire abattre l'animal, passer par l'intermédiaire de cet agent.

M. le Préfet. — N'oubliez pas que le marché aux bestiaux se fait hors de Paris. Quand on aura acheté un bœuf sur ce marché pour l'approvisionnement de Paris, on pourra le faire tuer où l'on voudra. Pour pouvoir soutenir la concurrence avec la viande qui vient du dehors, il ne faut pas que le bœuf qui vient au marché de Paris soit dans une plus mauvaise condition que celui qui a été tué à Caen et qu'on expédie ensuite

M. Husson. — Y aura-t-il, dans les abattoirs de Paris, des échaudoirs réservés pour les bouchers et pour les propriétaires qui voudront tuer par eux-mêmes?

M. Delestre. — C'est ce que je proposerai tout à l'heure.

M. le Préfet. — Dans mon système, non; je n'en vois pas l'avantage.

M. Husson. — La question a une importance majeure; car les tribunaux pourraient bien défaire ce que nous faisons ici. Voici ce qui est arrivé à l'égard des abattoirs à porcs : la ville de Paris avait concédé à MM. Heullant et Goulet le droit d'abattre moyennant un tarif déterminé, pour les charcutiers qui ne voudraient pas abattre par eux-mêmes ou par leurs agents munis d'un livret. MM. Heullant et Goulet ont eu à soutenir un procès contre les charcutiers, qui prétendaient faire abattre par qui bon leur semblerait et sans que la condition du livret fût remplie. La Cour de cassation, devant laquelle l'affaire a été portée, n'a pas pensé que cette disposition relative au livret fût valable; elle a dit qu'il n'était pas nécessaire qu'un charcutier abattît par lui-même; qu'il pouvait faire abattre par un agent, cet agent ne fût-il pas muni de livret; que les lois qui avaient établi la liberté commerciale ne permettaient pas cette restriction.

Il est donc intervenu un arrêt qui aujourd'hui a une force souveraine. Je crois que les principes sur lesquels se fonde cet arrêt tendent à se confirmer de plus en plus; et nous nous placerions sur un mauvais terrain si nous ne laissions pas dans l'abattoir la faculté pour tout boucher, pour tout individu, de venir abattre ou de faire abattre son animal de la manière qu'il juge convenable. Je demanderais, en conséquence, que l'intermédiaire de l'entrepreneur d'abattoir fût facultatif et non obligatoire.

M. le Préfet. — Il n'y a pas obligation de venir dans les abattoirs.

M. Husson. — Mais qu'arrivera-t-il, quand on y viendra?

M. le Préfet. — Pour les porcs, la ville de Paris forçait d'aller là; il n'y avait pas de liberté. Aujourd'hui la liberté étant proclamée, l'abattoir est un établissement dans lequel je ne force personne à venir; quand on y viendra, ce sera à telles et telles conditions.

M. Husson. — L'administration ne pourra sans doute forcer de venir dans les abattoirs; mais les bouchers de Paris y viendront naturellement. Il faut, d'après les principes de la Cour de cassation, qu'ils y puissent trouver des échaudoirs où ils soient libres d'abattre leurs animaux. S'ils ne les trouvent pas, l'autorité judiciaire viendra dire: Vous avez concédé à votre entrepreneur le droit que vous n'aviez pas; en conséquence, je déclare que le boucher a la faculté d'abattre lui-même son animal ; et l'administration sera contrainte de faire droit, sans s'arrêter à la concession faite à son entrepreneur.

M. le Préfet. — Le changement qui s'opérera dans le commerce de la boucherie étant la suite d'une loi, la Cour de cassation appliquera la loi.

M. le Syndic. — Le boucher régulier *fait son bœuf;* il a soin de le dégraisser ; il soigne son échaudoir, parce qu'il dit : Au lieu de conserver ma viande une journée, je la conserverai deux jours, peut-être trois. On perdrait cet avantage si chaque boucher n'avait pas son échaudoir.

M. Lupin. — Les bouchers se rendront adjudicataires d'échaudoirs, si on les adjuge séparément.

M. Delestre. — J'ai eu occasion de faire un rapport sur l'abattoir à porcs qui est du côté de la rive gauche; j'ai pu constater tous les inconvénients qu'il y avait à monopoliser entre certaines mains le droit d'abatage. Jamais les entrepreneurs n'ont pu vivre en paix un seul jour avec les charcutiers, qui étaient obligés d'aller passer sous ces fourches caudines; on voyait surgir constamment une lutte et des exigences nouvelles de la part du monopoleur. Tandis qu'avec ce système, dont je parlais tout à l'heure, ces difficultés disparaissent. Il faut toujours faire la part de l'administration; mais que l'administration ne donne pas en adjudication tous les échaudoirs à un directeur d'abattoirs, et qu'on puisse lui faire une concurrence utile par les bouchers adjudicataires également d'une portion. Alors nous serons tout à fait dans la ligne que nous nous sommes tracée, et la libre concurrence sera appliquée aux abattoirs comme à l'ensemble de la boucherie.

M. de Tourdonnet. — Je me rallie parfaitement à l'idée de M. Husson; mais du moment que vous réservez un certain nombre d'échaudoirs, un cinquième par exemple, je crains que ce cinquième ne devienne la loi de l'abattoir et qu'il ne vienne porter atteinte aux revenus de la Ville. Voici comment : Lorsqu'on sera bien convaincu qu'il y a intérêt à venir tuer aux abattoirs réservés par la Ville pour être ouverts à la tuerie libre, vous n'aurez plus d'adjudicataires pour les autres quatre cinquièmes. Je crois donc que, s'il était possible d'en venir au système général d'affermage de tous les échaudoirs ou de groupes d'échaudoirs, vous auriez pour la Ville des revenus plus gros, parce que vous pourriez faire votre cahier des charges en conséquence; mais, dans tous les cas, vous n'aurez pas à craindre de ne pas affermer le gros lot, les quatre cinquièmes, par suite de la concurrence exagérée qui lui serait faite par le cinquième réservé.

M. le Préfet. — Il résulte de ce qui vient d'être dit que l'idée première que j'avais ne se trouve pas exacte : je croyais que chaque abattoir devait absolument s'exploiter isolément. On demande plusieurs exploitations distinctes; est-ce que nous ne pourrions pas dire ceci :

« L'exploitation des abattoirs de Paris sera mise en rapport avec les principes de liberté qui viennent d'être posés. » (Marques d'assentiment.)

M. le Syndic. — Je crois qu'il faut donner, aux éleveurs, des échaudoirs dans chaque abattoir pour tuer leurs bestiaux. Voici pourquoi : Un jour les abattoirs Montmartre et Popincourt seront pris par les bouchers, et les éleveurs n'auront plus de place pour tuer. Vous n'irez pas tuer vos bestiaux à Grenelle : où seraient vos acheteurs? Le commerce se fait à Montmartre et à Popincourt, il ne se fait pas à Grenelle ni à l'abattoir des Deux-Moulins. Les producteurs réclameront et diront : Vous nous chassez de l'abattoir, nous n'avons plus de clientèle.

M. Lupin. — Qu'ils se rendent adjudicataires.

M. Julien. — Nous sommes ici essentiellement hors du régime de la liberté; nous sommes dans un régime qui consiste en ce que la ville de Paris a le droit d'avoir un nombre d'abattoirs exclusifs, sans que l'on puisse en établir à côté; nous sommes dans le régime du monopole. Maintenant, la ville de Paris doit l'organiser de la manière la plus libérale possible. Il faut toujours qu'un boucher ou une personne quelconque puisse trouver à faire abattre dans les conditions fixées légalement.

M. Lupin. — Un boucher de Paris peut se faire un abattoir en dehors de Paris, dans tel lieu qu'il voudra.

M. Julien. — Il le peut, mais vous ne pouvez lui en faire une obligation, et il doit trouver le moyen de faire abattre dans la ville.

M. le Préfet. — Ainsi voilà la rédaction :

« L'exploitation des abattoirs de Paris sera mise en harmonie avec les principes de liberté qui viennent d'être admis. »

M. Julien. — De manière à ce que le producteur lui-même y trouve le moyen d'y faire abattre.

M. de Tourdonnet. — De manière à ce qu'un producteur, un boucher, tout possesseur de viande, puisse y tuer à son compte. Il faut que quelque chose exprime cela, ou vous êtes trop dans le vague.

SÉANCE DU 10 MAI 1851.

M. le Préfet. — Nous en sommes restés sur la déclaration que l'exploitation des abattoirs de Paris serait mise en harmonie avec les principes de liberté qui avaient été admis.

M. Delestre. — Je demande la parole pour poser quelques principes sur la question de la location des abattoirs.

Ce qui doit nous préoccuper avant tout c'est de mettre la pratique en harmonie avec le principe de libre concurrence. Nous devons aussi nous pénétrer de cette nécessité que, dans la pratique, il ne doit se rencontrer aucun obstacle à la perception actuelle de l'octroi, au profit de la ville de Paris. Elle ne pourrait s'en passer jusqu'à ce qu'on soit arrivé à mettre quelque chose à la place. Pour être conséquent avec le principe de la libre concurrence, il ne faut pas mettre en adjudication les abattoirs, et voici pourquoi :

Vous les donnerez à un seul adjudicataire ou à plusieurs qui pourront toujours se fusionner et vous constituerez un monopole. Il serait peut-être plus convenable de faire deux choses: la première, établir un prix de location uniforme pour tout le monde, prix qui pourrait peut-être être modifié en raison des conditions plus ou moins avantageuses de la localité de l'abattoir; il faut, en second lieu, en réserver une partie à la banalité, c'est-à-dire que le premier venu, n'étant pas boucher, et ayant un animal à faire débiter, pût avoir un endroit où il ferait habiller et préparer sa viande. On conserverait ainsi une concurrence utile, qui ne pourrait exister s'il y avait un adjudicataire unique, c'est-à-dire un homme qui, tout en devant se soumettre à certains tarifs imposés par l'autorité compétente, pourrait néanmoins abuser de sa position.

Maintenant il y a une question qui se lie à celle de l'abattoir. Toute viande sur pied va à l'abattoir de la Ville ou dans un abattoir *extra muros,* car l'autorité ne permet pas d'avoir dans l'intérieur de Paris d'autres abattoirs que les siens. Si j'amène mon bœuf à l'abattoir de la Ville, il faut que j'aie le droit de le vendre sur place quand il est débité. Ce que nous recherchons avant tout, c'est de faire disparaître des intermédiaires obligatoires, qui sont une charge de plus et pour le producteur et pour le consommateur. Or, si vous exigez que toute viande abattue dans l'endroit désigné par la Ville soit portée au marché à la criée, vous augmentez les frais et vous pesez davantage sur la consommation. Je crois qu'on pourrait permettre, pour toute transaction à l'amiable, la vente de la viande là où elle a été abattue; tandis que pour toute autre transaction, c'est-à-dire pour la vente à la criée, elle ne devrait avoir lieu que sur les marchés spéciaux de la vente à la criée. De cette façon il n'y aurait pas de confusion, on resterait d'accord avec le principe de la libre concurrence, l'autorité compétente conserverait sa surveillance sur le débit de la viande, et la Ville serait complétement assurée de la perception de son impôt. Et à cette occasion, je dois ajouter une observation. Aujourd'hui les droits d'abatage se confondent avec l'octroi; il faut séparer complétement ces deux questions, de manière à attribuer à la location ce qui appartient à la location, et à l'octroi ce qui est exclusivement réservé à l'octroi.

Enfin nous devons favoriser autant que possible la perception *ad valorem;* l'impôt prélevé de cette façon est plus équitable et soulève moins de réclamations.

M. de Tourdonnet. — A la dernière séance, nous sommes convenus que nous résoudrions d'une manière complète la question des abattoirs, le fonctionnement, l'adjudication des abattoirs sur une ou plusieurs têtes, et que nous passerions ensuite suivant l'ordre logique à la vente de la viande abattue. J'ai fait observer que la rédaction de M. le Préfet de police, à laquelle je me rattache comme principe, ne me semblait pas assez explicative quant au mode de fonctionnement; que je désirerais que l'on mentionnât que les expéditeurs, les possesseurs de bestiaux seraient libres, quel que fût le mode de fonctionnement accepté par la ville de Paris, de tuer pour leur propre compte ou par mandataire dans un abattoir banal qui serait désigné, dans plusieurs échaudoirs banaux qui seraient réservés par l'administration. Dans ce cas, l'administration percevrait directement un droit qui ne devrait jamais être supérieur au chiffre fixé dans le cahier des charges pour l'adjudication.

C'est un vœu que nous devons émettre, afin que le conseil municipal, qui aura à décider la question, en tienne compte.

M. Horace Say. — Sur la question des abattoirs, je suis tout à fait de l'opinion de M. Delestre. Les abattoirs, à Paris, n'ont été établis que comme moyen de police, pour éviter les inconvénients et l'insalubrité qui résulteraient de l'abatage chez les bouchers, les accidents qui pourraient arriver, mais non pas comme moyen de percevoir un impôt : c'est seulement le prix d'un service rendu, et les abattoirs de Paris ne rapportent, depuis qu'ils ont été établis, que 4 1/2 p. o/o environ du prix de construction. Maintenant, lorsque le mode de perception par tête a été transformé en mode de perception au poids, on a pensé que ce qu'il y avait de plus commode était de faire une évaluation et d'ajouter un centime pour couvrir les frais d'abattoir. On a trouvé à cela un petit avantage que je dois vous signaler; il y a eu une certaine arrière-pensée de la part du conseil municipal, et la voici : le droit qui pesait de 13 centimes environ sur le kilogramme de bœuf a été réduit à 10 centimes; le droit qui était, sur la viande à la main, de 19 centimes a été réduit à 10 centimes. Il en est résulté que la surtaxe qui existait sur la viande à la main a disparu. Comme la Ville pensait que dans un intérêt de salubrité, de bonne surveillance de police sur les bestiaux, il convenait d'encourager la conduite à l'abattoir, le conseil municipal s'est arrangé de manière que la viande abattue au dehors payât également le droit d'abatage, quoiqu'elle ne fût pas abattue dans les abattoirs de Paris. C'était là une très-minime différence; mais enfin la viande à la main se trouvait grevée des frais de l'abattoir, comme si elle eût été abattue à Paris. Il y avait à cela toute justice. En effet, en matière financière, on ne permet pas qu'une marchandise paye deux droits différents, suivant la porte par laquelle elle entre. Sur l'opposition du Ministre des finances qui disait : Vous ne pouvez faire payer par la porte qui entre en ville en venant de l'abattoir moins que par la porte qui entre en ville à la barrière Saint-Denis, par exemple; vous n'aurez qu'un seul et unique droit d'octroi; nous avons dit : Alors cessons de prendre un droit d'abatage, appelons tout cela droit d'octroi; nous y perdrons le décime du trésor, mais nous aurons cet avantage, que toutes les viandes auront payé le droit d'abattoir, qu'elles s'en soient servies ou ne s'en soient pas servies. On met l'abattoir à leur disposition dans un intérêt de salubrité, nous désirons beaucoup qu'on y vienne, plutôt que d'abattre à des abattoirs moins surveillés par la police; c'est l'intérêt de tout le monde.

Voilà ce qui a été fait. Par conséquent l'abattoir n'a jamais été considéré comme une source d'impôt; l'idée a été seulement de se couvrir de la dépense que la construction des abattoirs a occasionnée, et, sous ce rapport, on a toujours été au-dessous de la vérité. La ville de Paris n'a pas plus intérêt aujourd'hui que jamais, je le pense, tous ceux qui comprennent ses véritables intérêts n'ont nullement l'intention d'établir deux droits de consommation sur la viande, c'est assez d'en avoir un : ce droit, c'est le droit d'octroi. Par conséquent, les abattoirs n'étant pas une source de revenus, il s'agit tout simplement de les mettre à la disposition de la libre concurrence. Je n'admettrais pas qu'on pût les mettre dans les mains d'un spéculateur par une adjudication générale, parce que le spéculateur fera ce que nous ne faisons pas. Il voudra tirer parti de son marché, tandis que nous cherchons tout simplement à nous couvrir de nos frais. Le meilleur moyen, c'est de louer à bon marché, aux bouchers, les échaudoirs. Chaque boucher travaille dans son échaudoir, il a ses garçons accoutumés à cet échaudoir, à sa dimension, à ses crochets; il y met certains outils qui lui sont nécessaires : cela s'allie parfaitement avec un abatage fait par des agents qui seraient préposés et mis à la disposition du public. L'administration municipale aura là une gestion d'échaudoirs que ces messieurs ont appelés banaux, expression que j'emploie aussi, quoique le mot *banal* se lie encore à une perception de droit, tandis que nous ne voulons que le remboursement des dépenses faites. Mais il ne faut pas faire des abattoirs rien qui ressemble à un monopole, puisque nous attaquons le monopole dans ce moment-ci.

La viande étant abattue pour le compte de particuliers, c'est de la viande à la main. Il faut établir une porte dans l'abattoir pour aller dans la banlieue, afin que la viande puisse sortir au besoin de ce côté. Si le propriétaire de cette viande veut l'entrer dans Paris, il paye le droit à la barrière de l'abattoir comme il l'aurait payé à la barrière de la Chapelle ou de la Villette. Je ne considère même pas les abattoirs comme des entrepôts, je les considère tout simplement comme des terrains hors barrière; ils sont près du mur de ronde. On avait pensé, à différentes époques, même à établir une porte pour l'usage de ceux qui sont tout à fait près du mur, comme à l'abattoir Montmartre, dont les battants de porte en s'ouvrant fermeraient le chemin de ronde, de manière à permettre l'entrée et la sortie. Si on peut le faire on le fera, sinon on remplacera les battants de porte par une surveillance d'hommes.

Il n'y a donc, pour le régime du payement des droits d'octroi, rien à faire dans les abattoirs de différent de ce qui se fait aux barrières. Si on veut disposer de la viande abattue dans les abattoirs par le moyen de ventes publiques, on peut faire une criée. Nos abattoirs n'ont pas été préparés pour cela. L'espace manquerait peut-être; mais si l'espace manquait, on pourrait l'établir au dehors, c'est une affaire de police, cela ne change rien au régime des abattoirs; c'est de la viande hors Paris que vous vendrez librement, que vous amènerez sur nos marchés ou sur des marchés extérieurs. Il n'y a pas d'entrepôt d'octroi pour la viande, pris dans le sens où ce mot sert pour les questions d'octroi et de douane.

Lorsque nous nous sommes occupés de la conversion du droit de marché pour la volaille et le gibier en droit d'octroi, nous avons trouvé une difficulté qui a été résolue dans un sens qui amènerait peut-être à une solution analogue pour la viande : c'est la question du droit *ad valorem*. Pour la volaille et le gibier, on percevait un droit de 10 p. o/o sur le marché de la Vallée; ce droit n'avait pas de correspondant à la barrière; on ne payait pas, à la barrière, de droit sur la volaille et le gibier. Cela était basé sur d'anciens règlements de police qui voulaient que toutes les denrées fussent portées sur les marchés ; on n'admettait pas que la denrée pût aller directement dans les boutiques. Ainsi, quand il s'est établi des féculeries dans Paris, la préfecture de police a poursuivi les charrettes de pommes de terre qui allaient se faire râper dans la féculerie, en disant : Vous ne pouvez pas aller dans les féculeries sans aller sur le carreau de la Halle. On avait beau dire : C'est pour fabriquer un produit, ce n'est pas pour manger. La préfecture de police a tenu très-longtemps à cela. La préfecture voulait aussi que la volaille et le gibier, qui payaient 10 p. o/o à la Ville, allassent sur le marché ; mais, petit à petit, des marchands de comestibles s'étant établis, les rôtisseurs ayant pris plus d'importance, les envois à domicile ayant beaucoup augmenté, on a contesté ce droit de la police, de forcer les gens à aller sur le marché lorsqu'ils ne voulaient pas y vendre. Dans cette position on a dit : Il faut remplacer ce droit sur le marché par un droit d'octroi ; et on y a été d'autant plus conduit que le Trésor avait dit : Les droits de la Ville ne peuvent être que des droits de consommation ; le droit à la Vallée n'est pas un droit d'abri, c'est au delà du droit que mériterait le payement de votre local ; par conséquent c'est un droit de consommation ; tout droit de consommation est un droit d'octroi, le droit d'octroi est passible d'un décime au profit du Trésor : nous vous prenons le décime. Dans cette conversion, on a cherché à ne pas déranger les habitudes du commerce, et on a dit : Le droit le plus équitable après tout, c'est le droit *ad valorem*. Nous considérerons le marché intérieur de la Vallée, quoique au centre de Paris, au bord de la Seine, comme un entrepôt d'octroi, et les voitures, quand elles prendront une escorte, pourront se faire conduire directement sans payer le droit d'octroi à la Ville. Si, au contraire, on ne veut pas aller à la Vallée, si on veut porter à domicile, aller dans les boutiques, on payera un droit correspondant, à la barrière ; et on a cherché à établir ce droit ; mais, comme il n'y a pas là de criée, on a fait un tarif gradué pour les dindons, les volailles, les lapins de clapier ou de garenne ; on a modifié ce droit en tâchant d'avantager un peu la consommation des classes les moins riches de la société, et on a mis un droit très-minime sur l'oie et sur le lapin, par exemple.

Ce régime est très-difficile à appliquer à la viande. Vous voulez, et je veux aussi, des marchés multiples pour la viande dans Paris. Vous ne pouvez pas faire de beaucoup des marchés de Paris des entrepôts d'octroi ; il y aurait une surveillance qui serait très-difficile, et, de plus, vous ne pourriez arriver sur le marché qu'avec une escorte ; une escorte est une chose dispendieuse, qui renchérirait par conséquent la marchandise, et qui ne peut se prendre que quand on opère sur des quantités considérables. Je n'entrevois donc pas la possibilité d'établir le droit *ad valorem* sur la viande. Je crois, comme tout le monde, que c'est le droit le plus juste; mais les droits qui sont établis au kilogramme n'ont jamais d'autre but que de se proportionner à la valeur; c'est seulement parce qu'on ne peut fixer la valeur d'une manière régulière qu'on établit le droit au poids. Si vous établissez le droit *ad valorem* sur la viande, il faut avoir un droit correspondant sur le kilogramme aux barrières, parce que, si quelqu'un arrive de la campagne avec un filet de bœuf, il ne peut pas le faire vendre à la criée, à la barrière, pour fixer la base de la perception. Il y aurait là de très-grandes difficultés et, en même temps, une impossibilité de transformer tous les marchés intérieurs en entrepôts d'octroi. L'entrepôt ne pourrait exister qu'avec des frais d'administration très-considérables; et cela aurait un double effet très-fâcheux, ce serait de grever la production d'un droit plus fort, et de ne rien mettre dans la caisse municipale qui a besoin d'argent.

Mais, si on ne s'occupe que de la question des abattoirs, je ne comprendrais pas qu'on mît les abattoirs en adjudication dans les mains d'un spéculateur; nous ne voulons tirer que la faible rémunération d'un service rendu, nous voulons que ce service rendu soit une mise à la disposition des bouchers, moyennant un loyer modéré, d'échaudoirs pour chacun, et la mise à la disposition des éleveurs et du public, de certains échaudoirs, de certains lieux d'abatage et de préparation de la viande, où il faudra avoir aussi un personnel; car chacun ne pourra pas venir avec son abatteur et son préparateur de viande. Il y a donc là un établissement municipal. Je crains un peu qu'il n'y ait des abus, parce que toutes les fois que vous avez un personnel vous avez des abus; mais on tâchera de faire qu'ils soient le moins lourds possible. Dans tous les cas, la Ville ne pourra recevoir que le remboursement des frais du service rendu.

M. Husson. — Je désire appeler un instant l'attention du comité sur des faits qui peut-être ne sont pas bien établis. Les abattoirs ne sont pas en effet des instruments de perception, et je crains qu'avec le régime nouveau, la matière manque absolument pour qu'on puisse leur adresser le reproche qui vient de leur être fait.

M. Horace Say a dit que le droit d'abattoir, représenté par deux centimes par kilogramme, faisait partie du droit d'octroi; ce n'est pas tout à fait exact : le droit d'abattoir est compté à côté; il n'est pas compris dans le tarif. Mais, pour les viandes venant de l'extérieur, le droit d'octroi est surmonté de l'équivalent ou à peu près.

Le droit de deux centimes perçu sur la boucherie de Paris représente donc les droits d'abatage; vous ne pourriez continuer à le percevoir qu'autant que l'abatage se ferait. Mais, sous le régime nouveau de liberté qu'il s'agit d'installer, on ne pourra pas contraindre les bouchers parisiens a venir dans les abattoirs de Paris. En conséquence, le revenu de près d'un million que la Ville perçoit aujourd'hui dans ses abattoirs sera à peu près perdu. Il est clair, en effet, que les bouchers de Paris pourront trouver un avantage à se servir des abattoirs de Bagnolet, des Batignolles, de la Villette, qui, aujourd'hui, ne font presque rien et qui seront offerts, sans doute, pour un droit bien inférieur à celui que la ville de Paris réclame, et qu'elle pourra réclamer. C'est ainsi que vos abattoirs pourront être déserts.

Que devient alors votre vente à l'amiable, à la cheville, dans les abattoirs de Paris? Ce commerce, sur lequel vous comptez beaucoup pour alimenter la capitale, pour faire de la concurrence, ce commerce n'aura plus lieu sur une grande échelle dans vos abattoirs, car il n'y aura plus d'acheteurs. Je vois donc avec une certaine crainte les bouchers de Paris en possession de la liberté d'aller abattre hors des abattoirs municipaux; et cependant il me parait difficile de leur refuser cette faculté dans le système que vous adoptez.

Quant à la question d'entrepôt, je dois dire que l'entrepôt n'existe pas à Paris sur les marchés alimentaires; l'entrepôt réel existe pour certains commerces, mais il n'y a pas d'entrepôt fictif: ce mode ne peut être établi d'après la législation existante. Les escortes dont parlait M. Say n'ont qu'un but, c'est de s'assurer, lorsqu'à la barrière on déclare qu'un chargement est à la destination du marché, qu'il n'y a pas eu de substitution, de mélange, et qu'il arrive régulièrement sur le marché; mais cela ne constitue pas pour celui qui amène le droit de ressortir en franchise.

M. Julien. — Comme les abattoirs sont matériellement en dedans de la barrière et fictivement hors barrière, la viande entre et sort comme cela se passe dans les entrepôts réels; ce sont donc, en fait, des entrepôts réels.

M. Horace Say. — Ce n'est pas tout à fait cela. A l'entrepôt de douane, vous prenez charge de marchandises telles quelles. A l'abattoir, comme moyen de contrôle, les agents comptent les animaux; et, comme ces animaux ne payent pas par tête, on ne fait pas une prise en charge, comme dans les entrepôts, c'est simplement une manière de surveiller.

M. Julien. — Je reconnais qu'il y a des différences; mais le point important y est.

M. Husson. — Je constate seulement ceci; c'est qu'en effet l'entrepôt n'existe sur les marchés pour aucune denrée, et je démontrerai qu'il est impossible de le concéder pour la viande, à l'intérieur de Paris, à moins de compromettre tout le système de l'octroi.

Maintenant je reviens au point d'où nous nous sommes un peu écartés. Je comprends que, dans le système indiqué par M. le Préfet, il faut qu'il y ait à l'abattoir un mandataire connu qui puisse recevoir les marchandises; car n'oubliez pas que vous avez organisé votre marché de façon à ce qu'on puisse toujours trouver un individu qui traite pour celui qui ne veut pas venir sur ce marché. Je suis pour le système de la liberté; je crois qu'on ne pourrait pas avoir un entrepreneur qui aurait exclusivement tout l'abatage; mais, si vous n'avez pas un entrepreneur, c'est-à-dire, un individu à qui vous adjugeriez la faculté d'abattre pour tous ceux qui ne voudraient pas abattre par eux-mêmes ou par mandataire, votre système sera incomplet. Car l'animal, une fois arrivé sur le marché d'approvisionnement, s'il n'est pas vendu, pourra être envoyé à l'abattoir. Il faut donc qu'il y ait là quelqu'un qui remplace le vendeur, tant pour l'abatage que pour les ventes successives qui doivent avoir lieu à la suite, soit à la criée, soit autrement. Je me demande si c'est votre facteur de la halle à la criée qui sera chargé de vendre la plus grosse part de l'animal; il pourrait prendre en charge aussi les cuirs, les suifs, pour les faire vendre au compte de l'envoyeur. En conséquence, voilà ce qu'il fera; ou il vendra à l'amiable suivant le mandat qu'il aura reçu, ou si vous faites une halle pour les cuirs, il enverra les cuirs à vendre au marché spécial. Mais tout ce système est des plus compliqués; je préférerais donc le régime qui laisserait les abattoirs banaux et libres pour tous; qui chargerait le facteur de la viande à la criée de suivre le bœuf à l'abattoir, et de le vendre dans toutes ses parties au profit de l'envoyeur.

M. de Tourdonnet. — C'est l'idée que j'ai émise l'autre jour.

Nous avons voté un principe général de liberté que nous pouvons appliquer aujourd'hui comme nous voulons; nous avons admis le régime de la libre concurrence appliqué aux abattoirs sans nous prononcer pour aucun système de fonctionnement. M. Horace Say a dit qu'il ne comprendrait pas qu'il n'y eût qu'un seul et même adjudicataire, je suis enchanté de voir cette idée entrer dans les esprits. Nous désirons que la libre concurrence soit appliquée à la tuerie comme à la vente extérieure et intérieure. Cela n'empêchera pas, puisque vous n'enlevez pas les abattoirs à la municipalité, qu'il y ait un directeur des abattoirs, un caissier, un représentant des intérêts de la Ville, et qu'on perçoive un droit rémunérateur pour un service rendu au profit de la Ville.

M. Horace Say. — Ces agents existent; seulement ils n'ont rien à faire. On leur donnera quelque chose à faire dorénavant.

M. de Tourdonnet. — Quant à l'application, je me rallie à l'idée de M. Husson et de M. Say. Je crois que nous devons procéder par voie d'adjudication pour les tueries des abattoirs; on pourrait former des groupes d'échaudoirs : par là vous auriez une large concurrence, et vous n'auriez qu'à mettre dans le cahier des charges un maximum pour le droit d'abatage. La libre concurrence laissera, à tous ceux qui viendront, le droit de s'adresser à celui qui tuera et habillera le mieux, et cette concurrence fera baisser le prix.

Dans le cas où vous n'admettriez pas ce système, comme trop large, je demande que les expéditeurs aient plusieurs échaudoirs réservés où ils pourront se présenter dans les limites du cahier des charges et faire abattre à leur compte.

M. Delestre. — J'ai une observation à présenter sur la crainte témoignée par M. Husson. M. Husson a dit : Comme on aura la faculté d'aller abattre *extra muros,* vous trouverez *extra muros* des abattoirs dans lesquels on vous demandera un loyer infiniment moindre qu'à Paris.

Je concevrais l'objection avec les marchés devant rester à Sceaux et à Poissy ; mais, du moment où l'on rapprochera les marchés, il faudra tenir compte du déplacement de l'animal pour aller se faire abattre et du rapport de la viande abattue.

On peut aller dans un abattoir *extra muros,* parce qu'on croira avoir moins à dépenser ; mais on ne sera pas toujours sûr d'avoir des places ; ces abattoirs ne sont pas aussi grands que les nôtres, on ne voudra pas toujours courir les risques d'y aller. C'est une chance de plus pour les abattoirs de Paris.

On a dit que, d'après ce système il faudrait en quelque sorte des abatteurs-jurés ; on s'est demandé comment on réglementerait ces agents. C'est une très-bonne chose que de réglementer ; mais, quand on se préoccupe par trop des détails, on arrive à embrouiller les questions les plus simples. Il a été dit dans nos premières séances que le point capital était celui-ci : le producteur, pour envoyer à Paris, doit avoir autant de certitude que possible d'être payé de sa transaction. On a paru d'accord d'établir des facteurs-jurés qui seraient les *alter ego* des producteurs. Les producteurs seront libres d'employer ces agents ou d'autres personnes qui ne seraient pas facteurs, pour continuer la mission du facteur qui n'aurait pas vendu le bœuf ; je crois qu'il vaut mieux ne pas entrer dans tous ces détails.

M. de Torcy. — C'est plus commode.

M. Delestre. — Il y a quelque chose de beaucoup plus incommode, c'est de vouloir toujours se substituer, en toutes choses, à l'intérêt particulier qui est le meilleur juge des moyens à prendre pour arriver à ses fins.

Quant au maximum du droit d'abatage, je ne m'oppose pas à ce qu'on en fixe un ; mais cependant, parmi les abatteurs, il y en a qui sont, pérmettez-moi l'expression, plus ou moins artistes, c'est-à-dire, qui, d'une certaine qualité, savent tirer un plus grand profit. J'aimerai mieux donner quelque chose de plus à celui qui, sur une même quantité de viande, me rapportera un bénéfice plus considérable, que d'être obligé de me soumettre à tout individu qui aura le titre de juré et qui ne tirera pas aussi bien profit de ma marchandise.

M. Julien. — Ils sont limités par le nombre des abattoirs et des échaudoirs; par conséquent un tarif est absolument nécessaire.

M. Delestre. — La ville vous dit : J'établis des facteurs-jurés à qui je donne un certificat de moralité, et pas autre chose. Si vous n'avez pas d'autre agent, prenez celui que je vous propose.

Ainsi la concurrence ne cesse pas d'exister.

M. Husson. — Sur la question des abattoirs, je voudrais bien partager la sécurité de M. Delestre, mais elle n'entre pas facilement dans mon esprit. Il existe à Nanterre un abattoir établi par les charcutiers, par les marchands dits *gargots*, qui se sont entendus pour construire un hangar plus ou moins bien agencé et où ils abattent pour un prix minime; car il est fixé, je crois, à 15 centimes. Je ne mets pas en doute que ce qui existe pour Nanterre ne doive se produire pour la viande de boucherie, si vous transportez vos marchés près de Paris ; car vous les établirez dans la plaine des Batignolles ou de Montmartre, là où il y a des endroits libres pour la construction. Or je ne pense pas que l'autorité administrative puisse aisément refuser l'autorisation à une association de bouchers qui entreprendraient de former, aux abords du marché, un établissement analogue destiné à l'abatage des bestiaux. Quelque chose que vous fassiez, avec le régime de liberté dans lequel nous allons entrer, il se créera des moyens d'abatage qui seront infiniment meilleur marché que ne peuvent être les abattoirs de Paris, et, en conséquence, nos abattoirs seront désertés. Je considère donc comme perdu, ou à peu près, le revenu d'un million inscrit aujourd'hui au budget municipal.

M. de Tourdonnet. — Je ne saurais partager la crainte de M. Husson à propos des abattoirs de la Ville. Il nous parle de l'abattoir à porcs de Nanterre; voici pourquoi cet abattoir est préféré. Les deux abattoirs à porcs de Paris n'ont jamais été régulièrement établis; à l'heure qu'il est, ils ne le sont pas encore. L'effet des procès que je vous ai signalés se fait encore sentir. Il y a un antagonisme, avoué ou non, entre le directeur adjudicataire des abattoirs, qui les a encore pour trois ou quatre ans, et les charcutiers qui arrivent là. Je ne sais ce qu'il y a de vrai dans les réclamations des charcutiers contre l'adjudicataire, mais ils prétendent que les tueurs sont obligés de prendre une partie de leurs engins sur

leur dos, d'apporter leurs bottes de paille ; et, quand ils n'ont pas usé
toute leur paille pour brûler leurs animaux, qu'ils sont obligés de remporter le reste sur leurs épaules. C'est que les conditions ne sont pas
bien prévues.

M. Husson. — Il y a un cahier des charges.

M. Lupin. — Est-il exécuté ?

M. Husson. — Il ne peut pas ne pas l'être.

M. de Tourdonnet. — Le syndic de la charcuterie et dix autres charcutiers me l'ont dit et le disent hautement.

On ne peut pas arguer de l'abattoir de Nanterre contre ce qui se fait,
parce que les abattoirs de porcs ne sont pas régulièrement établis, ne
sont pas entre les mains de la municipalité de Paris.

Quand vous aurez bien organisé le service intérieur de vos abattoirs,
le tarif sera peut-être réduit, car il faut le faire pour lutter contre la
concurrence extérieure ; quand vous aurez des abattoirs parfaitement
aérés, préparés au service de la tuerie, vous aurez la préférence, vous,
ville de Paris, sur tous les autres abattoirs ; vous n'aurez pas un seul
abattoir privé qui puisse lutter contre vos abattoirs municipaux. Je ne suis
pas pour ce qui tend à augmenter les droits, je ne suis pas pour les octrois en principe ; mais, dans mon esprit, il n'y a pas d'abattoirs extérieurs qui puissent tenir contre les abattoirs municipaux, lorsqu'ils
seront bien organisés et libres ; et alors vous conserverez le million pour
la Ville, parce que vous aurez la tuerie de tous les animaux.

M. Husson. — M. de Tourdonnet nous a fait un tableau qui n'est pas
exact des abattoirs à porcs. Ils sont ce qu'ils seraient dans les mains de
la Ville. La concession sous l'empire de laquelle nous sommes a été dé-
libérée, dans toutes ses conditions, par le conseil municipal, et adoptée
après de longues discussions. Voilà trois ans qu'elle fonctionne ; l'état
qui existe maintenant est un état normal, et ce qui arrive doit être pour
vous un enseignement. Toutes les fois que vous avez voulu faire venir des
bouchers et des charcutiers dans les abattoirs publics nouvellement
créés, vous avez eu toujours des résistances. Le procès qui a lieu vient
de ce que deux ou trois charcutiers se sont mis en tête de conquérir,
pour leur propre compte, ce qu'ils appellent le monopole d'abatage
qu'avait le concessionnaire, d'après son marché. Ils se sont coalisés, sous
la protection du principe de liberté, pour entreprendre l'abatage à leur
profit sur une grande échelle. La Cour de cassation leur a donné gain de
cause, et ils en usent.

Mais quant à l'exploitation, je vous déclare que les abattoirs à porcs
sont de véritables palais, et que les charcutiers y trouvent cent fois plus

de facilités qu'ils n'en avaient dans les ignobles tueries de la rue du Cherche-Midi et du quai Jemmapes. Je ne crois pas que, quand la Ville sera en possession des abattoirs à porcs, la condition des charcutiers se trouve changée. Le droit de place qui y est payé est de 1 fr. 75 c. par tête, et ce droit est loin de couvrir la dépense qu'a faite la Ville.

M. de Tourdonnet. — Je n'insiste pas sur les détails que j'ai donnés, quoique je les tienne de personnes parfaitement placées pour me les donner. Ce que je voulais dire, c'est que les abattoirs de porcs ne sont pas aujourd'hui ce qu'ils pourront être quand ils seront rentrés à la Ville.

M. Husson. — Ce procès ne touche en rien à l'exploitation.

M. de Tourdonnet. — C'est justement pour les conditions d'exploitation que le procès a lieu.

M. Husson. — Il porte simplement sur ceci : Il y a dans le cahier des charges une disposition qui donne aux entrepreneurs le droit d'abattre pour ceux qui n'abattent pas par eux-mêmes ou par leurs agents munis d'un livret. Les charcutiers ont prétendu ne pas rester dans cette situation et faire abattre par qui bon leur semblerait. La Cour de cassation a donné gain de cause à cette prétention.

M. le Préfet. — Si vous mettez en pratique les principes de liberté, il est certain que quelques personnes y perdront, et la Ville peut-être aussi. Il m'importe peu de savoir où l'on ira tuer les animaux. Que la Ville gagne ou perde quelque chose à cette liberté, ce n'est pas la question; nous occupons-nous dans ce moment-ci de savoir si Poissy et Sceaux gagneront? Nous ne devons pas plus nous inquiéter si Paris, à ce point de vue de détail, gagnera. La ville de Paris gagnera si on lui donne de la viande à bon marché, et l'ensemble de la société y gagnera aussi. La recette des droits sur la viande aux portes de Paris l'indemnisera, et au delà, de la perte qu'elle pourra faire sur les abattoirs.

M. Lupin. — Je vais répondre à la préoccupation naturelle de M. Husson en faveur de la ville de Paris. D'une part la discussion qui s'est élevée sur les abattoirs aux porcs est inutile; ils ne peuvent servir d'exemple; ils montrent une chose seulement, c'est qu'il y a un cahier des charges fort bien fait qu'on n'exécute pas. Nous sommes réunis ici précisément parce que des ordonnances qui ont force de lois n'ont pas été exécutées; s'il y avait eu exécution de tout ce qui est écrit, nous ne serions pas ici pour réformer le commerce de la boucherie.

M. Husson. — Il y a exécution des conditions imposées pour l'exploitation des abattoirs aux porcs.

M. Lupin. — On ne peut invoquer l'exemple de l'abattoir aux porcs.

L'unique préoccupation de M. Husson a été en faveur du million de la Ville. La Ville va avoir un accroissement de revenu, si elle loue encore ses abattoirs après qu'elle aura fait payer, comme aujourd'hui, le prix d'un service qu'elle ne rend pas.

M. Husson. — Permettez-moi de rectifier un fait. Les 2 centimes que rapporte le droit d'abatage pour la boucherie de Paris, ne sont pas compris dans le droit d'octroi; il n'y a que la protection, c'est-à-dire la surtaxe que paye la viande qui vient de l'extérieur, qui y soit comprise.

M. Lupin. — Dans le droit d'octroi il y a le droit d'abatage, car on paye un total de 12^c,34 qui se décompose par 9^c,40 de droit, le décime en sus, et le droit d'abatage et de caisse de Poissy pour 2 centimes.

M. Husson. — Voilà le tarif : je le répète, les 2 centimes afférents à l'abattage pour la boucherie de Paris, ne sont pas compris dans le tarif d'octroi.

M. Lupin. — Comme vous percevrez ce droit d'abatage même lorsque vous ne prêterez pas vos abattoirs, puisque la viande à la main paye 12 cent. 32, si on n'abattait rien du tout dans vos abattoirs, et si la viande était toute à la main, la Ville percevrait exactement le même revenu; elle est donc désintéressée dans son tarif.

M. Husson. — Si vous voulez m'assurer le maintien du tarif tel qu'il est, mon argument tombe certainement.

M. Lupin. — Je crois que l'intérêt bien entendu de la Ville serait de diminuer son droit parce que le consommation augmenterait d'autant plus. Il est élémentaire que, quand on fait abaisser le prix de revient d'une denrée dont la consommation est très-élastique, et la viande en est une, on fait augmenter la consommation.

La Ville a fait construire un abri pour la vente à la criée, et elle a imposé, je ne sais dans quel but, à tout ce qui n'entre pas dans les abattoirs, des charges supplémentaires. Ainsi, après avoir fait payer un droit de factage pour ce qui vient à la criée, elle fait payer un centime pour droit d'abri. Il semble qu'elle veuille recevoir le prix de son bâtiment dans l'espace de six à huit mois.

M. Husson. — Quand nous en serons là, je vous prouverai que le centime perçu représente à peine la dépense de la Ville.

M. Lupin. — Si la Ville fait des dépenses exagérées, comme il lui arrive pour faire des palais pour les porcs, comme vous le disiez tout à l'heure, si elle dépense 18 millions pour les abattoirs, y a-t-il nécessité pour le producteur de payer ces frais d'architecture? Non-seulement la Ville recouvre une très-grosse somme pour cet abri qu'elle a fait, mais il est constaté qu'il y a quelque chose comme 3 millions d'augmentation dans la consommation de la viande. S'il n'y avait pas eu de vente à la criée, il y aurait eu ces 3,500,000 kilogrammes de moins de consommés dans Paris; par conséquent les droits d'octroi étant augmentés de 5oo,ooo francs dans une année, elle peut dire qu'elle doit ce revenu au nouveau mode de vente qu'elle a établi.

M. Husson. — L'augmentation porte, pour partie, sur la boucherie de Paris, c'est-à-dire, sur la viande sortie des abattoirs.

M. Lupin. — Cette augmentation de consommation a eu lieu de deux manières : par ce nouveau mode et par l'abaissement général du prix, non-seulement à l'endroit même de la vente à la criée, mais dans la boucherie; car on n'a obtenu de diminution dans les étaux de Paris que par la concurrence de cette criée.

Quand la viande se colportera comme la volaille, il y aura encore une grande augmentation de consommation.

Ce qui amènera l'abaissement du tarif pour la Ville, c'est la nécessité de ne pas faire payer à la viande basse un droit plus fort qu'à la viande de luxe. Aussi, dans l'état actuel, un franc de basse viande paye infiniment plus, paye le double de ce que paye un franc de volaille. C'est ce qui nous amène à demander le droit *ad valorem* autant qu'il sera possible à établir pour tout ce qui sera vendu à la main; je ne sais par quel moyen on pourrait faire ce qu'on fait à la frontière; nous avons une véritable frontière intérieure par les murs d'octroi, il pourrait y avoir un droit de préemption.

M. Horace Say. — Ne nous faites pas cadeau du droit de préemption; c'est déjà beaucoup trop de l'avoir pour la laine.

M. Lupin. — Je sais bien que ce serait difficile à appliquer.

J'arrive aux échaudoirs. Il me semble qu'il n'y a pas d'inconvénient à nous rapprocher de l'état actuel. On peut louer chaque échaudoir séparément; on peut même interdire qu'il y ait deux échaudoirs réunis sur le même individu. La boucherie régulière qui existe aujourd'hui existera encore demain, elle aura besoin d'échaudoirs: elle aura assez de consommation pour employer la plus grande partie des échaudoirs pour ses bestiaux, et c'est ce qui fera rentrer la Ville dans ce million qui tient tant à cœur à M. Husson. Les échaudoirs seront donc loués, la plus grande partie à des bouchers de Paris, une autre partie à des entrepreneurs qui seront dans la position de ceux qui abattent aujourd'hui dans les abattoirs forains, dans la banlieue. Ils seront chargés par les expéditeurs, non-seulement de faire abattre, mais de suivre la vente faite par des facteurs-jurés qui vendront en même temps le cuir et le suif, et qui en tiendront compte. Cela est très-acceptable ; car, dans la pratique, le droit de commission consiste à prendre les parties qui ne peuvent profiter à personne qu'à l'entrepreneur, comme la tête et les pieds ; cela est très-avantageux pour le producteur, puisque le prix payé pour abattre son animal sera nul.

M. Husson. — Ce ne sera pas avantageux pour la Ville.

M. Lupin. — La Ville, ayant loué ses abattoirs, est désintéressée dans la question. Maintenant, peut-être les louera-t-elle meilleur marché si elle veut confondre, comme elle le fait aujourd'hui pour d'autres choses, dans un droit d'octroi des taxes qui ne sont en aucune façon des droits d'octroi, comme elle fait payer le droit de la caisse de Poissy par ceux qui ne s'en servent pas, c'est-à-dire par les 9/10es. Je crois que, quand nous en serons à l'abaissement des octrois, il y aura à voir si les viandes salées, par exemple, qui sont plutôt destinées à la classe peu aisée qu'à la classe ordinaire, ne doivent pas être exemptées d'un double droit comme celui auquel elles sont astreintes, mais cela est dans un autre ordre d'idées. Pour les abattoirs et les échaudoirs, voilà tout ce que j'avais à dire.

M. de Tourdonnet. — La question des abattoirs est à peu près vidée. M. le Préfet a fait une nouvelle rédaction qui résume la discussion qui vient d'avoir lieu.

M. le Préfet. — Voici la rédaction : « L'exploitation des abattoirs de Paris sera mise en harmonie avec les principes de liberté qui ont été proclamés par la Commission. En conséquence, quel que soit le mode de fonctionnement adopté par l'administration, les possesseurs d'animaux ou leurs mandataires auront le droit et la faculté de faire abattre à leur compte, dans les abattoirs, les animaux qu'ils y présenteront. »

(Après quelques paroles échangées, la Commission décide que le secrétaire lui présentera une rédaction nouvelle dans la séance suivante.)

M. le Préfet. — Il faut maintenant que nous discutions la question de savoir si la viande arrivant abattue de tous les points, pourra être vendue sur le marché aux bestiaux.

M. de Tourdonnet. — Nous sommes arrivés à nous occuper de ce que deviendra la viande abattue partie directement des lieux de production, ou une fois abattue dans les abattoirs. La viande une fois abattue est égale devant le consommateur. La question des marchés intérieurs et de la viande abattue se présente, ici, en son lieu et place. D'après tout ce qu'on a dit dans les réunions que nous avons eues, il est évident que vous voulez laisser à tout expéditeur le droit de vendre sa viande sous la forme qui lui plaira le plus.

M. le Préfet. — Permettez-moi de préciser la question : Vous parlez sur la question générale de la vente de la viande arrivant des provinces. Les marchés de bestiaux se trouvent en dehors de l'octroi de Paris ; vous avez le droit d'en faire ce que vous voudrez. Il est entendu qu'après avoir fait tuer, habiller vos bestiaux, vous avez encore le droit de les vendre, de les entrer dans Paris ; à l'abattoir, de les vendre à l'amiable, mais pas à la criée. Quand vous entrerez votre viande dans Paris, vous serez obligés de l'amener, si elle n'est pas vendue, à la vente de la criée centrale. Vous aurez aux marchés du dehors la bourse des bestiaux, et ce marché central, ce sera la bourse de la viande. Voilà notre projet.

M. de Tourdonnet. — Vous préjugez la question en disant que vous n'admettez plus qu'un marché intérieur pour la viande abattue : c'est précisément cette question-là que je discute.

M. le Préfet. — Je demande qu'il soit bien entendu que, dans notre projet, nous ne permettons la vente de la viande à la criée que sur un point.

M. de Tourdonnet. — Nous avons été d'accord sur la nécessité de n'avoir qu'un marché de gros et demi-gros. La question que je soulève, dans l'intérêt de la production, de la consommation et du bon marché, c'est de savoir quelle sera la meilleure chose, de vendre en gros et demi-gros, ou sur le marché extérieur, ou dans les abattoirs, ou sur un seul marché intérieur.

Si vous n'avez qu'un seul marché intérieur, central, où j'aie le droit d'envoyer ma viande sans pouvoir la faire ressortir, vous me placez dans un état d'infériorité à l'égard de ceux qui amèneront la viande sur pied ; vous faites que la production a intérêt à expédier le moins possible dans l'intérieur. Vous faciliterez, au contraire, l'approvisionnement de Paris si vous me donnez, en droit et en fait, la même faculté de drawback qui existe à l'abattoir.

M. Horace Say. — C'est une erreur ; il n'existe pas de drawback à l'abattoir ; c'est comme si vous disiez qu'il y a un drawback sur la route de la Chapelle. Le drawback, c'est le remboursement d'un droit reçu : comme on n'a pas reçu de droit, on n'a pas à le rendre ; seulement, on ne vous en demande pas si vous ne voulez pas entrer dans les murs d'octroi.

M. de Tourdonnet. — Je ne discute pas la question légale, je discute surtout la question de fait.

Quand vous faites abattre dans l'abattoir, vous avez le droit d'entrer dans Paris en acquittant le droit à la porte de l'abattoir, comme vous pouvez sortir sans acquitter ce droit. Si vous me forcez à entrer dans l'intérieur de Paris, évidemment je n'ai plus cette faculté. J'ai acquitté le droit par ce seul fait que j'ai franchi la barrière. Supposez qu'il n'y ait pas similitude, mon raisonnement reste le même : je demande droit égal pour tous, drawback pour tous. J'ai été m'informer dans les bureaux de la préfecture, à l'octroi, partout; il m'a été démontré qu'une fois la viande rendue au centre de Paris, il serait excessivement difficile de donner le drawback; qu'il faudrait des accompagnateurs, qu'il faudrait établir des convois sortant à heures indiquées, que cela encombrerait la voie, qui l'est déjà assez; et qu'avec l'augmentation de personnel, le droit actuel ne suffirait pas.

Logiquement, comme j'ai besoin de ce drawback; comme, au point de vue de l'approvisionnement de Paris qui ne se sépare pas de mon intérêt, car c'est la confiance que vous me donnez dans la facilité du placement et l'abaissement des droits qui m'attirent vers Paris et qui assurent votre approvisionnement, je me suis dit : Puisque, dans la pratique, il est difficile d'appliquer le drawback, il faut que je cherche un remède à ce mal; et alors je suis arrivé à demander qu'il y eût hors Paris, non pas dans le local même des marchés sur pied, non pas en concurrence, si vous ne le voulez pas, mais dans un espace voisin, un marché en gros et demi-gros où viendraient s'approvisionner, en viande abattue, tous les acheteurs directs et tous les bouchers de Paris.

Je demande aussi que le marché soit quotidien; parce que, si vous avez un marché extérieur quotidien, un jour au nord et un jour au midi, vous offrez aux acheteurs une grande concurrence. Vous ne serez pas plus éloignés des acheteurs, qu'à l'intérieur de Paris, et vous éviterez l'inconvénient d'un marché au centre de Paris, qui favorise essentiellement le quartier central au détriment des quartiers placés à la circonférence.

Je crois qu'il ne doit y avoir qu'un marché par jour, de la viande en gros et demi-gros. Toute la question, pour moi, est dans l'emplacement. Je vous offre la viande abattue hors barrière, vous ne la voulez pas; je vous l'offre à l'abattoir, vous la refusez. Vous me campez à l'intérieur, je vous dis les difficultés que je rencontre, et je vous demande si vous ne devez pas modifier cette idée absolue d'un marché central sans drawback.

M. Delestre. — La question est un peu complexe. Jusqu'à présent, tous les intérêts se trouvent communs : les intérêts des producteurs, des consommateurs, je dirai presque ceux de la ville de Paris, parce que, si elle perd quelques revenus, la plus grande quantité de viande consommée compensera peut-être cette perte. Cette question est plus personnelle à MM. les producteurs. On conçoit que, dans leur intérêt, ils ne veuillent pas être obligés de rester dans une impasse, et de donner leur denrée au prix qu'on voudra leur offrir. Peut-être y a-t-il un moyen terme. Je suis convaincu qu'au lieu d'un entrepôt officiel, appartenant à la Ville, il y aura des entrepositaires libres. Les producteurs disent : si nous savions qu'à la halle à la criée nous puissions avoir un prix convenable de nos denrées, nous les enverrions; mais nous l'ignorons; nous pouvons arriver dans un mauvais moment. Eh bien, s'il existe de ces entrepositaires libres, on pourra leur adresser la viande abattue avec l'ordre, si la viande abattue est en faveur à la criée, de vendre à la criée; sinon de la diriger sur un autre endroit. Si on faisait entrer la viande dans la ville, on pourrait la vendre à l'amiable ou à la criée. Mais il faudrait en opérer la vente dans l'intérieur. Dans ces transports, elle aura perdu un peu de son poids, et par conséquent de sa valeur.

M. de Tourdonnet. — On ne pèserait pas, on rendrait le bulletin d'entrée.

M. Delestre. — Vous voyez dans quelles difficultés pratiques on se jette; tandis que des entrepositaires libres pourront rendre le même service que rendrait un entrepôt officiel.

Maintenant il y a une autre question très-importante : n'y aura-il qu'un marché central à la criée? C'est déjà presque un petit monopole au profit du quartier dans lequel se fera la vente à la criée. Il y a un intérêt immense, surtout pour la ville de Paris, à établir des concurrences partout. Or, qu'arrivera-t-il? Les quartiers dans la circonscription desquels se trouvent renfermées les plus grandes fortunes, auront la viande à meilleur compte que les quartiers excentriques, comme le 12ᵉ, le 8ᵉ arrondissement, où l'ouvrier, s'il faut aller à la halle centrale, pour faire une concurrence utile à son ménage, avec le boucher qui est à sa porte, est obligé de tenir compte des heures à dépenser, sur sa journée ou sur la journée de sa femme qui a besoin de soigner les enfants. Je conçois parfaitement une halle centrale où l'on ne vendra qu'en gros et demi-gros, où les revendeurs, soit bouchers, soit colporteurs (car j'admets le colportage de la viande comme le colportage des poissons), pourront aller s'approvisionner. Mais, plus tard, l'autorité jugera sans doute nécessaire d'établir des marchés à la criée beaucoup plus à la portée des petits consommateurs; elle fera pour la viande ce qui a eu lieu pour la halle aux légumes; il existe des succursales, comme à la rue de Sèvres, à la place Beauveau, comme on a l'intention d'en faire bientôt au champ des Capucins et au faubourg du Roule; succursales qui permettront aux habitants de ces quartiers, d'avoir directement sous la main une concurrence avec les vendeurs de la localité.

M. Husson. — Ce que demande M. Delestre existe aujourd'hui. Il y a des étaux de boucherie dans la plupart des marchés de Paris.

M. Delestre. — Ce n'est pas la criée.

M. Husson. — Cela existera encore plus complétement, quand nous aurons achevé le système qui consiste à établir successivement des étaux dans les marchés qui n'en ont pas. Mais je crois que la question de savoir si on peut appliquer la criée à la vente de la viande au détail a besoin d'être étudiée de très-près, et je ne pense pas que ce mode soit praticable; à cause du choix des morceaux, de la manière dont ils doivent être coupés; on a besoin alors d'un examen minutieux qui ne pourrait avoir lieu à la criée. D'ailleurs, cette question se présentera pour toutes les denrées, et, quand vous arriverez à cet examen, vous verrez que cela est impossible.

M. Delestre. — S'il y avait le colportage, je considérerais la vente à la criée comme moins utile dans les marchés secondaires.

M. Husson. — Le principe de la liberté se trouve acquis.

M. Lupin. — Je me réunis à l'opinion de M. Husson quant à l'exclusion de la vente à la criée pour le détail; ce n'est pas praticable. Nous avons le colportage, nous mettrons des places de bouchers forains multipliées dans les marchés actuels; il y aura une suffisante concurrence, surtout si nous faisons attention qu'il ne s'agit plus d'un système de monopole qui devra donner à un prix fictif, à un prix plus élevé qu'il ne devrait être, qu'il s'agit de liberté commerciale. Si nous avons voulu avoir une grande liberté pour le commerce de la boucherie, il ne faut pas non plus, à l'aide de moyens fictifs, forcer la consommation.

M. le Préfet. — Comment comprenez-vous que le colportage est acquis?

M. Lupin. — Dans notre projet, le colportage se trouve compris dans les moyens de présenter les marchandises.

M. Husson. — On pourra transporter à domicile: je ne parle pas du colportage sur la voie publique.

M. le Préfet. — Il est impossible qu'on transporte la viande sur les petites charrettes, comme des légumes ou des poissons; voulez-vous que je laisse dépecer la viande, la peser sur la voie publique? Je vais vous mettre bientôt d'accord en interdisant toute espèce de colportage, de manière que le commerce se fasse dans les boutiques, qui supportent, elles aussi, toutes les charges municipales, et qui ont droit à la protection de la Ville.

M. Lupin. — Si le colportage était conservé pour d'autres denrées, je ne vois pas comment on pourrait l'interdire pour la viande; si on l'interdit pour les autres denrées, la viande rentre dans le droit commun.

M. de Torcy. — C'est le colportage qui a été l'idée mère de toutes les idées de liberté qu'on veut appliquer aujourd'hui, et vous iriez le supprimer?

M. Lupin. — Si M. le Préfet, qui a la police des voies publiques, trouve qu'il y a inconvénient dans le colportage, et l'interdit, il n'y a rien à dire; mais, si on le conserve pour d'autres denrées, on ne peut l'interdire pour la viande.

La vente à la criée en gros et demi-gros, malgré des difficultés factices, a amené l'abaissement du prix. Cependant, dans la pratique, il ne faut pas chercher un mode de vente plus que l'autre, et, dans l'état actuel, avec tous les centimes qu'on y met, ce mode ne peut supporter la concurrence de la vente ordinaire. Ce qui prouve encore que la vente à la criée a eu un certain effet, c'est que les états qui sont arrivés à la préfecture de police, montrent qu'une grande partie des envoyeurs de la vente à la criée, sont de petits bouchers des environs de Paris, qui ont trouvé moyen d'acheter sur les marchés de Sceaux et de Poissy, de débiter leur viande chez eux, de vendre leur viande à la criée, et de livrer la marchandise non pas à des consommateurs, mais à de petits bouchers, à un plus bas prix que ces petits bouchers ne pouvaient l'obtenir dans les abattoirs, à la cheville. Ils ont donc montré qu'il y avait une grande marge dans le bénéfice des bouchers; et encore ils supportent un droit d'environ 4 centimes par kilogramme, qui n'incombe pas aux bouchers de Paris : 1 pour droit d'abri et 3 pour droit de criée, de pesage et de garage, sans compter la déperdition qu'il y a sur la viande quand elle arrive là. En définitive, le mode de vente à la criée a été d'une grande utilité. Je demande s'il ne serait pas possible, pour obvier à cet inconvénient de ne pouvoir ressortir la viande, d'établir deux marchés, c'est-à-dire, de faire le matin une vente à la criée à l'extérieur, et, dans la journée, une à l'intérieur.

M. le Préfet. — Plus vous diviserez l'attention de l'acheteur, moins vous aurez d'avantages pour vendre, vous producteurs; si vous avez un marché à la criée sur la rive gauche, un marché sur la rive droite, et, en outre, un marché central, les acheteurs ne sauront plus où aller.

M. de Tourdonnet. — J'ai commencé par adopter d'une manière absolue le marché unique quotidien; je ne voudrais pas que le nombre des marchés fût trop étendu, parce que vous arriveriez à une baisse de prix telle, que vous n'auriez plus la sécurité de votre approvisionnement en dégoûtant les expéditeurs. Si vous aviez deux, trois marchés à la même heure pour la viande en gros et demi-gros, l'un des marchés, par sa position, par le voisinage des quartiers plus populeux, prendrait faveur sur l'autre, et il y en aurait un qui serait déprécié et auquel les expéditeurs ne se rendraient pas. Vous n'auriez par le fait, et forcément, qu'un seul et même marché.

La question revient tout entière telle que je l'ai posée en commençant. Le marché sera-t-il intérieur ou extérieur? S'il est intérieur, vous ne pouvez échapper à la nécessité d'accorder au producteur le droit de sortir sa viande quand il ne l'aura pas vendue. Je reconnais que ceci est très-difficile en pratique; je ne dis pas impossible, rien n'est impossible en l'organisant sérieusement. M. le Préfet reconnaît la nécessité de nous laisser vendre dans Paris ou hors Paris; un de ces Messieurs ayant proposé un entrepôt libre hors Paris, je crois que l'idée a fait un pas. La question revient à ceci : Cet entrepôt sera-t-il libre ou surveillé par la ville de Paris? S'il est libre, qu'est-ce qui le fera? les producteurs? Les producteurs prennent tout ce qu'ils trouvent, et ils ne le font pas eux-mêmes; ils sont trop loin les uns des autres, ils ne comprennent pas la solidarité des intérêts. Ce sera donc un spéculateur? Si vous vous en rapportez à un spéculateur, il arrivera une infinité d'abus que vous aurez de la peine à déraciner. Plus la question s'avance, plus je vois la nécessité d'avoir un entrepôt sous la surveillance de l'administration, avec des facteurs à la criée comme dans l'intérieur. Je le voudrais près de la barrière. On entrera dans Paris toutes les fois qu'on en aura besoin; votre approvisionnement est assuré par les facilités que vous nous donnez. Si nous n'avons pas un entrepôt, et si nous sommes obligés d'entrer dans Paris sans sécurité de placement, nous ne choisirons peut-être pas Paris; nous irons dans d'autres villes qui nous donneront de meilleures conditions. Vous compromettez l'approvisionnement de la capitale.

Je crois que nous devons nous en tenir à cette idée : donner toutes les facilités possibles aux vendeurs, toutes les fois qu'elles ne compromettent pas la salubrité. Vous pouvez surveiller toute viande qui arrive à Paris. Vous admettez la viande abattue à un marché intérieur; vous ne pouvez donc pas arguer de la question de salubrité contre les viandes abattues.

Ainsi toute la question est une question d'emplacement de marché. Dans l'intérêt commun, doit-il être en dehors ou en dedans? Je suis pour que le marché soit en dehors de Paris, près de la barrière; qu'il n'y en ait qu'un seul par jour; qu'on y vende en gros et demi-gros, avec des facteurs sous la surveillance de l'administration, et dans une dépendance du marché sur pied, sans y être mêlé. Vous levez ainsi toutes les difficultés, vous donnez confiance à l'envoyeur, et vous assurez l'approvisionnement de Paris.

M. Husson. — M. de Tourdonnet paraît satisfait du moyen qui s'offre pour lui de vendre hors de la ville dans un marché placé à l'extérieur. Mais il y a, en outre, dans les communes des environs de Paris, immédiatement à la porte de Paris, des marchés publics où fonctionne un approvisionnement assez important. Vous avez vu dernièrement la com-

mune des Batignolles créer une vente à la criée pour le beurre; il pourra
en être de même pour la viande. Les producteurs seront libres d'amener leur viande sur ces marchés, s'ils y trouvent le uravantage. Vous êtes
sous le régime de la liberté : vous avez détruit le monopole. Cet entrepôt libre dont parlait M. Delestre, il sera loisible aux producteurs ou à
un spéculateur de l'établir aux portes de Paris. On pourra y former de
grands magasins de viande.

M. de Tourdonnet. — Mais ce n'est pas la criée; la criée ne peut exister
sans l'intervention administrative.

M. Husson. — Vous aurez la liberté d'établir des entrepôts particuliers.
Pour la vente à la criée, vous aurez tous les marchés de la ceinture de
Paris qui vous ouvriront leurs portes avec empressement. Quant à avoir
un entrepôt à l'intérieur, un entrepôt municipal, comme le voudrait
M. de Tourdonnet, cela est impossible.

M. de Tourdonnet. — Il existe à l'heure qu'il est. Le marché à la criée
des Prouvaires est un marché municipal.

M. Husson. — Il ne peut exister comme entrepôt. Un entrepôt implique une certaine responsabilité pour celui qui reçoit la marchandise.
Or, que pourrait être la responsabilité d'un conservateur, appliquée à
des denrées qui se gâtent comme la viande? La Ville repousserait de
toutes ses forces cet entrepôt.

Il ne faut pas nous préoccuper outre mesure du point que traite ici
M. de Tourdonnet. Il y a aujourd'hui un marché central établi dans le système de l'approvisionnement général de la ville de Paris, pour le poisson,
le beurre, pour toutes les denrées; la viande ne peut donc obtenir un
autre régime. Elle aura toutes les facilités que n'a pas le poisson de mer,
par exemple; elle pourra s'établir à l'extérieur, avoir ses criées sur toute
la ceinture de Paris. En conséquence, je proposerai de passer outre et
de voter sur cette question d'entrepôt; selon moi il n'y a pas lieu d'exprimer un vœu à cet égard, et il faut s'en remettre ici aux effets du
régime de la liberté, pour produire tout le bien que nous devons en attendre dans l'intérêt de la consommation.

M. Lupin. — Nous ne forcerons pas la résistance de la ville de Paris
pour l'établissement d'un entrepôt à l'intérieur. Si on avait un entrepôt
possible à l'intérieur, les projets de M. de Tourdonnet me paraîtraient
très-bons; mais, si nous trouvons là un obstacle insurmontable, nous
pourrons peut-être obtenir une vente à la criée, le matin par exemple,
hors Paris, et puis, à deux heures, une vente à l'intérieur, des marchandises qui seraient pour la consommation de Paris. La consommation
est augmentée considérablement. A l'heure qu'il est, il ne peut pas se
vendre une plus grande quantité de marchandises, quand même il en

arriverait le double, le triple ; vous serez obligés d'avoir ou deux ou trois facteurs qui crieront en même temps ; ce sera trois marchés : vous diviserez la concurrence des consommateurs en ayant deux ou trois criées simultanées ; et, d'ailleurs, faire sur le marché deux ou trois criées ou avoir plusieurs marchés, c'est exactement la même chose.

Dans ce système, on vendrait le matin, je suppose, hors Paris, la marchandise qui serait offerte par les petits bouchers, et, pour celle qui ne serait pas vendue, on aurait, à deux heures, un marché à l'intérieur de Paris.

M. Baube. — Il y a quatre criées pour la vente du beurre. Il y en a également plusieurs au marché des Prouvaires, pour la vente de la viande. Vous voyez donc qu'il n'est pas impossible de faire plusieurs criées pour une même denrée.

M. Delestre. — J'ai émis tout à l'heure cette opinion qu'on pouvait autoriser des entrepositaires libres. Je prévois l'objection de M. de Tourdonnet : il n'y a pas de garanties. Ne pourrait-on pas procéder comme pour la vente des meubles avec les commissaires-priseurs ; vous aurez des facteurs-jurés qui se transporteront tantôt à la barrière du Maine, tantôt chez tel entrepositaire pour faire une vente à la criée, et qui régulariseront, qui donneront une sanction légale, en quelque sorte, à l'acte qui aura été fait.

De cette façon, la production est parfaitement à son aise. Des intérêts privés s'empareront de l'idée et ne manqueront pas d'établir des entrepôts libres où ils appelleront un commissaire juré-vendeur qui fera la vente à la criée, comme nous avons des commissaires-priseurs qui font vendre les meubles à domicile, quand on ne veut pas les transporter aux salles ordinaires des ventes mobilières.

M. Husson. — Ce n'est pas applicable aux denrées.

M. Delestre. — Nous avons dit que nous supposions qu'il n'y avait rien d'établi, et que tout était à faire. Je reste dans cette hypothèse.

Quant à créer *extra muros* un entrepôt aux frais de la ville de Paris, et sous sa surveillance, il y a des difficultés énormes, tandis que je n'en vois pas dans un entrepôt libre.

M. Baube. — M. Lupin reconnaît l'impossibilité d'établir un entrepôt municipal. Mais, en supposant même que la Ville voulût bien établir cet entrepôt que demande M. de Tourdonnet, est-ce que c'est elle qui, par ses agents, pourra faire expédier sur telle ou telle localité, vendre à tel ou tel prix ? Vous voyez donc bien qu'en supposant l'entrepôt créé, il serait indispensable que les producteurs eussent à Paris des mandataires pour exécuter leurs ordres. Ce mandat, ils peuvent très-bien le conférer à un entrepositaire libre.

M. de Tourdonnet. — C'est mon but. Mais ce que je demande ici, c'est que le mode de la criée soit appliqué à l'extérieur.

M. Husson. — Il faut laisser à la liberté le soin de l'établir.

M. Horace Say. — Il ne s'agit ici que des marchés. La question soulevée par M. de Tourdonnet est celle-ci : La Ville aura-t-elle un marché de viande à la criée dans un lieu ou dans un autre? Il est dans l'intérêt de la consommation, pour que la marchandise soit à la portée du consommateur, qu'il y ait un marché central de vente à la criée.

On dit : Il est impossible d'accorder le droit de sortie avec remboursement du droit d'octroi, pour ce qui ne sera pas vendu sur ce marché. Le prix courant s'établit tous les jours, on a une moyenne; si on ne veut pas arriver sur ce marché, on peut en aller chercher un autre. La Ville, pour encourager l'apport, pour faciliter la possibilité d'entrer, ouvrira-t-elle un marché à la criée près des marchés de viande sur pied? Il ne faut pas, sans doute, le mettre dans le marché même, et montrer aux animaux vivants les animaux morts. Mais on peut avoir une vente à la criée sur tous les points environnant les murs, aux endroits qu'on jugera le plus convenables, à la proximité des chemins de fer pour que la viande puisse y monter, à la proximité des abattoirs, c'est ce qu'il y a de plus naturel, des abattoirs où il s'abat le plus de bestiaux, pour ne pas les multiplier. Ces ventes à la criée n'auraient pas lieu tous les jours, mais tous les deux jours; non pas à la même heure, mais plus tôt que le marché de Paris, pour qu'on puisse envoyer à l'intérieur la viande qui ne serait pas vendue.

Il faut retrancher ce mot d'entrepôt, car jamais on n'entreposera la viande; et, si on l'entreposait quelque part, ce serait dans l'abattoir, où elle peut rester quelques heures de plus.

M. le Préfet. — Si vous établissez deux marchés simultanés, il n'y en aura jamais qu'un qui sera bon; l'un absorbera l'autre dans la pratique.

M. de Tourdonnet. — C'est le marché intérieur qui serait écrasé par le marché extérieur.

M. Horace Say. — Dans la pratique, voici ce qui arrivera. Le marché intérieur ne sera pas pour la vente de la totalité des denrées, il établira des prix courants, et vous aurez des demandes pour l'extérieur d'après ces prix courants. On vous dira : La viande est à bas prix; dirigez-en sur Amiens, sur Saint-Quentin. Vous aurez plus d'avantage à l'envoyer là que d'envoyer sur le marché intérieur. Les ventes de marchandises qui se font aux enchères par les courtiers sont de la même nature; elles dirigent les transactions au dehors.

M. Lupin. — Le marché aura lieu hors barrière, on ira acheter un bœuf; le boucher qui l'aura acheté dira : Je coupe mon bœuf de telle manière, je ne vends à la banlieue que les bas morceaux, et j'envoie à Paris tous les bons morceaux. Les bons morceaux sont frappés d'un droit que j'estime 10 p. o/o; les bas morceaux d'un droit de 20 p. o/o; il est tout naturel que les bons morceaux entrent dans Paris et que les bas morceaux restent en dehors.

M. Baube. — De même que le prix est déterminé par la demande, de même on dirigera les morceaux sur Paris suivant les besoins.

M. de Tourdonnet. — Je me rallie complétement à l'opinion de M. Horace Say pour le marché extérieur, en spécifiant le mode facultatif de la criée. Que vous regardiez le marché intérieur comme indicateur des prix, comme faisant le cours, c'est très-bien; mais qu'en ayant la faculté de n'entrer que les morceaux dont nous trouvons la vente dans Paris, nous ayons également la faculté d'expédier au loin et de vendre à la criée, sur les marchés spéciaux, les morceaux qui ne seront pas vendus à l'amiable.

M. de Kergorlay m'a chargé de le représenter dans cette opinion. M. Lupin se rallie à moi, et je me fais de fort l'opinion de M. Delestre qui a soulevé la question.

M. Husson. — Le marché extérieur ne peut être un marché municipal; il n'est pas dans la ville.

M. Delestre. — C'est un marché à la criée, à cheval sur le mur d'octroi.

M. Lupin. — Comme l'abattoir, comme le marché sur pied.

M. Husson. — Il me semble qu'il y a un grand inconvénient, au point de vue de l'approvisionnement de Paris, à établir deux ventes à la criée pour la même denrée. On viendra nous demander la même faveur pour le poisson ou pour le beurre. Je crois que nous compromettrions, par une telle mesure, l'approvisionnement, et que nous risquerions de voir augmenter les prix au moment où les arrivages ne seraient pas abondants. Il faut donc, de toute nécessité, maintenir une seule criée.

M. le Préfet. — Les deux marchés à la criée ne résisteront pas à la pratique : le marché extérieur se fera à l'amiable sur le prix courant du marché intérieur, c'est évident.

SÉANCE DU 12 MAI 1851.

M. le Préfet. — Voici le résumé de notre discussion de samedi. Nous avons résolu ceci :

« L'exploitation des abattoirs de Paris sera mise en harmonie avec le régime de la liberté qui a été consacré.

« En conséquence, tout propriétaire d'animaux jouira, comme les bouchers, du droit d'abattre son bétail, soit par lui-même, soit par un mandataire, aux conditions déterminées par l'administration municipale. »

M. de Tourdonnet. — Cela ne rend pas le sens de la phrase que j'avais demandée.

M Lupin. — Il me semble que nous avons à peu près décidé qu'on mettrait en adjudication les abattoirs.

M. Delestre. — Je me suis opposé vivement à l'adoption de cette proposition ; il n'y a eu rien de décidé à cet égard.

M. Lupin. — Alors nous n'avons pas achevé cette question-là. Il avait été dit que les abattoirs seraient loués ; supprimez le mot *adjudication* si vous voulez, quoique je ne voie pas trop quel autre mode on emploiera. Il avait été convenu qu'on louerait chaque échaudoir aux bouchers de Paris, qui seraient naturellement les premiers adjudicataires ; qu'on s'arrangerait pour qu'il n'y ait pas deux échaudoirs dans la même main, et qu'il y aurait des échaudoirs réservés pour les producteurs.

M. Delestre. — Je crois qu'il faut rendre la disposition parfaitement claire en disant : Toute personne pourra abattre et débiter de la viande à l'échaudoir en se conformant aux règlements.... sans expliquer que c'est le vendeur.

M. de Tourdonnet. — Je préfère cela.

M. le Préfet. — Voici le changement que j'ai fait :

« En conséquence, tout propriétaire d'animaux jouira, comme les bouchers, du droit de faire abattre son bétail aux conditions déterminées par l'administration municipale. »

M. Lupin. — Ça vaut mieux. Nous ne préjugeons pas le moyen, ce sera une affaire de réglementation.

M. de Tourdonnet. — Le mot *En conséquence*, ne rend pas bien mon idée, il vaut mieux mettre : Quel que soit le mode adopté.

M. Baube. — Il n'y a pas deux modes ; le mode adopté, c'est le régime de la liberté. On peut donc mettre : *En conséquence*.... Les mots *du régime de la liberté* sont sous-entendus.

M. le Préfet. — Ne mettons pas *en conséquence*, faisons deux alinéas, et tout ira bien.

Maintenant quelle est la question à l'ordre du jour.

M de Tourdonnet. — La question à l'ordre du jour était relative au marché central de la viande abattue. Je vais tâcher de la résumer.

Je me suis rallié au principe d'un seul marché central en gros et demi-gros, et je comprends très-bien qu'il ne peut y en avoir qu'un par jour ; il ne peut y avoir concurrence aux mêmes heures pour la vente du gros et du demi-gros, parce que, évidemment, il y aurait faveur pour l'un ou l'autre, et qu'il y aurait une concurrence désastreuse pour les prix. Nous étions convenus que le marché central de Paris devait être surtout le régulateur des prix, et influer sur le prix de la viande sur pied et au détail, par contre. Le multiplicité des marchés, comme la multiplicité des foires, amène la dépréciation des prix, parce que tout acheteur, ne trouvant pas à sa convenance ou au prix où il désire acheter, à une foire ou à un marché donné, se dit : Ce soir ou demain, à une lieue d'ici, à un autre marché, je trouverai ce qu'il me faut. Je me rallie donc à un seul marché central, chaque jour et à la même heure. Maintenant où sera ce marché ? c'est là qu'est la difficulté. J'ai demandé que ce marché fût à l'extérieur, à portée des marchés sur pied, et non dans le même local ; puisque ce serait fâcheux, comme l'a dit M. Horace Say, de faire voir à des animaux en vie des animaux tués ; mais, dans un local voisin, pas trop loin, afin qu'il y ait un ensemble d'opérations et de surveillance. Dans ce cas, j'aurais été amené à admettre, comme pour la viande sur pied, des marchés de gros et de demi-gros alternés, trois jours d'un côté, trois jours de l'autre ; et il n'y aurait pas eu excès de concurrence. Chaque boucher s'approvisionnant pour deux ou trois jours, n'aurait pas été obligé de se déplacer de son quartier. Il y avait pour tous une grande facilité d'acquisition, sans avoir l'excès de la concurrence que je crains.

On me fait observer qu'un marché central dans l'intérieur est beaucoup plus facile à surveiller ; qu'administrativement c'est plus régulier ; que, d'un autre côté, cela répondrait peut-être mieux aux habitudes du commerce.

L'inconvénient que je trouve au marché intérieur, c'est la difficulté de pouvoir ressortir la viande une fois entrée. On n'a pas contesté jusqu'ici que les chemins de fer aient modifié les questions d'approvisionnement. Je crois que les grands centres doivent être considérés, économiquement, comme des entrepôts de consommation locale et de transit. Il faut que nous soyons logiques avec ce qui va se passer. Quand les chemins de fer seront plus multipliés, Paris sera un entrepôt forcé. Il faut donc, dans l'intérêt de l'approvisionnement de la ville de Paris, et pour ne pas nous décourager, nous expéditeurs, il faut que la liberté fonctionne le mieux possible; il faut que nous ne soyons pas obligés de vendre à prix réduit la viande une fois introduite. Si vous pouvez me donner administrativement le moyen de faire ressortir ma viande une fois introduite, sans que j'aie à subir la dépréciation de l'octroi, le moyen de vendre ma viande abattue dans les mêmes conditions de liberté et de faveur que je vendrais ma viande sur pied, d'après l'organisation que vous venez d'adopter, je m'y rallie de grand cœur, mais je ne le vois pas.

M. Lupin. — Il me semble qu'il a été dit, à la dernière séance, qu'il y aurait un marché intérieur dont on ne sortirait pas, qui serait pour l'approvisionnement de Paris, indépendamment de ce qui pourrait se faire à l'extérieur. Les difficultés présentées par l'administration sont tellement insurmontables, qu'il ne faut pas nous briser contre une impossibilité; nous n'obtiendrons pas la sortie de la viande, ne discutons pas cela; que ce soit le mieux, ou moins que le mieux, il est impossible de faire autrement qu'un marché intérieur d'où on ne sortira pas; ce marché sera central autant que possible; ce sera, sans doute, celui qui existe, parce qu'il n'y a pas de raison de le déplacer. Comme le producteur finit par connaître les conditions d'un marché, il n'entrera que la quantité qu'il jugera à propos d'entrer, et il sera obligé de la vendre dans Paris. D'ailleurs, pour le service de ce marché, il y a l'approvisionnement de tous les marchands forains, qui viennent dans les places de détail, soit au marché des Prouvaires, soit aux marchés qui seront créés. Par conséquent, il y a là un débit assez grand. On peut croire que ce marché, qui a déjà quelque importance, deviendra infiniment plus considérable.

Cela étant convenu, on peut discuter s'il est convenable d'avoir un marché à l'extérieur. A l'extérieur, il y a déjà un marché important; il y a ensuite une vente à l'amiable tout autour de Paris. Maintenant, qu'il y ait, à une autre heure que le marché central d'approvisionnement de Paris, qu'il y ait, dans un ou deux abattoirs, peu importe, soit un jour d'un côté, un jour de l'autre, deux marchés extérieurs; qu'il se fasse, dans un local très-facile à organiser, des ventes à la criée pareilles à celles qui se font à l'intérieur, mais qui seront destinées à l'approvisionnement des villes voisines et de la banlieue; c'est une bonne mesure, mais cela ne fait rien au marché central. Quand nous en serons là, si on veut un marché, il faudra le faire à une heure différente de celle du marché central: car il y aura une classe de marchands qui iront acheter en dehors des barrières; qui, ayant acheté un bœuf ou un demi-bœuf, le couperont en morceaux, rapporteront le filet au marché central et emporteront le reste; ce sera un intermédiaire de plus, qui sera inutile; mais, si cette industrie peut s'établir, cela ne nous regarde pas.

M. le Syndic. — Ce n'est pas dans l'intérêt de la consommation, ce que vous proposez là; cela amènera une augmentation de prix.

M. le Préfet. — C'est dans l'intérêt de la liberté du commerce qu'il faut partout régler équitablement.

M. Delestre. — Je croyais que tout avait été résolu à la dernière séance. Des difficultés s'étaient présentées; la première : Devait-il n'exister qu'un seul marché central, ou devait-il y avoir, en concurrence de ce marché central, un marché entrepositaire à l'extérieur? J'ai dit, en ce qui concernait la viande apportée abattue, qu'elle devait aller inévitablement au marché central intérieur; que là, elle n'avait pas le droit de transit; mais que, d'un autre côté, on devait permettre que la viande amenée sur pied, puis abattue à l'abattoir, soit vendue sur place, comme elle l'est maintenant, à la cheville, sans obligation de la porter à la halle centrale, ce qui augmenterait encore les frais pour les consommateurs. En ce qui touchait la halle à l'extérieur, je ne m'en préoccupais pas. Je disais : De deux choses l'une, ou cette halle extérieure est utile ou elle ne l'est pas; si elle est utile, des spéculateurs créeront des entrepôts libres, où les producteurs pourront envoyer la viande abattue au lieu de la production. Ils pourront ainsi s'abstenir de faire entrer leur denrée dans Paris avant de s'être assurés des prix de vente à la halle centrale. Si ce prix est arrivé à un chiffre suffisant, ordre sera donné aux mandataires d'y envoyer la viande entreposée; si, au contraire, le prix est au-dessous, elle n'entre pas dans Paris et elle est dirigée dans le département où la vente sera d'un produit meilleur.

Ainsi je me résume : toute viande envoyée abattue à Paris doit arriver au marché central; toute viande sur pied va à l'abattoir, et de l'abattoir elle peut, ou sortir de Paris, ou être vendue sur place, ou être envoyée à la halle centrale. Quant à l'extérieur, je crois qu'il ne faut pas nous en préoccuper; il faut laisser à l'industrie particulière le soin de créer des halles entrepositaires. C'est un tort de vouloir tout réglementer sans rien laisser à l'expérience. Nous avons posé le principe; l'administration est dans les meilleures dispositions pour favoriser le développement de cette pensée mère : la libre concurrence. Ne nous arrêtons pas à tant de détails; hâtons-nous de débarrasser ce terrain, et n'oublions pas que M. le Préfet est attendu devant la Commission de l'Assemblée nationale. Il est bon qu'il s'y présente armé de pied en cap.

M. Baube. — La ville de Paris a organisé une criée intérieure, dans l'intérêt des producteurs et de ses habitants. Je ne comprendrais pas qu'on vînt lui demander encore d'organiser une nouvelle criée à l'extérieur, hors de son territoire. Il faudrait y organiser un personnel comme celui de la criée; il faudrait que toutes les opérations se fissent sous le contrôle de l'administration. Et dans quel intérêt?

M. de Tourdonnet. — Depuis cinq ou six jours nous venons de faire tout ce que vous dites pour la viande sur pied.

M. Baube. — On a toujours reconnu l'utilité d'un marché à bestiaux pour l'approvisionnement de Paris; on a même dit, et avec raison, selon moi, qu'il fallait encourager l'apport de la viande sur pied parce que la salubrité était mieux garantie, en ce sens qu'il y avait une double inspection de la viande. La Ville a donc un intérêt évident à l'établissement d'un ou de deux marchés à bestiaux à ses portes; mais elle n'en a aucun à ce qu'il soit créé, en dehors de ses murs, des ventes à la criée de viande abattue, pour la consommation de la banlieue ou de localités plus éloignées.

M. de Tourdonnet. — Ce n'est pas la question comme nous la posons, nous producteurs. Nous avons dit que, plus nous irions, plus il arriverait de la viande abattue dans les grandes villes; que, par conséquent, la viande abattue intéressait autant la ville de Paris que la viande sur pied; et la preuve que cela est vrai, c'est que la ville de Paris, malgré toutes les oppositions que nous avons rencontrées, a adopté ce système de vente à la criée, et qu'elle a bâti une halle exprès pour le favoriser.

M. Baube. — C'est parce qu'elle a une halle à l'intérieur qu'elle n'a pas besoin d'en faire une à l'extérieur.

M. de Tourdonnet. — M. Delestre a dit que l'industrie ferait des entrepôts libres. Je suis sûr qu'elle les fera; mais ce que je voulais demander, c'est ceci : les municipalités de la banlieue, qui peuvent créer un entrepôt libre, ont-elles ce droit sans que l'administration de la ville de Paris pèse sur elles; pourront-elles, plus tard, établir la criée des viandes comme je l'ai demandée?

M. le Préfet. — Parfaitement. Le commerce de la viande, si notre proposition est acceptée, sera déclaré libre; et la liberté, *c'est la liberté.*

M. de Tourdonnet. — Que ce soient les municipalités de la banlieue ou la ville de Paris qui établissent et surveillent les marchés de la viande abattue, peu m'importe? Le point le plus important pour moi, c'est de pouvoir vendre ma viande abattue dans les mêmes conditions favorables que ma viande sur pied.

M. Baube. — Vous jouissez de cette faculté dans les abattoirs. Vous allez contre un argument qu'on n'élève pas. On ne vous conteste pas le droit de vendre dans les abattoirs la viande abattue.

M. de Tourdonnet. — A l'amiable! Vous avez admis, d'après le projet de M. le Préfet, que vous vendriez à votre gré la viande sur pied, à l'amiable ou à la criée. Je demande la même chose pour la viande abattue.

M. le Préfet. — Nous établissons notre système pour l'approvisionnement de Paris, dans l'intérieur de Paris. Nous ne nous occupons pas de savoir ce que fera Batignolles, ou une autre commune, et ce que vous ferez vous-mêmes. On vous donne la facilité de vendre vos bestiaux comme vous voudrez, de les faire tuer, de les envoyer dans Paris ou ailleurs. On vous fait une halle dans l'intérieur de Paris pour vendre votre viande, si vous voulez l'entrer; si vous ne voulez pas l'entrer, vendez-la à la porte.

M. Husson. — Je voudrais qu'on votât sur ce point. Je crois que la pensée du comité est celle-ci : Il y aurait pour la vente de la viande abattue un seul marché à la criée dans les halles. La viande pourrait continuer à être vendue à l'amiable, comme aujourd'hui dans les abattoirs.

M. le Syndic. — Il était convenu, dans la question des abattoirs, qu'on vendrait par demi-bœuf et par quartier de bœuf; il n'y a plus que la question des marchés.

M. de Tourdonnet. — La question que j'aurais introduite est celle-ci : Pourra-t-on vendre à la criée dans les abattoirs?

M. Baube. — M. Husson a déjà expliqué pourquoi cela n'était pas possible.

M. Delestre. — Il y a trois intérêts en présence : l'intérêt de la ville de Paris, que je vous demande la permission de faire passer avant les intérêts particuliers . . . . . .

M. le Préfet. — C'est pour cela que nous sommes ici.

M. Delestre. — L'intérêt des producteurs et celui des consommateurs. Toutes les fois que nous nous trouvons sur un terrain commun, votons en toute sûreté de conscience, nous n'aurons pas d'opposition. Mais, si vous voulez résoudre la question au point de vue spécial de la production ou de toute autre considération exclusive, nous ne nous entendrons plus. Nous sommes tombés d'accord sur ces points : en ce qui touche la viande sur pied, marché à l'amiable, marché à la criée à la porte de Paris; en ce qui touche la viande sur pied tuée à l'abattoir, vente à l'amiable sur place et possibilité de sortir de Paris. Mais la viande morte ayant franchi l'octroi, doit être vendue à l'amiable dans l'intérieur, ou doit aller à la halle à la criée. Une vente à la criée, à l'abattoir, augmenterait trop les embarras de l'administration.

M. le Préfet. — Si vous adoptiez plusieurs points pour les ventes à la criée, à l'instant même toute votre vente à la criée de l'intérieur de Paris serait faussée; il ne peut pas y avoir deux points dans une même ville où on puisse vendre la même marchandise par adjudication. Il n'y a qu'une bourse des marchandises; il ne doit y avoir qu'une bourse de la viande.

Nous allons voter sur la question que nous venons de poser.

. « Il n'y aura qu'un seul marché à la criée dans l'intérieur de Paris. »
(Cet article est adopté.)

M. de Tourdonnet. — On a fait quelques observations sur le marché à la criée. Le laissez-vous tel qu'il est?

M. le Préfet. — Nous votons sur le principe; les règlements viendront ensuite.

Un membre. — Quelle modification propose-t-on?

M. Lupin. — L'abaissement des frais.

M. le Préfet. — Il a été entendu que nous ne toucherions en aucune façon aux droits dont quelques personnes croient avoir à se plaindre; nous respectons les droits de la Ville. C'est autant pour la régularité que pour la réussite de notre projet.

M. Lupin. — On nous fait payer un service prétendu, rendu à un prix exorbitant. Je demande que, quand le service sera rendu et que nous aurons payé, non pas l'intérêt, mais le capital du service rendu, on ne nous demande plus rien. Si la criée a fait introduire 3, 4 millions de kilogrammes de plus, et qu'il en soit résulté, pour la Ville, 5oo,ooo francs de bénéfice, il ne faut pas qu'elle vienne remettre encore des centimes additionnels.

M. Husson. — La même réflexion a été faite pour toutes les denrées qui sont apportées sur les marchés.

M. Lupin. — Si la vente à la criée n'avait pas été établie dans l'intérieur de Paris, la consommation, probablement, serait restée la même qu'auparavant, et la Ville aurait perçu 5oo,ooo francs de moins qu'elle n'a eu.

M. Husson. — L'administration municipale s'est beaucoup préoccupée de la perception du centime par kilogramme qui est payé sur le prix des viandes vendues à la criée, et contre lequel des réclamations se sont élevées; je crois même que M. le Préfet de police en a écrit à son collègue. Nous avons examiné cette réclamation avec beaucoup de soin et avec la volonté sincère de réduire ce droit de moitié, si cela était possible; c'était aussi la disposition personnelle de M. le Préfet de la Seine. Nous avons donc dû rechercher ce que coûtait la halle spéciale à la criée, tant en frais de premier établissement qu'en frais annuels, et nous sommes arrivés à cette conviction, qu'un centime par kilogramme était juste la représentation du service rendu. Voici comment je l'établis :

Les dépenses de construction de la halle ont coûté 20,951 francs, le matériel de pesage 1,373 et le mobilier des bureaux 3,394 ; c'est-à-dire près de 26,000 francs. Cette halle a été construite pour cinq ans, jusqu'à la construction des grandes halles. C'est donc une dépense d'environ 5,000 francs par an qu'il faut que le droit nous rembourse. Si vous ajoutez à cela une dépense annuelle qui menace de s'augmenter, car M. le Préfet réclame des augmentations, une dépense d'environ 15,000 francs, pour le personnel, vous avez 20,000 francs de dépense annuelle.

M. de Tourdonnet. — Je comprends que la criée ne puisse exister avec des prix comme ceux-là.

M. Husson. — En supposant, ce qui est très-douteux, que la consommation de toute l'année 1851 s'élève au taux de la consommation du premier trimestre de cette année, vous auriez environ 2,660,000 kilogr. vendus ; mais ce n'est nullement probable, et il est prudent de réduire ce chiffre au moins à 2,000,000 kilogr. A ce taux, la perception d'un centime nous remboursera juste nos dépenses.

M. Lapin. — Comment se fait-il que, depuis qu'on a fait construire un abri, il y ait tout de suite 15,000 francs de personnel de plus qui n'existaient pas auparavant ?

M. Husson. — La vente atteindrait le chiffre de 20 millions de kilogrammes que ce serait à peu près la même chose.

M. le Préfet. — Quand on a établi la vente à la criée, nous n'avions pas de personnel ; un facteur avait accepté cette place sans savoir trop ce qu'il en ferait. On n'a pas été créer un personnel qui coûte 15,000 fr., pour un service qui était à l'essai et qu'on ne croyait pas devoir prospérer. Cependant, petit à petit, la vente s'est accrue ; il a bien fallu que l'administration organisât ce marché comme tous les autres, après avoir pendant longtemps emprunté les auxiliaires nécessaires au marché à la volaille, au marché au poisson, au marché au beurre. On n'a fait cela qu'au moment où on est venu définitivement dans la halle qui a été construite exprès, et qu'on s'est dit : Voilà un service régulièrement établi ; on vend 7 à 8,000 kilogr. par jour, il faut créer un personnel. Les services à qui on avait emprunté des employés les ont réclamés, il a donc fallu les rendre et en créer d'autres. Voilà pourquoi on a augmenté le budget de 15,000 francs.

M. de Tourdonnet. — Permettez-moi de rectifier quelques chiffres de M. Husson. Lorsqu'il a été question de la halle à la criée, il y a eu deux intérêts en présence : l'intérêt de la production qui demandait la halle, et l'intérêt de la Ville, qui résistait. La production s'est présentée à la préfecture de la Seine et à la préfecture de police ; il y a eu des rapports faits, ces rapports nous ont été communiqués dans les bureaux de l'Hôtel de Ville. Ce qui est parti de la préfecture de police était beaucoup plus dans l'intérêt général de la production et de la consommation que dans l'intérêt de la ville de Paris. Elle demandait que la concession fût faite moyennant un demi-centime.

M. Baube. — Je vous demande pardon.

M. de Tourdonnet. — J'ai eu l'honneur de le voir dans les bureaux : un demi-centime.

M. Baube. — Nous n'avons jamais proposé un demi-centime.

M. de Tourdonnet. — Je l'ai vu dans le premier rapport de l'inspecteur général.

M. Baube. — M. de Tourdonnet fait erreur : l'inspecteur général des halles et marchés n'a jamais proposé le droit d'un demi-centime ; mais, quand cela serait, ce n'est pas l'opinion isolée de l'inspecteur général qui exprime l'opinion de l'administration.

M. de Tourdonnet. — Je n'élève pas de discussion là-dessus ; c'est un simple renseignement que je donnais.

Lorsqu'il a été question d'une halle à la criée, c'est la production qui l'a demandée. C'est M. Lupin, ici présent, ce sont quelques représentants du peuple, c'est moi en particulier, qui avons fait les démarches. A cette époque c'étaient les hôpitaux qui devaient construire, parce que les revenus du marché central leur étaient concédés par la ville de Paris. On a nommé une commission dont ont fait partie cinq ou six personnes, on a été sur place, on a demandé un plan, le plan a été fait. Le chiffre des devis a été très-élevé, et il a effrayé le Préfet de la Seine qui a trouvé un chiffre double de celui qu'il voulait consacrer à cette construction. M. le Préfet a refusé le premier plan et a demandé un autre architecte. L'administration a fait faire un second plan par un maître menuisier ; le devis a été conforme au chiffre que M. le Préfet voulait y mettre : il avait dit 15,000 ou 18,000 francs, au maximum. Comme il y avait eu beaucoup de temps perdu dans les bureaux pendant tous ces pourparlers, nous sommes arrivés à la fin de la session du mois d'août sans que le projet ait été présenté au conseil municipal. J'ai alors été trouver M. Berger. Je lui ai dit : Vous nous avez promis la halle ; comment se fera-t-elle ? Il m'a répondu : Je suis toujours décidé à la faire, mais on m'a présenté un chiffre trop élevé; nous n'avons pas d'argent, la caisse municipale est en déficit. Je suis rentré chez moi, et alors l'idée m'a pris d'intervenir au nom de la production : j'en ai fait part à quelques personnes; nous avons été trouver le Préfet et nous lui avons offert (sous mon nom, mais j'avais plusieurs personnes derrière moi), de faire construire cette halle dans les deux mois, moyennant les plans et devis présentés. Cette demande doit exister dans le dossier. Nous avons offert de faire le service pendant trois années, jusqu'à l'époque où la halle deviendrait la propriété de la Ville, moyennant un centime tous frais compris. Ainsi, avec ce centime, nous voulions avoir le service du factage et du pesage qui nous coûte aujourd'hui 2 centimes et demi.

M. Husson. — Vous n'auriez pas fait de bonnes affaires.

M. de Tourdonnet, — Je vous demande pardon, j'aurais gagné beaucoup parce que j'aurais fait ce que la Ville ne fait pas; la Ville attend; j'aurais fait de la propagande.

M. le Préfet a accepté ma soumission et s'est engagé à l'appuyer, et c'est dans ces termes que je l'ai quitté. J'ai vu les chefs de service, et entre autres M. Daniel. M. Daniel m'a dit : Je ne puis approuver votre proposition, parce que la somme est trop minime. La Ville manquerait de dignité, si elle permettait à l'industrie privée de venir prendre un service qui menace d'être aussi gros, au centre de l'administration; je ferai cette observation à M. le Préfet, et il vous en parlera nécessairement. En effet, quand j'ai revu M. le Préfet, il m'a dit : J'ai vu mes chefs de service, ils m'ont fait des observations; puis nous avons trouvé des fonds, je vous prie de me rendre ma parole. Je lui rendis sa parole. Il ajouta : Je vais en saisir la commission municipale. Elle se réunit le 25 septembre exceptionnellement, pour des mesures assez importantes, et je la saisirai de la question de la halle.

Tout cela fut fait, et le 27 je reçus une lettre en forme d'avis qui me disait : Tout ce que vous avez voulu se fera; la commission municipale a adopté la halle suivant les plan et devis qui avaient été faits.

Dans les calculs que j'avais faits, j'ajoutais au service du droit d'abri, service rémunérateur, le service de l'exploitation de la halle : un demi-centime; et tout cela formait un centime. Je ne voulais pas autre chose. L'administration propose à cette époque-là un demi-centime pour l'abri, et, plus tard, quand on s'est entendu, d'après ce qu'a dit M. Baube, on a exigé un centime.

M. Dubois. — L'administration n'a jamais proposé un demi-centime.

M. de Tourdonnet. — C'est un renseignement que je puis justifier. Quant à nous, nous offrions de faire le service à un centime pendant trois ans; et ce n'était pas moi seul, il y avait cinquante personnes derrière moi. L'inspecteur général, consulté par nous, était d'accord avec nous sur le chiffre d'un demi-centime; M. Daniel aussi. Maintenant que l'administration ait mis un centime, je le veux bien; mais voici ce qui a suivi, et sur quoi j'appelle les souvenirs de M. Husson.

Lorsque l'ordonnance de M. le Préfet de la Seine a dit qu'il y aurait un centime de droit d'abri, je me suis empressé, toujours dans le même intérêt, d'écrire une lettre à M. le Préfet de la Seine, une à M. le ministre du commerce et une à M. le ministre de l'intérieur. Dans ma lettre au ministre du commerce, je protestais administrativement contre l'établissement de ce centime de droit d'abri, et je demandais qu'on le réduisît à un demi-centime.

J'ai suivi les effets de ma lettre à M. le Préfet, j'ai vu les chefs de bureau, voici ce qu'on m'a répondu : La ville fait une avance; d'abord elle n'avait pas d'argent, par un revirement, elle en a trouvé; elle consacre 26,000 francs environ à cette affaire.

En faisant le calcul sur la table, je vis qu'on serait rentré dans ces 26,000 francs dans l'espace d'environ une année. Je dis alors : puisque vous devez rentrer dans ces fonds aussi vite, une fois que vous y serez rentré, que ferez-vous? Il me fut répondu que la délibération de la commission municipale était provisoire, mais qu'une fois la Ville rentrée dans son capital, on aurait à examiner si elle devait continuer à percevoir le centime ou le supprimer. C'est avec cette espèce de promesse, qui me fut faite dans les bureaux, que je me suis retiré; et je n'ai pas donné d'autre suite à la lettre que j'avais écrite. Maintenant on me dit que non-seulement le droit continuera à être perçu, mais que c'est tout au plus s'il est suffisant pour l'augmentation des dépenses. Je voudrais qu'on pût s'en tenir à ce qui m'a été promis à cette époque, et je désirerais que ce fût dans le projet non pas comme une chose acquise, puisque la Commission n'a pas le droit de s'en mêler, mais comme un vœu. Nous sommes ici en présence de l'administration et du conseil municipal; je voudrais que cela fût consigné comme point de départ, pour nous en servir plus tard.

M. Husson. — Le désir de réduire le droit perçu à la halle à la criée était unanime. M. Daniel lui-même a fait un rapport favorable à cette réduction. M. d'Affry et moi-même nous en avons conféré plusieurs fois avec M. le Préfet de la Seine, et tout d'abord nous l'avons fait d'une manière favorable; ce qui prouve le désir sincère qui nous animait, de réduire le droit à un demi-centime. C'est en conférant avec M. le Préfet de la Seine, qui a fixé notre attention sur ce point, que nous nous sommes aperçus que, dans les calculs sommaires et verbaux présentés, nous n'avions compté que le capital dépensé et que nous avions simplement oublié la plus forte dépense : celle du personnel. Les chiffres que je vous ai donnés tout à l'heure, sont positifs; ils ne permettent pas la discussion. Si le prix de la viande s'élevait davantage, et si la vente à la criée venait à s'amoindrir, ce qui est possible, la ville de Paris serait en perte pour les années qui vont suivre; nous ne viendrions certainement pas alors vous demander de supplément; ce serait un sacrifice pour la caisse municipale; mais au moins il serait injuste de demander, dès à présent, la réduction à un demi-centime, en face des calculs que je viens d'établir.

M. Lupin. — Permettez que je rectifie non pas vos calculs, mais la base de vos calculs. Vous appliquez la spécialité à la criée, mais est-ce que vous appliquez la spécialité à toutes les dépenses de la Ville? Non, vous avez une administration générale, vous percevez un droit d'octroi et différents autres droits. Si, après nous avoir fait payer par le droit d'octroi les frais que vous impose la criée, vous venez encore nous demander un centime additionnel pour payer en particulier telle espèce de dépense; vous tirez, en termes vulgaires, deux moutures d'un sac.

M. Husson. — C'est un service qui a été créé spécialement pour vous.

M. Lupin. — Il n'y a pas de spécialité en fait d'impôts.

M. le Préfet. — Nous vous avons construit un marché à la viande et nous avons dit : Nous avons dépensé 25,000 francs pour ce marché ; il faut que, dans les cinq ans, ils nous aient été remboursés, parce qu'à cette époque il ne servira plus; les halles seront construites. Nous augmentons notre personnel de marché; il faut que nous calculions ce que nous coûtera ce personnel. L'octroi sert pour nos dépenses générales : nous ne gagnons rien sur vous.

M. Lupin. — Il ne manquerait plus que cela.

M. le Préfet. — L'impôt d'un centime, c'est l'impôt rémunérateur du marché spécial de la viande, nous n'y gagnons rien : nous aurions fait une très-mauvaise affaire en vous faisant bâtir une halle, si nous ne le percevions pas.

M. Lupin. — Et les 500,000 francs que vous avez perçus, par l'augmentation de consommation que nous vous avons apportée?

M. le Préfet. — Et les 2 millions de kilogrammes que vous avez vendus à ce marché et que vous n'auriez pas vendus? Vous voyez que si nous avons gagné, vous n'avez pas perdu.

M. Lupin. — Au marché de la Vallée, faites-vous percevoir un droit de factage, de pesage? Non.

M. Delestre. — C'est moi qui ai fait le rapport à la Commission municipale sur la halle provisoire établie pour la vente à la criée.

La ville de Paris n'a fait et n'a entendu faire qu'une avance dans l'intérêt de la production ; et voici dans quelles circonstances : après avoir fait cette malheureuse expérience de renoncer pendant quatre mois à l'octroi levé à la barrière sur la viande, une commission a été nommée par le conseil municipal pour aller demander au conseil des ministres le rétablissement de l'impôt sur la viande. La ville de Paris se fondait sur ce que, cet impôt, lui rapportait 6 millions, que dans les moments difficiles où l'on se trouvait, il fallait donner du travail aux ouvriers, et que, sans cet impôt, il était impossible d'arriver à ce résultat. Le Chef du Pouvoir exécutif d'alors ne voulait pas consentir au désir de la Commission, parce que, disait-il, il n'est pas possible que la consommation n'ait pas profité de cette abolition du droit d'octroi. Nous disions, et c'est un argument que j'ai présenté : répartissez ces 6 millions sur l'ensemble des ouvriers ; voyez quelle sera leur part proportionnelle dans l'emploi de cette somme. D'un autre côté, faites attention qu'un ouvrier ne mange pas, en moyenne, un quart de kilogramme de viande par jour, et, s'il peut obtenir une diminution d'un centime sur ce quart, cela ne fait au bout de l'année que 3 fr. 65 cent. épargnés par l'ouvrier. M. le général Cavaignac et le conseil des ministres se rendirent à cet argument appuyé d'autres considérations municipales ; alors avec les ministres, M. Tourret entre autres, on chercha ce qu'on pourrait faire pour compenser l'effet de cette mesure, et on décida que la ville de Paris élèverait une halle pour la vente à la criée de la viande. Voilà l'histoire des engagements pris par la ville de Paris.

M. de Tourdonnet croyait que l'action était résolue par la promesse que lui avait faite le Préfet ; le Préfet ne pouvait la lui faire d'une manière absolue.

M. de Tourdonnet. — Ce devait être soumis à la commission municipale, je le sais.

M. Delestre. — Par conséquent, la question était tout entière quand j'ai été appelé à faire mon rapport. Nous avons dit, nous, conseil municipal : Il ne faut pas agir dans un intérêt fiscal ; mais, dans l'intérêt de qui cette halle à la criée doit-elle être construite ? C'est pour donner aux producteurs une compensation du rétablissement de l'octroi. Il est donc tout naturel que nous ne cherchions pas à bénéficier sur eux, mais qu'ils payent au moins les frais affectés à l'exploitation d'une plus grande quantité de marchandises. Nous avons réparti la dépense actuelle sur la totalité de la durée probable de la halle provisoire, et eu égard à ce qui pourrait être vendu de viande dans l'année. L'administration a montré une très-grande sollicitude pour les intérêts des producteurs.

M. Lupin. — Des consommateurs aussi.

M. Delestre. — Mon principe, le voici : C'est qu'on ne favorise la production qu'en favorisant la consommation. On a été obligé, en outre, de distraire d'autres services des employés intelligents, il a fallu combler les vides; les producteurs ont maintenant une garantie parfaite. D'après l'organisation établie, on sait qui a vendu la viande et qui l'a achetée, et le prix de vente; on se rend compte de tout, et il est impossible aux mandataires de rien déguiser du prix réel de la vente. On vous demande pour un pareil résultat peu de chose; la ville de Paris ne retire aucun profit de ces dispositions.

M. le Préfet. — C'est une question très-intéressante, mais elle est en dehors du débat : nous n'avons pas à savoir si un centime est trop ou n'est pas assez; c'est une question qui sera tranchée plus tard. M. de Tourdonnet a fait ses réserves, voilà tout.

M. de Torcy. — Je regarde la question comme extrèmement importantte, non pas au point de vue du centime ou du demi-centime, mais au point de vue du principe. Permettez-moi de parler contre vous dans un intérêt d'avenir. Nous touchons aux inconvénients que j'avais prévus dès le commencement de tous ces changements. On met en avant ce principe que *les droits imposés à cette vente sont la rémunération d'un service rendu à la production;* on met bien en avant aussi qu'on ne favorise la consommation qu'en favorisant la production; mais avez-vous augmenté les impôts des consommateurs? Pas du tout; vous augmentez les impôts de la production, et c'est là ce que vous appelez favoriser la production. Si vous persistez dans ces errements-là, vous feriez payer à la production des sommes énormes, et tout votre personnel! Vous élevez un malheureux abri de 25,000 francs que la dignité de la Ville lui a empêché de concéder à un particulier, vous demandez un personnel de 15,000 francs; vous avez à vous rembourser de vos constructions. Vous avez établi un compte de clerc à maître, un compte de cuisinière; je ne veux rien dire de blessant, mais un compte excessivement judaïque. Vous le faites payer par la production, et vous appelez cela favoriser la production !

Dans votre organisation nouvelle, la Ville perdra le revenu de ses abattoirs; cela résulte de la discussion. Si vous adoptez les chiffres qui ont été donnés, il y aura une si petite différence entre la viande tuée et la viande vivante, que cette minime différence ne pourra solder la location des abattoirs, et on ne vous la payera pas tout entière; vous perdrez un million de revenu sur vos abattoirs. Vous, M. le Préfet de police, vous aurez un personnel très-considérable, si vous ne voulez pas que l'approvisionnement de Paris soit gâché, gaspillé. En un mot, vous chargez le commerce de la viande de sommes très-considérables. Il faudra boucher le trou fait dans votre revenu par la perte du revenu des abattoirs; il y aura des frais à récupérer; à qui les demanderez-vous? à la production! Vous direz : *c'est le prix d'un service rendu, nous vous donnerons des facteurs-jurés*, etc.... Qu'est-ce qui payera tout cela?

M. Husson. — Le consommateur.

M. de Torcy. — D'après le projet que vous faites, ce n'est pas le consommateur.

M. Husson. — C'est toujours lui qui paye, en définitive.

M. le Syndic. — Vous allez venir demander encore une augmentation. Le jour où la liberté de la boucherie sera prononcée, il y aura des inspecteurs de la boucherie que vous serez obligé de payer. Maintenant nous en avons six que nous payons 12,000 francs, et nous les logeons et nous leur donnons des gratifications; avec six inspecteurs vous n'en aurez pas assez.

M. Baube. — Ce sera pour la boucherie comme pour les autres commerces.

M. Delestre. — Le même agent chargé d'inspecter d'autres denrées inspectera celle-là.

M. le Préfet. — Le meilleur inspecteur, c'est le nez de l'acheteur.

M. Baube. — Je vais faire une observation qui, je crois, coupera court à cette discussion, soulevée par MM. les producteurs au sujet de la perception du droit d'abri, fixée à un centime par kilogramme au marché de la criée. C'est que, si l'on consulte la liste des noms des personnes qui ont envoyé des viandes à ce marché, on n'y voit figurer aucun producteur. Si l'on jugeait de l'avenir par le passé, on pourrait donc avancer que la production est fort désintéressée dans la question de perception, contre laquelle réclament MM. Lupin et de Tourdonnet. Il va sans dire, cependant, que la diminution du droit d'abri, le jour où elle pourra avoir lieu, sera avantageuse pour la production comme pour la consommation.

M. le Préfet. — Il est évident que la perception est élevée; nous en sommes tous d'accord; mais on ne s'est décidé, au conseil municipal, à faire installer cette halle que parce qu'il a été convenu qu'on payerait ce centime. On ne peut pas revenir là-dessus. Nous le constatons, et nous passons à une autre question.

M. Delestre. — Du jour où la ville de Paris pourra affranchir la production de cet impôt, elle le fera.

M. de Tourdonnet. — C'est ce que nous demandons et ce que nous espérons.

Nous demandons également qu'il ne soit pas donné suite à la demande du facteur de doubler son droit. Je fais cette observation, parce que la demande a été renouvelée deux ou trois fois.

M. Baube. — C'est là une question administrative. Du moment où un facteur exerce les fonctions de facteur, c'est à l'administration à proposer, et au conseil municipal à adopter le chiffre qu'il juge convenable pour rémunérer le service rendu.

Si l'administration juge que la rétribution fixée provisoirement à 1 p. o/o n'est pas suffisante, elle saisira le conseil municipal de la demande du facteur, et on peut être certain que cette question sera examinée à fond.

M. Lupin. — Y a-t-il eu enquête contradictoire? Si le facteur a parlé tout seul, il a dit ce qu'il a voulu.

M. Baube. — Quand on demande au conseil municipal d'augmenter le droit des facteurs, c'est lui qui est le contradicteur naturel et officiel de ces agents. La remise accordée aux facteurs est en effet prélevée, comme tous les autres droits, sur le consommateur; et le tuteur naturel du consommateur, c'est le conseil municipal, aidé, pour la fixation de l'importance de cette remise, par les renseignements que lui fournit l'administration.

M. Lupin. — Le conseil municipal fera bien d'appeler une concurrence, pour savoir si un autre ne le ferait pas au même prix.

M. Delestre. — Vous oubliez que l'état actuel a été constitué sous le monopole, et que, dans le système de la libre concurrence, vous vous adresserez à qui vous voudrez.

M. le Préfet. — Nous venons de voter sur l'exploitation des abattoirs, sur la faculté qu'on aura d'envoyer les bestiaux aux abattoirs, sur la halle centrale. Nous en sommes à la dernière disposition, qui est celle-ci :

« 4° La viande destinée à la consommation de Paris, soit qu'elle provienne des abattoirs, soit qu'elle arrive par les bureaux d'octroi, une fois entrée et livrée au commerce, sera réputée marchandise ordinaire, et le commerce en sera surveillé, au point de vue de la salubrité, de la même manière que le poisson, la volaille et les autres denrées alimentaires. »

M. Delestre. — Il est inutile de mettre cela : c'est la conséquence de tout le reste.

M. le Préfet. — Je vous demande pardon : il faut qu'on voie que nous nous sommes occupés de cette question. Vous entendrez dire que nous allons empoisonner Paris. On nous dira sur tous les tons et de toutes les manières, que Paris va recevoir toute la viande malsaine des départements. Il faut qu'il soit bien dit que nous avons traité cette question, et qu'en résumé nous avons trouvé qu'il n'y avait rien de dangereux dans les changements que nous vous proposons.

Quel est votre avis, M. le syndic?

M. le Syndic. — Mon avis est qu'on n'a jamais vu à Paris de la viande aussi mauvaise qu'on en voit aujourd'hui. La criée est le refuge de toutes les mauvaises viandes; tous les producteurs, toutes les personnes qui nourrissent des bestiaux les envoient à la criée quand ces bestiaux meurent de maladie ou autrement. C'est prouvé; tous les jours de la semaine, on saisit, à la vente à la criée, des vaches, des moutons, des veaux crevés, et encore des bœufs qui ont le charbon; on les coupe en plusieurs morceaux et on ne dirige sur la criée que la partie qui n'est pas atteinte. Quand une vache a les poumons attaqués, on a soin de nettoyer l'intérieur; si on voit que les entrailles, les côtes sont trop abîmées, on n'envoie que la partie de derrière et la partie de devant à la criée. Cela arrive tous les jours, et la preuve c'est que vous voyez saisir le quart d'une vache qui est crevée. On ne saisit pas le reste, parce que le surplus a été vendu hors de Paris, aux militaires; car ce sont les troupiers, les gargotiers qui mangent ces viandes-là. Bien souvent, quand un homme a une vache qui est malade, il n'envoie que le morceau qui ne pourra pas se faire saisir à la criée. Je pourrais vous citer même des vaches malades qui n'ont pas été saisies.

M. Lupin. — C'est la faute de la police, elle a des inspecteurs.

M. le Syndic. — Avec toutes les connaissances possibles, on se trompe.

M. Lupin. — Alors ce n'est pas malsain.

M. le Syndic. — Je ne sais si vous en mangeriez. Quand vous avez des moutons chez vous qui ont la clavelée et qui meurent, je crois que vous n'en mangez pas la viande. Si vous mangiez un jour de cette viande, elle ne vous ferait pas mal, parce que vous avez autre chose, du poisson, de la volaille; mais celui qui mange cette mauvaise viande, c'est l'ouvrier, et c'est sa seule nourriture pendant deux ou trois jours.

Vous venez dire : Nous avons vu un mémoire de M. Lafont, qui vous prouve qu'on peut manger de la viande charbonnée, et que ce n'est pas susceptible de faire mal. J'ai là une autre brochure qui soutient tout le contraire; elle est de M. Amont, qui a fait un travail, il y a six ans, et qui, malheureusement, est mort depuis; car il pourrait vous donner des explications là-dessus; il cite les noms de personnes qui sont mortes pour avoir mangé de la vache charbonnée, de la vache étique.

M. Lupin. Il y a cinquante ans que toutes les vaches phthisiques des environs de Paris sont abattues par la boucherie de Paris.

M. le Syndic. — Je vous demande pardon : on avait soin de les enterrer. Je m'en rapporte à M. de Torcy; quand il a un taureau qui crève chez lui, l'envoie-t-il à la consommation?

M. Lupin. — Depuis cinquante ans, toutes les vaches phthisiques des nourrisseurs de Paris sont mangées, par l'entremise des bouchers, par la population parisienne. Vous direz que cette vache est malsaine, si c'est une vache dont on peut reconnaître la mauvaise qualité à l'inspection. Mais toute la population des environs de Paris est donc empoisonnée, puisqu'il n'y a pas de surveillance

M. de Torcy. — Aussi, dans les environs de Paris, tous les domestiques des fermes ne veulent manger autre chose que du porc.

M. Lupin. — Il a été constaté que, sur ce qui venait au marché de Sceaux et de Poissy, il n'y en avait que la moitié qui entrait dans Paris, que l'autre moitié se vendait dans les départements voisins.

Je dis qu'il est plus facile de reconnaître la mauvaise qualité de la viande quand elle est abattue qu'autrement.

Ensuite, si on peut sans inconvénients manger les trois quarts d'un animal, qu'on les mange.

Dans le projet que nous présentons, la police surveillera; il n'y a donc rien de changé. N'avez-vous pas même un ou plusieurs bouchers de Paris qui ont une désignation parmi leurs confrères, et qu'on appelle *les empoisonneurs,* parce qu'ils vendent spécialement de la vache phthisique.

M. le Syndic. — C'est vrai. Mais il n'est pas exact de dire qu'il est plus facile de constater si la viande est malsaine quand elle est abattue que lorsqu'elle est sur pied.

M. le Préfet. — La question que je pose à M. le syndic est celle-ci : Si, une fois la viande entrée, examinée, vérifiée et reconnue saine, il y a inconvénient à la déclarer marchandise ordinaire. Ce que vient de nous dire M. le syndic ne m'ôte pas la conviction que la marchandise, une fois entrée avec toutes les conditions voulues, n'est pas dangereuse. Il est vrai qu'il y a de la viande saisie à la criée; mais si elle est saisie, elle n'est pas vendue; si elle n'est pas saisie, c'est qu'elle est bonne. Il y a sans doute de la viande belle et de première qualité, et de la viande basse; mais la viande basse n'est pas malsaine. Avec le commerce libre, et surtout si nous n'avions pas d'octroi, il faudrait bien que vous vous accoutumassiez à voir entrer dans Paris presque pas plus de belle viande qu'il n'en entre maintenant, et considérablement plus de viande ordinaire; la consommation augmenterait dans les masses, qui en mangeraient peut-être quatre fois plus qu'elles n'en mangent aujourd'hui.

M. le Syndic. — On n'en mangera pas davantage. Nous venons de le voir à Amiens. A Amiens, il vient de s'établir une boucherie qui a tué dix bouchers, ruiné dix personnes qui sont dans la misère. Si cette boucherie avait fait des bénéfices, comme on l'avait dit, je trouverais qu'on a bien fait; mais cette boucherie vend la viande aussi cher qu'à Paris.

M. Lupin. — Comment fait-elle pour se soutenir.

M. le Syndic. — Elle a perdu de l'argent.

M. Delestre. — Si j'avais besoin d'un argument nouveau en faveur de la vente à la criée, ce que vient de dire M. le syndic me l'aurait fourni. Il a dit : Ce sont les soldats qui mangent la mauvaise viande toute l'année. Je ne vois pas qu'on se soit plaint dans le corps médical appartenant à l'armée de la mauvaise nourriture du soldat.

Il y a une chose dont je me plaindrais à l'égard du commerce de la viande de boucherie pour le soldat, c'est la remise qu'on fait trop souvent au caporal qui vient acheter, et toujours au détriment des soldats, dont la soupe est un peu moins grasse.

M. le syndic nous a dit tout à l'heure : Voyez le beau résultat qu'on a obtenu à Amiens; voilà dix bouchers qui sont restés sur le carreau. Cela prouve qu'on a obtenu de meilleures conditions qu'avec les bouchers; car, si cela n'avait pas eu lieu, les bouchers auraient soutenu la concurrence et seraient restés fournisseurs. D'où je tire cette conclusion: il y a bénéfice notable à se passer, autant que possible, des intermédiaires. Il en faut, je le sais; je ne les repousse pas, mais à la condition qu'ils se contentent d'un bénéfice convenable.

On dit que la santé publique sera singulièrement altérée avec la libre concurrence, et qu'on arrivera nécessairement à de mauvais résultats. Il en sera comme du café. Vous savez ce que répondait cet homme à qui on disait : le café est un poison. « C'est possible, mais il y a cinquante ans que j'en prends et je vis encore. »

Il y a quelque chose qui se gâte beaucoup plus vite que la viande, c'est le poisson. Qu'est-ce qui m'avertit de l'état de salubrité de cet aliment? C'est un conseiller qui ne me quitte jamais, c'est mon odorat. D'ailleurs, tous les goûts sont dans la nature. Certaines gens mangent de la viande de boucherie comme de la volaille, à un point de *faisandaison* tel que j'en aurais en quelque sorte horreur; ils trouvent cette viande excellente. Le meilleur juge, c'est l'estomac du consommateur.

Quant à la viande la plus facile à examiner, je crois que ce n'est pas sur l'animal vivant. Dans une procession où le premier vétérinaire et le premier médecin auraient à marcher en raison des difficultés attachées à l'exercice de leur profession, je laisserais le vétérinaire passer en avant, parce qu'il opère sur un animal qui ne parle pas, tandis que le médecin agit sur l'homme, qui sait indiquer où il souffre et ce qu'il éprouve; et l'autopsie est chez l'homme le plus certain moyen d'apprécier l'altération pathologique.

Maintenant, il y a une grande question et une question singulièrement controversable. On a dit : S'il y a eu dans une portion du bœuf une altération et qu'on en retranche cette portion malade, le reste est impropre à l'alimentation.

Procédons par analogie; le simple exposé des faits met sur la voie de la solution : Quand vous avez un fruit à manger et que vous avez enlevé la partie atteinte, assez profondément pour laisser toute l'autre portion du parenchyme complétement isolée de la première altération, vous n'hésitez pas. Peut-être n'est-elle pas aussi pure, aussi bonne; mais elle est d'une innocuité constatée par l'expérimentation. Dans la disposition musculaire, chaque muscle a une espèce de gaîne dans laquelle il joue; et tous ceux qui ont fait de l'anatomie comparée savent combien il est difficile à un abcès de franchir l'aponévrose qui vient circonscrire la maladie dans la partie attaquée. Il en est de même dans l'espèce bovine, dans l'espèce porcine, dans l'espèce ovine.

Du reste, vous aurez la surveillance de l'administration; elle ne se ralentira pas parce qu'il y aura libre concurrence. Son droit et son devoir sera d'examiner la denrée, et, par conséquent, l'intérêt de la consommation sera sauvegardé.

M. le Syndic. — Je dis que l'administration ne pourra rien y faire.

M. le Préfet. — Toutes les villes, toutes les localités, sont donc empoisonnées parce qu'il n'y a pas une police comme à Paris?

M. le Syndic. — Paris, c'est le repaire de tout le monde.

M. le Préfet. — Et Londres?

M. le Syndic. — On n'a pas le climat que nous avons ici.

M. Lupin. — La viande s'y gâte plus vite à cause de l'humidité.

M. le Préfet. — Et Naples et Marseille?

M. le Syndic. — On a dit que la maison d'Amiens faisait 12 p. o/o de bénéfice. Elle n'a pas gagné d'argent.

M. Baube. — En l'absence de M. Julien, je dois faire ici une observation. Dans la rédaction du procès-verbal de la séance du 30 avril, j'avais attribué à M. Julien l'énonciation de ce fait, que les actionnaires de la boucherie sociétaire d'Amiens se seraient partagé des dividendes de 12 p. o/o. Le résumé que j'ai fait de la séance contenait cette énonciation. Mais M. Julien m'a fait remarquer que c'était un autre membre qui avait cité ce chiffre. Ce que M. Julien produit, et cela avec un caractère officiel, c'est l'abaissement du prix de la viande et l'augmentation d'un quart dans la consommation , depuis l'établissement de cette boucherie sociétaire. Si M. le syndic s'est procuré des renseignements qui contredisent ces assertions, qu'il veuille bien les communiquer.

M. le Syndic. — J'ai été à Amiens; j'ai été voir le maire, l'adjoint. Je suis allé dans la boucherie; j'ai acheté de la viande.

M. Lupin. — Les actionnaires vous ont-ils dit qu'ils avaient perdu de l'argent?

M. le Syndic. — Les actionnaires ont dit que jusqu'à ce jour on n'avait pas donné de compte, mais qu'ils ne pouvaient marcher comme ils l'avaient cru, et qu'ils étaient obligés d'augmenter le prix de la viande.

M. Lupin. — C'est possible, mais c'est le cours naturel du marché.

M. le Syndic. — Cela ne satisfait pas l'administration, qui veut de la viande à bon marché pour le pauvre.

M. le Préfet. — Je veux de la viande au *meilleur marché possible,* et il n'y a que la liberté qui puisse nous la donner.

M. le Syndic. — Tout ce que vous faites aujourd'hui aura pour résultat de rendre la viande plus chère. Vous avez dit que vous parliez dans l'intérêt du consommateur ; je vous dis que la vente à la criée, c'est la destruction de la production.

M. de Tourdonnet. — M. le syndic est trop intéressé dans la question pour être impartial. Les producteurs sont seuls aptes à juger leurs intérêts.

M. Delestre. — Je demande qu'on écoute attentivement M. le syndic, il est le représentant d'un intérêt, il a le droit de se faire entendre.

M. le Syndic. — Je vous disais que la viande à la criée était la destruction de la bonne production, car il n'y a sur la criée que de la viande de 3e, de 4e, de 5e qualité; cette viande vient faire du tort à la bonne marchandise. Je ne combats pas la vente à la criée pour le producteur, mais je la combats pour les bouchers de la banlieue. Les bouchers de la banlieue vont acheter sur le marché leur approvisionnement, et ils viennent le vendre le lendemain à la criée; c'est un regrat.

M. le Préfet. — Du moment que la liberté existe, il faut que tout le monde en profite. Si les bouchers de la banlieue trouvent le moyen d'acheter de la viande bon marché et qu'ils ne puissent la consommer dans leur maison entièrement, ils peuvent couper un bœuf en deux et vendre la moitié à Paris.

M. Durand. — Je voudrais dire un mot sur l'inspection de la viande à la criée. J'ai été frappé de la manière dont elle se faisait; on y procédait sans doute avec beaucoup de soin, et cependant je n'avais pas une certitude complète que tous les morceaux exposés en vente eussent réellement passé sous les yeux des inspecteurs. Pour faire cesser mes préoccupations à cet égard, j'ai donné, il y a huit ou dix jours, des ordres pour qu'un cachet de vérification soit établi, et pour que son empreinte soit apposée ostensiblement sur chaque morceau de viande avant son exposition en vente. Par ce moyen, nous aurons la certitude que pas un morceau n'aura échappé à l'inspection.

M. le Syndic. — La viande n'arrivera pas toujours à la halle; elle ira dans les maisons particulières, comme elle commence déjà à y aller. Dans le faubourg Saint-Germain et dans d'autres faubourgs, il y a de mauvaises viandes; il n'y a pas moyen d'échapper à cela; dans certains quartiers, les viandes ne vont plus au marché des Prouvaires, parce qu'elles y sont vérifiées. On n'en saisit guère aujourd'hui, je le reconnais; elle va à domicile tout droit.

M. le Préfet. — Nous avons une loi qui permet de condamner à la prison ceux qui vendront de la viande corrompue et malsaine.

M. le Syndic. — Je crois que la Ville devrait faire comme elle faisait avant 1848 : désigner les barrières par où entrera la viande. En 1847 la viande n'entrait que par trois ou quatre barrières. Cela faciliterait la surveillance qui va devenir plus nécessaire que jamais.

M. de Tourdonnet. — Je ne demande pas que la viande entre par toutes les barrières. Je demande qu'elle entre, autant que possible, par un certain nombre de barrières déterminées par M. le Préfet, et qu'à chacune de ces barrières on inspecte la viande au moment où elle se présentera. M. le Préfet en établira deux; si je ne trouve pas que ce soit assez, je protesterai; s'il en établit dix, il y en aura assez, je ne dirai rien; c'est une affaire d'administration. Mais une fois la viande introduite, marquée, inspectée, ce que nous demandons, et ce que M. le Préfet nous propose, c'est que la viande rentre dans le droit commun, soit considérée comme marchandise ordinaire et qu'elle aille directement où elle voudra. Si je veux subir la chance d'un marché, j'irai; je la proposerai chez un acheteur direct, si j'ai traité avec lui.

Il y a des barrières qui ne correspondent pas à deux ou trois routes, qui ne répondent pas à des nécessités d'arrivage; qu'on les supprime complétement pour l'entrée.

M le Syndic. — La boucherie de Paris aurait-elle le droit de venir vendre à la criée si elle veut?

M. de Tourdonnet. — Sans doute. La boucherie de Paris n'existe plus, elle rentre dans le droit commun.

M. le Syndic. — Puisque nous allons terminer, qu'on a parlé dans l'intérêt de l'agriculture, dans celui de la production, je dois, moi aussi, représentant du commerce de la boucherie, parler dans l'intérêt des membres de cette corporation.

La question d'indemnité.........

M. le Préfet. — Nous ne traitons pas cette question-là.

M. Lupin. — Nous n'avons rien à dire là-dessus.

M. le Syndic. — Vous pourrez au moins émettre un vœu.

M. le Préfet. — Je constaterai votre réclamation comme nous avons constaté celle de M. de Tourdonnet, au sujet du droit d'abri.

M. le Syndic. — Je regrette que M. Horace Say ne soit pas là, parce que, dans un travail qu'il a fait, il a reconnu qu'il fallait indemniser la boucherie de Paris.

M. Dubois. — Je crois que la Commission n'a rien à examiner dans cette réclamation.

M. le Préfet. — Nous constatons votre demande; mais nous n'avons pas plus à nous occuper de cela que des droits de la Ville. C'est une question que vous aurez à discuter avec le conseil municipal.

M. le Syndic. — Ces messieurs ont attaqué le droit d'octroi.

M. le Préfet. — Ces messieurs ont demandé qu'il soit pris acte de leur réclamation. Vous demandez aussi qu'il soit pris acte de la vôtre; ce sera fait

M. Delestre. — Cela ne préjuge en rien la question; car, si on devait la débattre, j'aurais de puissants arguments à présenter contre l'indemnité. On n'achète pas l'étal, on achète la clientèle.

M. le Préfet. — Nous nous réunirons après-demain pour voter sur la rédaction définitive de toutes les résolutions que nous avons prises.

SÉANCE DU 14 MAI 1851.

M. le Préfet. — A la dernière séance, nous avons voté la dernière proposition qui était à l'ordre du jour, c'est-à-dire la liberté du commerce de la viande à l'intérieur de Paris; nous avons déclaré que la viande une fois entrée, soit par les abattoirs, soit par l'octroi, ayant par conséquent, subi l'inspection, deviendrait marchandise ordinaire et serait soumise à la surveillance générale à laquelle sont astreints tous les objets de consommation. Aujourd'hui, nous nous sommes réunis pour approuver ou corriger la rédaction des résolutions que nous avons prises.

Voici le projet que j'ai fait préparer.

M. Baube donne lecture de l'ensemble de la rédaction qui est proposée à l'approbation de la Commission. La Commission reprend ensuite en détail chaque article de ce projet.

M. le Préfet. — « Article 1er. Le commerce de la boucherie est libre. Le cautionnement imposé à l'exercice de la profession de boucher est supprimé. »

M. Julien. — Est-ce qu'on ne devrait pas ajouter : « La caisse de Poissy est supprimée? » On s'explique sur le cautionnement; pourquoi ne pas s'expliquer sur la caisse?

M. Delestre. — La caisse de Poissy est implicitement supprimée par le fait seul de l'abolition du cautionnement.

M. le Syndic. — Si cependant la Ville, dans l'intérêt de l'approvisionnement, veut emprunter de l'argent et le prêter au boucher.

M. Husson. — Si un esprit ingénieux trouve le moyen de fonder une nouvelle caisse de crédit, à de bonnes conditions, nous le laisserons faire volontiers.

M. de Tourdonnet. — Le commerce de la boucherie étant déclaré libre, nous avons le droit d'envoyer, de tuer, de vendre aussi bien que le boucher. Par conséquent, on ne pourrait faire une caisse pour les bouchers sans que nous en retirions un égal bénéfice.

M. Husson. — Ce sera une caisse libre.

M. de Tourdonnet. — Dans ce cas, je ne m'oppose pas à ce qu'elle soit créée, si le conseil municipal trouve le moyen de la créer. Je ne veux pas qu'on interdise toute caisse de crédit.

M. le Syndic. — Je demande qu'on dise que la caisse de Poissy est supprimée.

M. Husson. — Il y aurait peut-être quelque danger à le dire, par ce qu'il semblerait, ce qui n'est pas, que vous proscrivez toute espèce de caisse de crédit.

M. le Préfet. — Le marché n'étant plus à Poissy, le cautionnement étant rendu, le privilége étant supprimé, les facteurs interviendront avec l'agrément de l'administration et un cautionnement; cela dit tout, et je crois que nous ne devons pas dire plus.

M. Baube. — L'avis en forme d'arrêté que nous discutons ne viendra qu'après les développements que nous lui aurons donnés. Il a été dit, dans une séance précédente, que la caisse de Poissy serait supprimée; cela suffit pour compléter l'idée.

M. Julien. — La question est de savoir si notre pensée a été que la caisse de Poissy cessera d'exister. Cela ne me paraît pas douteux. Cela étant voté, il est logique et raisonnable de le dire.

M. Husson. — On n'a pas mis aux voix, ce me semble, la suppression de la caisse de Poissy ; il a été seulement entendu qu'elle ne pouvait subsister avec le régime de la liberté absolue, et qu'elle était supprimée implicitement.

M. Julien. — Je demande s'il ne sera pas utile qu'on s'explique à cet égard. La caisse sans cela ne serait pas absolument supprimée, en ce sens qu'on pourrait venir réclamer de la ville de Paris des avances, sans lui donner de cautionnement. Elle ne les donnerait pas, mais il vaut mieux prévoir ce cas et s'exprimer formellement.

M. Husson. — Le cautionnement étant supprimé, il n'y a plus d'argent pour alimenter une caisse de crédit municipale.

M. Julien. — C'est l'argent de la caisse municipale qui servait, ce n'était pas seulement l'argent du cautionnement.

M. Delestre. — Si vous vouliez dire quelque chose, vous pourriez déclarer qu'elle n'est pas obligatoire. Alors à quoi bon ?

M. le Syndic. — Vous avez toujours votre arrière-pensée de faire une caisse et de forcer les bouchers d'y venir.

M. Husson. — On ne pourrait forcer les bouchers d'y venir sous le régime de la liberté.

M. le Préfet. — Quel moyen aurait-on pour les y contraindre?

M. le Syndic. — En 1825 les bouchers étaient libres; on les a bien forcés d'avoir un cautionnement.

M. le Préfet. — On vous rend aujourd'hui ce cautionnement.

M. le Syndic. — La Ville dira : J'ai de l'argent en caisse, je n'ai pas besoin du cautionnement des bouchers, je vais faire valoir mon argent, et, pour garantir l'approvisionnement, nous forcerons les bouchers à venir à la caisse municipale que nous allons fonder.

M. Husson. — Cette crainte est tout à fait chimérique; la Ville, soyez-en sûr, ne viendra pas vous offrir de l'argent et vous forcera le prendre.

(L'article 1er est mis aux voix et adopté.)

M. le Préfet. — « Art. 2. Les marchés de Sceaux et de Poissy sont supprimés. Ils seront remplacés par des marchés à bestiaux près des murs d'enceinte; l'emplacement en sera déterminé par l'administration. Ils se tiendront alternativement aux jours et heures qui seront jugés le plus convenables.

« Les éleveurs, approvisionneurs, marchands, etc., pourront envoyer leurs bestiaux sur ces marchés, pour y être vendus, soit directement, soit par mandataire, soit par l'intermédiaire des facteurs dont il va être parlé. »

Je crois qu'il ne faut pas parler de Sceaux et de Poissy.

M. Delestre. — Dans tous les cas, si l'on désirait l'intervention de la ville de Paris, elle pourrait agir sur le marché de Sceaux, qu'elle a établi; mais le marché de Poissy est tout à fait indépendant.

M. Husson. — C'est un marché qui fait partie du système de l'approvisionnement de Paris.

M. Mosselman. — J'aimerais mieux dire : « Il sera établi aussi près que possible, et en dehors du mur d'enceinte, deux marchés....

M. Husson. — *Rayon* est préférable; il y a des villes qui n'ont pas de mur d'octroi. C'est là le mot consacré.

M. Mosselman. — Il faut espérer que cet arrêté servira à toutes les autres villes; il faut le faire comme pour toutes.

M. de Tourdonnet. — Le porc est-il bétail?

M. Husson. — Oui, mais pas bétail de boucherie. Le comité a entendu, je pense, exclure les porcs et les volailles.

M. de Tourdonnet. — Le porc n'est pas exclu.

M. le Préfet. — Le porc viendra à ces marchés, mais à un jour différent. Le bœuf et le cochon font mauvais ménage.

M. Mosselman. — Pourquoi excluez-vous la volaille ?

M. Dubois. — La volaille n'est pas du bétail.

M. Baube. — Vous avez la Vallée.

M. Mosselman. — Est-ce que j'ai à la Vallée une affaire organisée comme celle-ci ?

M. Durand. — Vous avez un marché à la criée, des facteurs, etc.; c'est parfaitement organisé.

M. le Préfet. — « Il sera établi, aussi près que possible du mur d'enceinte et en dehors du rayon de l'octroi, deux marchés à bestiaux. L'emplacement en sera déterminé par l'administration. Ils se tiendront alternativement aux jours et heures qui seront jugés le plus convenables. »

M. de Tourdonnet. — J'aimerais mieux qu'on dise six fois par semaine, ce serait quelque chose de plus positif.

M. Husson. — Ce sera peut-être six fois !

M. Mosselman. — Alternatif veut-il dire tous les deux jours ?

M. Durand. — C'est suivant le nombre des marchés.

M. Baube. — La fixation du nombre des marchés est une affaire d'administration pure et simple.

M. le Préfet. — « Les éleveurs, approvisionneurs, marchands, etc., pourront envoyer leurs bestiaux sur ces marchés, pour y être vendus, soit directement, soit par mandataire, soit par l'intermédiaire des facteurs dont il va être parlé. »

(L'article 2 est adopté.)

M. le Préfet. — « Art. 3. Il sera créé sur ces marchés des facteurs en nombre suffisant, dont les fonctions consisteront à recevoir en consignation les animaux sur pied, les vendre soit à l'amiable, soit à la criée, et aux conditions indiquées par le propriétaire. A défaut de vente sur pied, les bestiaux pourront être dirigés dans les abattoirs, et la viande en provenant y être vendue à l'amiable, exportée ou renvoyée au marché intérieur de la criée. »

M. Delestre. — Il avait été parfaitement convenu, sur ma proposition, que la viande abattue à l'abattoir de la Ville pourrait être vendue là où elle était abattue ; qu'il n'y avait que la viande morte entrant par l'octroi qui allât directement à la criée.

M. Husson. — C'est indiqué dans l'article.

M. Durand. — Que fera-t-on de la viande provenant des animaux qui devront être abattus sur le marché même ? Il faudra un abattoir, un échaudoir près de ce marché, pour cela.

M. le Préfet. — Ce sont des exceptions ; ce sera réglé par ordonnance.

M. Mosselman. — Je ne trouve pas dans l'article la possibilité de ressortir de l'abattoir, et de ne pas faire entrer dans Paris la viande qui y sera abattue.

M. le Préfet. — Il a été expliqué que l'abattoir était un terrain neutre, en dehors de l'octroi, et que la viande pourrait être dirigée dans Paris ou dehors.

M. Baube. — L'article 1er dit : « Le commerce de la boucherie est libre. » Maintenant, dans l'intérêt de la ville de Paris, vous faites des restrictions ; les articles postérieurs ne sont que des exceptions. Tout ce qui n'entre pas dans les exceptions rentre dans l'article 1er.

M. Husson. — Même avec le régime actuel, l'abattoir est libre.

M. Julien. — Il serait bon de faire connaître que nous n'abandonnons pas ce principe.

M. le Syndic. — L'ordonnance de 1847 dit que tous les abattoirs sont considérés comme entrepôts.

M. Julien. — Il faut dire que nous maintenons le système actuel.

M. Husson. — C'est entendu.

M. le Préfet (continuant la lecture). — « Les facteurs institués rendront immédiatement compte au propriétaire de l'animal du résultat des ventes opérées pour lui, et lui en verseront le montant.

« Un cautionnement, dont le chiffre sera fixé ultérieurement, garantira leur gestion. »

M. de Tourdonnet. — Je demande à faire une observation sur ces mots : « rendront compte immédiatement des résultats de la vente opérée... »
Nous avons accordé au facteur de la vente sur pied le droit de vendre au compte du producteur, de conduire son animal à l'abattoir, lorsqu'il en aura mission. A l'abattoir, il n'y a que la viande qui sera vendue à l'amiable, les quatre quartiers ; le cinquième quartier peut-il être vendu ? Si on veut lui donner le droit de le vendre, on le peut ; mais jusqu'ici on n'en a pas encore parlé. Le facteur rendra bien compte immédiatement

du prix de vente des quatre quartiers, parce que cette vente sera faite dans les vingt-quatre heures ; mais rendra-t-il compte immédiatement du suif? Je ne crois pas. Du cuir? C'est impossible. Les habitudes du commerce du cuir sont de ne vendre que tous les mois.

M. le Syndic. — Tous les mois nous vendons nos cuirs. Mais on sait que les cuirs valent 26 francs ; on les envoie au dépôt.

M. de Tourdonnet. — Vous me donnez la faculté de faire abattre mon animal par l'entremise du facteur. J'en userai souvent pour ne pas me mêler de détails, ayant confiance dans un homme en qui l'administration a confiance. Ce facteur me rendra compte dans les vingt-quatre heures.....

M. Husson. — « Aussitôt après la vente. » Cela répond à tout.

M. Mosselman. — Ce sera tous les mois pour le suif.

M. Dubois. — Je propose de mettre : « Le facteur, après la vente opérée. »

M de Tourdonnet. — Cela ne rend pas mon idée. L'animal est vendu, le facteur me rend compte de la vente ; mais le bordereau qu'il m'envoie ne peut me rendre compte des ventes faites postérieurement.

M. Husson. — Il y aura alors un second bordereau.

M. de Tourdonnet. — Ce bordereau peut être très-éloigné, peut amener la méfiance. Il ne pourra m'être envoyé avant huit, dix, douze jours. Il y a là une lenteur qui peut amener certains inconvénients.

Mais j'arrive à ce que je voulais dire d'abord.

Il y a une infinité de demandes pour régulariser le commerce des suifs et des cuirs ; nous n'en avons pas dit un mot, nous ne nous sommes occupés que de la vente de la viande. On nous a dit que le commerce des cuirs et des suifs serait réglementé plus tard par M. le Préfet ; je voudrais que ce règlement ne vînt pas contrecarrer la confiance que nous devons avoir dans les facteurs.

Il y a des demandes faites pour établir des marchés aux cuirs ; j'ai vu moi-même les demandeurs, j'en ai eu connaissance dans les bureaux de l'Hôtel de Ville. Je demande que ce marché soit aussi établi conformément au principe que nous avons adopté pour la vente des quatre quartiers : le principe de libre concurrence. Je crois qu'on ferait bien de l'indiquer.

M. Husson. — Je ne sache pas qu'il ait été présenté un projet pour établir un marché aux suifs ; mais il y a des projets sérieux de halle aux cuirs, et parmi ces projets il en est un qui est arrivé à maturité. Il sera soumis sous peu de jours à la Commission municipale ; c'est le projet rédigé par M. Gauthier, et qui établit la halle dans le douzième arrondissement. Si cet établissement est édifié prochainement, il possédera des facteurs tout comme vos marchés à bestiaux. Dans ce cas, le facteur du marché aux bestiaux ou de la criée enverra les cuirs à la halle publique, et il en opérera la vente par le même procédé.

M. Baube. — Il y a deux espèces de ventes : la vente de l'animal sur pied et la vente de la viande abattue. On n'a pas voulu fixer de délai dans l'article, parce que ce qui pouvait être bon pour l'une pouvait être mauvais pour l'autre. Il y a même une troisième vente pour laquelle il faut un délai encore plus long, c'est celle des cuirs verts et des suifs. Les mots : *immédiatement après la vente,* comprennent ces trois espèces de ventes. Le principe est posé : le facteur ne pourra se dispenser de rendre compte immédiatement après la vente ; des opérations diverses comportent des délais plus ou moins longs. Le compte des produits de la vente sur pied peut être rendu dans les vingt-quatre heures, celui de la vente de la viande abattue dans les deux ou trois jours, celui de la vente des cuirs toutes les semaines ou tous les mois. Ce sont des règlements spéciaux qui viendront déterminer l'espace de temps nécessaire à la liquidation de chaque opération, le moment à partir duquel le facteur devra rendre compte. Le propriétaire saura ainsi à quel moment il peut demander ce compte, suivant que son animal aura été vendu soit sur pied, soit abattu, ou qu'il s'agira de la vente des cuirs et suifs.

M. Mosselman. — Je voudrais qu'on supprimât le mot *immédiatement* ; voici pourquoi : J'ai été préoccupé de cette succession de ventes, et je ne sais pas même si on pourra payer la viande immédiatement. Dans l'usage, le facteur est obligé souvent de faire vingt-quatre heures, quarante-huit heures de crédit, parce qu'on ne peut pas dire aux gens d'avoir leur sacoche comme dans les foires ; c'est barbare : il faut donc que dans la pratique on laisse un crédit aux bouchers. Je voudrais, pour rester dans l'esprit de ce projet, qui est de n'arrêter que quelques points principaux, de ne pas entraver la réglementation que l'expérience indiquera, retrancher le mot *immédiatement,* parce que l'administration de la préfecture organisera ces détails. Qui sait si on ne sera pas obligé de reconnaître que le facteur ne devra payer qu'au bout de quarante-huit heures, que le suif ne sera payé qu'une fois par semaine, que le cuir ne sera payé qu'une fois par mois ?

M. Baube. — Si vous supprimez le mot *immédiatement,* voyez la conséquence ; on vous dira : La ville de Paris a institué des facteurs qui sont obligés de rendre compte des produits de la vente, mais à quel moment ? Un facteur peut lever le pied au bout d'un mois, emporter une somme plus ou moins importante. On viendra vous dire : Pourquoi vous, ville de Paris, n'avez-vous pas fait rendre compte après la vente? Tandis que si on laisse le mot *immédiatement,* on n'accordera que le délai indispensable pour mettre au net les écritures et établir les comptes. Mais, suivant le plus ou moins de confiance qu'aura le producteur dans son facteur, il lui donnera un délai plus ou moins long, c'est son affaire; l'administration n'a rien à y voir.

M. le Syndic. — Le facteur s'abouchera avec un tanneur, ou il enverra ses cuirs au dépôt de la boucherie; il sera payé, s'il veut, tous les jours; il se fera payer de son suif, tous les jours aussi. Nous avons des bouchers, à Paris, qui se font payer leurs cuirs et leurs suifs tous les jours.

M. le Préfet. — Nous ne pouvons pas réglementer cela : il s'établira, avec le nouveau système, de nouvelles manières de faire les transactions. Je vous propose de supprimer, du deuxième paragraphe de l'article, les mots suivants : « Les facteurs institués rendront immédiatement compte au propriétaire de l'animal du résultat des ventes opérées pour lui, et lui en verseront le montant. » Le second paragraphe ne contiendrait que cette disposition : « Un cautionnement, dont le chiffre sera fixé ultérieurement, garantira leur gestion. »

M. Delestre. — Je suis assez de cet avis; mais je voudrais qu'en vue de la consommation, il y eût, pour la ville de Paris, un droit de vérification de la caisse factoriale.

M. Baube. — C'est dans l'institution du factorat.
(La seconde partie de l'article est adoptée.)

M. le Préfet. — « Art. 4. L'exploitation des abattoirs sera mise en harmonie avec le régime de libre concurrence. Tout propriétaire d'animaux jouira, comme les bouchers, du droit de faire abattre son bétail aux conditions déterminées par l'administration municipale. »

M. de Tourdonnet. — Vous avez voulu que la liberté fût appliquée aux marchés sur pied; je demande s'il n'est pas utile de dire que le marché aux cuirs, puisqu'il va être fait, sera soumis au même principe de concurrence.

M. Delestre. — Ce sera la conséquence forcée.

M. Husson. — Cette liberté existe maintenant: il y a une halle municipale pour les cuirs, mais elle n'est pas disposée pour recevoir les cuirs verts; dans la halle nouvelle, qui sera établie selon d'autres dispositions, avec plus d'espace et d'air, il y aura un emplacement spécial pour la vente de ces cuirs.

M. le Préfet. — Revenons à la rédaction proposée.
(L'article 4 est adopté.)

M. le Préfet. — « Art. 5. Le marché à la criée des viandes abattues sera conservé avec son organisation actuelle dans l'intérieur de Paris. Il recevra tant les viandes provenant du dehors que celles qui y seraient envoyées des abattoirs par tout propriétaire ou boucher. »

Je demande la suppression des mots : « *avec son organisation actuelle* », car on peut en trouver une meilleure.

M. de Tourdonnet. — Je l'aurais demandé. Cela peut être modifié à chaque instant.

M. Mosselman. — On dit : « Par tout propriétaire ou boucher ». Je ne suis ni propriétaire ni boucher, et j'envoie un bœuf.

M. Delestre. — Vous êtes propriétaire du bœuf acheté par vous !

M. Baube. — On a voulu montrer qu'il n'y avait plus de restriction. Le mot *propriétaire* étant le plus général, puisqu'il comprend l'éleveur, l'acheteur, etc., a été pris comme opposition à celui de *boucher*, car les bouchers ont seuls, aujourd'hui, le droit de tuer aux abattoirs.

M. de Tourdonnet. — Le mandataire est propriétaire ; il ne peut agir qu'avec une délégation.

M. le Préfet. — Supprimons dans la première phrase ces mots : *avec son organisation actuelle,* et dans la seconde les suivants : *par tout propriétaire ou boucher.*

M. Mosselman. — Même par les spéculateurs amateurs.

(L'article 5 est ainsi adopté, avec la suppression proposée par M. le Préfet.)

M. le Préfet. — « Art. 6. La viande entrée dans Paris ayant été inspectée, soit qu'elle provienne des abattoirs, soit qu'elle arrive par les bureaux d'octroi, sera réputée marchandise ordinaire et sera soumise à la surveillance générale de l'administration, qui s'exerce sur toutes les denrées alimentaires. »

M. Mosselman. — Je supprimerais ces mots : « ayant été inspectée ; » lorsqu'elle sortira, elle ne le sera pas.

M. le Préfet. — Ces mots-là rassureront les personnes qui prétendent qu'à partir du jour où nous aurons la liberté nous serons tous empoisonnés.

M. de Tourdonnet. — On pourrait dire : « La viande inspectée à son entrée dans Paris, soit que. . . . . »

M. Delestre. — « La viande sera inspectée à son entrée dans Paris, et soit que. . . . . »

M. Dubois. — La première rédaction a une allure plus réglementaire.

« La viande entrée dans Paris, après inspection. . . . . » Je crois qu'on ne peut rien dire contre cette rédaction.

M. Julien. — Cela supposerait qu'il en entre sans inspection, tandis qu'il n'en entre pas. L'article ne parle pas expressément de l'inspection dans les abattoirs. Pour rassurer les esprits et montrer qu'on ne négligera aucune des précautions qui sont prises aujourd'hui, on pourrait dire : « Inspectée dans l'abattoir ou à son entrée dans Paris. »

M. le Syndic. — Vous avez beaucoup de barrières; s'il faut inspecter à chaque barrière, ce sera dispendieux.

M. de Tourdonnet. — On désignera seulement quelques barrières.

M. le Préfet. — S'il fallait un employé spécial à chaque barrière, ce serait un grand inconvénient. C'est un règlement à faire.

M. Husson. — On pourrait peut-être dire : « La viande est réputée marchandise ordinaire; elle sera inspectée, soit dans les abattoirs, soit à son entrée dans Paris, sans préjudice de l'inspection générale, etc. »

M. le Préfet. — Elle n'est réputée marchandise ordinaire que lorsqu'elle est entrée dans Paris, lorsqu'elle a été inspectée à l'octroi ou à l'abattoir.

M. de Tourdonnet. — La viande dans les abattoirs n'est pas dans Paris, elle n'y est que quand elle sort des abattoirs; il est donc inutile de mettre qu'elle sera inspectée dans ces abattoirs.

M. Julien. — Le public n'est pas au courant de cette finesse de réglementation, en vertu de laquelle les abattoirs ne sont pas dans Paris.

L'article 6 est adopté ainsi qu'il suit :

« La viande sera inspectée à son entrée dans Paris et à l'abattoir, et, soit qu'elle provienne, etc. (le reste comme au projet). »

M. le Préfet. — M. de Tourdonnet m'a fait une observation qui a bien sa valeur. Il désirerait qu'il soit dit un mot sur les marchés en détail de Paris, pour exprimer le vœu qu'à l'avenir ils soient soumis à la libre concurrence. On donne des places dans ces marchés, pour la vente de la viande, aux bouchers de Paris ou de la province. La Ville devrait les donner à l'adjudication à ceux qui les demanderaient.

M. Baube. — C'est une affaire exclusivement municipale.

M. le Préfet. — Après avoir donné la liberté à tout le monde, nous ne pouvons pas attirer du dehors, par une espèce de prime, une concurrence aux bouchers de Paris.

M. Husson. — Il y a ici deux points à considérer. Il faut d'abord établir les étaux de boucherie, c'est-à-dire faire que tous les marchés de la ville de Paris en soient pourvus. Il va en être construit sur le marché Saint-Martin. Deux autres marchés n'en ont pas encore. Une proposition va être faite à la commission municipale pour compléter leur création. Ces étaux une fois établis, le reste devient réglementaire ; la préfecture de police peut faire une nouvelle ordonnance, pour prescrire un nouveau mode de répartition, pour dire que les places seront distribuées suivant certaines règles, en inscrivant sur un registre, par exemple, et à tour de rôle, les noms de ceux qui voudront avoir des étaux.

M. de Tourdonnet. — Les détails sont administratifs, mais le principe ne l'est pas. Je demande que le principe de libre concurrence, qui a dominé notre discussion sur les marchés sur pied et sur les abattoirs, domine aussi l'organisation des marchés de détail. Je ne demande pas, quoique ce fût ma première idée, qu'il y ait un plus grand nombre de marchés et plus de places dans chaque marché : je crois qu'on y arrivera par la force des choses. Mais je demande que, quel que soit le nombre des marchés ou des places dans chaque marché, la libre concurrence soit adoptée pour ces marchés.

M. Baube. — Nous préparons un avis en forme d'arrêté qui doit être envoyé au conseil municipal, et qui ira, sans doute, au ministère du commerce et à la commission de l'Assemblée ; comprendriez-vous que, dans ce règlement, M. le Préfet allât indiquer des dispositions qu'il est libre de prendre par ordonnance ?

M. Mosselman. — Est-ce que dans l'état actuel des choses vous pouvez réglementer les marchés, ce qui se passe sous le toit des marchés ?

M. le Préfet. — Oui ; ils appartiennent à la Ville, dont nous sommes les mandataires.

M. de Tourdonnet. — Je demande à faire une observation sur ce qu'a dit M. Baube : c'est au nom de la commission municipale même que je la ferai. J'ai sous les yeux sa délibération, dont M. le Préfet a fait un extrait qu'il nous a soumis. Nous avons fourni nos observations sur ce que la commission municipale nous engageait à examiner. Voici ce qui est dit : « Il y a lieu de procéder à une nouvelle réglementation, établir peut-être des marchés de quartier avec le mode de vente à la criée. »
Lorsque nous répondons à une question que la commission municipale nous a posée, nous sommes dans notre droit, nous ne faisons rien d'insolite, rien qui empiète sur les droits municipaux. Peut-être empiéterions-nous si nous demandions un plus grand nombre de marchés, si nous entrions dans la réglementation. Mais ici nous sommes dans le système général de la liberté, et je demande qu'il soit appliqué à tous

les degrés du commerce, vente en gros, tuerie à l'abattoir, vente à la criée en gros et demi-gros, vente aux marchés de détail. Nous restons parfaitement logiques ainsi, dans notre principe, et nous n'administrons pas.

M. Delestre. — La pensée de la commission municipale a été d'abord d'établir un marché central; mais ce marché central ne répond pas complétement à tous les besoins de la population. Les habitants des quartiers excentriques n'ont aucun profit à une seule halle centrale, parce que l'éloignement est tel que le temps à perdre pour aller s'y approvisionner est d'une valeur plus considérable, pour eux, que la perte à subir en payant plus cher au boucher placé à leur porte. Ne serait-il pas utile d'établir, en outre de cette halle centrale à la criée, d'autres halles secondaires, succursales en quelque sorte, où les ventes n'auraient pas lieu aux mêmes jours et aux mêmes heures. Cette opinion m'est personnelle. Pour être logique, pour faire obtenir à la population de Paris la vente au meilleur marché possible, il serait bon de neutraliser l'action des bouchers locaux par une vente à la criée dans plusieurs circonscriptions. Ne conviendrait-il pas d'indiquer dans le projet qui nous est soumis, et qui vient d'être accueilli par la presque unanimité de la commission, la nécessité d'établir dans certains quartiers des marchés propres à favoriser la consommation dans les arrondissements les plus éloignés de la halle centrale?

M. Mosselman. — Depuis l'explication qu'on m'a donnée en me disant que les marchés étaient complétement sous la tutelle de l'administration; qu'il n'y avait là aucun règlement qui s'opposât à ce que les étaux fussent renouvelés plus souvent; qu'il y en eût un plus grand nombre, je ne veux aucune entrave mise à l'administration. Je comprends que nous ayons stipulé des changements pour les abattoirs; si on ne l'avait pas fait, le lendemain de la liberté, où serions-nous allés? Il était bien plus simple de se servir des abattoirs déjà bâtis, sans faire des édifications nouvelles. Mais, puisque la législation ne s'oppose pas à ce que les étaux soient établis en plus grand nombre, je préfère laisser cela à un règlement de police.

M. Baube. — Je comprends très-bien que le conseil municipal ait pu dire à M. le Préfet : Examinez donc la question de savoir si vous ne devriez pas affecter aux bouchers forains un plus grand nombre d'étaux sur les marchés. Mais je dis que M. le Préfet, qui a consulté le comité, qui s'éclaire de ses discussions, ne peut venir dire à l'autorité supérieure : Je vous demande la permission d'user de mes attributions. Elle lui répondrait avec raison : Vous me demandez la permission de faire ce que vous avez le droit de faire.

M. de Tourdonnet. — Je ne crois pas que M. le Préfet ait ce droit.

M. le Préfet. — Il s'agit ici de réglementer les marchés à la viande en détail, c'est-à-dire les marchands de viande de Paris qui sont répartis sur les différents marchés et dans les étaux qui appartiennent à la ville de Paris. Prenons le marché en détail des Prouvaires, qui est le plus considérable. Ce marché a été établi pour faire la concurrence à MM. les bouchers de Paris; et, pour faciliter cette concurrence, on a donné ces étaux à des bouchers forains. Ces étaux ont été donnés à peu près arbitrairement : on a tiré les places au sort. C'est une très-mauvaise organisation que je chercherai à supprimer. Si nous pouvions être déclarés libres demain, après-demain je demanderais que tous les étaux fussent loués par adjudication.

M. Husson. — Il y a une très-grande difficulté légale à ce que vous louiez les étaux par adjudication publique. Le droit commun prescrit d'avoir dans les marchés des places dont le tarif est arrêté d'avance. Pour les louer par adjudication, il faudrait nécessairement les mettre aux enchères. Il faut sans doute que vous établissiez une règle qui assure aux transactions la plus grande liberté possible; mais comment pourrez-vous adjuger? Il ne s'agit pas ici d'une location ordinaire.

M. de Tourdonnet. — Je demande ceci : M. le Préfet de police a-t-il le droit, comme Préfet de police, de mettre en adjudication une place dans les marchés de Paris?

M. Baube. — Non.

M. Husson. — Les marchés ne sont pas une propriété ordinaire. Les droits que les communes y perçoivent sont des taxes établies par la loi de l'an VII, selon un tarif qui doit être voté par le conseil municipal et approuvé par le ministre de l'intérieur. Puisque le droit de place doit être fixé à l'avance et selon la superficie occupée, vous ne pouvez pas faire d'enchères. Vous allez voir jusqu'où cela vous mènerait. Il existe des marchés dans lesquels il y a des places qui rapportent beaucoup plus que dans d'autres. Au marché Saint-Honoré, par exemple, on connaît des places où les marchands font de véritables fortunes. Vous seriez amenés naturellement à établir l'enchère sur une mise à prix qui représenterait le profit que peut faire le marchand; et par les enchères, aussi bien que par l'esprit de concurrence, le prix de la place s'élèverait au delà de ce qui est vraiment raisonnable. Il en résulterait sans doute, si ce système était appliqué généralement sur tous les marchés de Paris, une certaine élévation du prix de la marchandise.

M. le Préfet. — Je répondrai d'abord que je ne cherche pas seulement le bon marché, je cherche la liberté pour tout le monde. D'ailleurs, le système de l'adjudication n'augmenterait pas le prix de la viande. Sur le marché Saint-Honoré il y a des places où les marchands font leur fortune. Eh bien! ils ne la feront plus si vite, ils feront comme tous les autres. Vous croyez que parce qu'ils ont les meilleures places, ils donnent leurs marchandises à meilleur marché : ils les vendent aussi cher. Le public ne gagne rien à cela. Vous donneriez pour rien toutes vos places de marché de Paris, que vous n'auriez pas la moindre diminution sur le prix; ce sont les marchands qui en profiteraient. Il faut donc louer les places ce qu'elles valent : 10,000 francs si elles valent 10,000 francs, 500 francs si elles valent 500 francs.

M. Husson. — S'il y a quelques places privilégiées seulement, cela ne peut avoir d'influence sur les prix; mais si vous admettez l'enchère comme système d'ensemble, je crois que vous risquez, outre d'autres inconvénients, de faire monter le prix des objets de consommation.

M. Mosselman. — Il est certain que sur les marchés il y a des places meilleures que d'autres pour la vente, qui seront recherchées; celles qui ne seront pas aussi favorisées par leur position seront louées meilleur marché; celles-là pourront faire concurrence aux places plus chères, et la marchandise sera ainsi obtenue à meilleur marché.

M. Husson. — Aujourd'hui les places sont divisées en plusieurs catégories, suivant qu'elles sont bonnes, ou moins bonnes ou mauvaises. D'après la législation existante, le prix est établi sur le mètre carré. Il en résulte des loyers très-doux, ce qui profite en réalité au consommateur. Il en résulte aussi que le marchand peut s'étendre en louant accidentellement une boutique à côté de lui. Si vous établissez le système de l'adjudication, vous limiterez davantage le nombre des marchands; vous ferez que, dans certains marchés, là où une bonne place est occupée par plusieurs marchands successivement, cette place ne recevra plus qu'un approvisionneur, dont elle sera la propriété exclusive et qui en spéculera. La Ville recevrait peut-être un peu plus dans un tel système, mais je crois que ce serait au détriment des consommateurs.

M. Delestre. — Quand il s'est agi de mettre en adjudication les abattoirs, j'ai fait observer que nous pourrions avoir des monopoleurs. De même, si vous mettiez en adjudication les places des marchés, n'aurait-on pas à redouter une association, une organisation de monopoleurs pour accaparer, moyennant un prix un peu plus élevé, les places où il y aurait un débit certain. La Ville n'est pas intéressée à tirer pour un laps de temps tout à fait hypothétique une somme un peu plus forte de l'emplacement qu'elle loue; elle tient seulement à récupérer l'intérêt de l'argent sorti de sa caisse. Autrement, vous grevez encore davantage la

consommation : le consommateur supporterait inévitablement la différence d'augmentation entre le prix commun de location, uniforme pour
tous, et le prix surélevé par adjudication. Dans tous les cas, je trouve
qu'il n'y a rien de si anti-libre concurrence que l'adjudication des places.
Le système suivi jusqu'à présent me semble plus rationnel.

Il y a une espèce de roulement entre les bouchers de Paris ou forains,
et chacun a le droit de profiter à son tour d'une place au marché;
l'on peut toujours s'abstenir d'user du bénéfice de la disposition municipale. Mais, avec l'adjudication, vous pouvez livrer pour un laps de
temps déterminé le monopole de la vente du marché à certains hommes
ayant par devers eux des capitaux assez forts pour ne pas permettre à
d'autres d'arriver en concurrence avec eux.

Je demande donc : si l'on établit la vente à la criée dans des marchés
autres que la halle centrale, qui doit être, à mon avis, le cœur de la
vente générale, que ce ne soit jamais par adjudication qu'on distribue les
places, soit aux forains, soit aux bouchers de Paris.

M. le Préfet. — La boucherie étant libre, il faut dépouiller le vieil
homme. Pourquoi a-t-on appelé les bouchers forains? Pour faire concurrence aux bouchers de Paris, pour les forcer à ne pas abuser du
monopole. Aujourd'hui ils n'ont plus ni monopole, ni privilége; pourquoi appellerions-nous donc des marchands qui leur feront une concurrence déloyale et qui les forceront à se ruiner? Pourquoi donner la
préférence à des forains plutôt qu'à toute autre personne?

M. Husson. — Vous ne devez donner de préférence à personne. Vous
ouvrirez un registre où tous ceux qui se présenteront devront être ins-
crits sans distinction.

M. Delestre. — Si la boucherie foraine ne profite pas des places, la
boucherie parisienne pourra les utiliser.

M. de Tourdonnet. — Je ne vois pas la libre concurrence dans le système que vous présentez.

M. le Préfet. — Nous cherchons à réglementer une chose qui ne l'est
pas. Quand tout le monde va être libre de pratiquer le commerce de la
boucherie, MM. les bouchers de Paris feront ce qu'ils voudront. Il me
semble que vous devez tâcher de louer les boutiques à longs termes,
afin d'engager ces messieurs à y créer des étaux perpétuels, comme il y
en a à Gand et ailleurs. Si, au lieu d'avoir 5oo bouchers dans leurs étaux,
avec 7 ou 8,000 francs de frais par an, on instituait des étaux dans les
marchés, qui ne coûteraient guère que 5 ou 6oo francs, on pourrait
vendre aussi facilement, et les bouchers auraient 4 ou 5,000 francs de

frais généraux de moins par an. C'est pour cela que j'aurais désiré que les étaux fussent loués pour neuf ans par les bouchers.

M. Delestre. — Je crois que vous iriez contre votre système.

M. Husson. — Vous donneriez la vie à un certain privilége de fait, comme en Belgique. En Belgique, ce système existe précisément. Aussi qu'arrive-t-il? C'est que les boucheries de quartier disparaissent. Dans les quelques villes que j'ai parcourues, je n'ai presque pas vu d'étaux libres. Il y a une ou plusieurs boutiques municipales. Je ne crois pas que ce soit là le système de la libre et vraie concurrence.

M. Delestre. — J'ai une conviction si profonde, que je vous demande la permission de ne quitter le terrain que quand je me trouverai complétement battu.

Vous avez voulu échapper à des intermédiaires obligatoires, qui étaient jusqu'à présent les bouchers. Vous avez dit que le producteur ou le propriétaire d'un animal pourrait, soit par l'intermédiaire des facteurs, soit par un autre mandataire, soit par lui-même, débiter sa viande. Il se peut qu'un producteur ait intérêt à se servir d'une place dans un des marchés de Paris. Avec votre système, les bouchers qui pourraient louer pendant un certain laps d'années les étaux que vous concéderiez seraient seuls à se substituer aux boutiques des bouchers actuels, et rétabliraient inévitablement un monopole dont vous voulez vous affranchir. De sorte que vous rendriez d'une main ce que vous retireriez de l'autre.

Il est beaucoup plus sage de rester dans l'organisation actuelle, de ne pas mettre en adjudication les étaux, de laisser à chacun, soit de la boucherie foraine, soit de la boucherie parisienne, venir, à son tour, occuper un étal municipal, en réservant (et j'en fais une condition expresse) certains étaux banaux, où les marchands de bestiaux qui ne voudraient pas employer d'intermédiaires quelconques pourront directement débiter leur animal. Vous sauvegarderez ainsi la libre concurrence.

M. le Préfet. — C'est avec cela que vous avez une concurrence déloyale. Vous avez des bouchers qui ne sont pas libres, qui payent patente, qu'on astreint à une certaine police pour tenir leur marchandise et leur étal propre, éclairé et arrangé avec certaines conditions, qui ont des charges obligatoires; et vous, municipalité, vous créez à côté d'eux des étaux de boucherie qui ne sont pas dans les mêmes conditions. Qu'en résultera-t-il? Que vous arriverez à ruiner tous les bouchers de Paris.

M. Julien. — Pas plus que les fruitiers ne sont ruinés par les marchés. C'est l'histoire de beaucoup de commerces. Il y a dans Paris bien des commerces dont l'équivalent se fait sur le marché.

M. le Syndic. — A Londres, comment les marchés sont-ils institués ? Il n'y a pas de marchés au détail comme chez nous ; il y a des bouchers qui louent des boutiques pour deux ou trois ans, et qui ont des charges. Le producteur envoie à ces bouchers-là douze, quinze, vingt, trente bœufs, qu'ils vendent pour le compte du producteur. Cela n'empêche pas que les bouchers de la ville de Londres aient aussi une place en ville où ils font leur vente de viande en détail.

M. Husson. — Ce régime-là est loin de valoir le nôtre.

M. de Tourdonnet. — Il n'y a plus ni bouchers intérieurs, ni bouchers forains. Dans les cinq articles que vous venez de voter, vous n'établissez plus que des marchands de viande. Ils peuvent vendre intérieurement, extérieurement, avoir deux, trois, quatre étaux. Il n'y a donc plus à mettre en présence les bouchers intérieurs et les bouchers forains. Il n'y a plus que des bouchers libres ; la preuve, c'est que moi, producteur, je puis vendre moi-même. Il y a des revendeurs de première et de seconde main.

Nous avons traité la question des marchés extérieurs, des abattoirs, du marché intérieur. Il se présente la question des marchés de quartier. Comment doivent-ils être exploités ? Je demande que la libre concurrence domine tout ce qui sera fait. Nous nous présentons, M. Delestre et moi, avec deux systèmes différents pour appliquer cette libre concurrence.

M. Delestre dit : Si vous employez le moyen de l'adjudication et des enchères, vous permettez aux hommes qui auront des facultés d'agir, que les autres n'auront pas, d'occuper ces marchés ; vous créerez, sans le vouloir, un nouveau monopole qui deviendra très-dangereux dans un cas donné.

M. le Préfet de police part d'un autre système, et il dit : Si vous donnez ce moyen de concurrence aux bouchers forains, vous avez une concurrence déloyale à l'égard des bouchers intérieurs.

Je me rangerais à l'avis de M. le Préfet si je pouvais faire une distinction entre les bouchers intérieurs et les bouchers forains ; mais il n'y a plus que des revendeurs de viande.

Je n'admets pas les craintes de M. Delestre pour la libre concurrence. Jusqu'à ce qu'on ait trouvé un moyen de l'appliquer, meilleur que l'adjudication, j'y verrai des avantages et je n'y verrai pas d'inconvénients. Je ne pense pas qu'il puisse y avoir un accaparement ; d'ailleurs, vous avez des lois contre les accapareurs, poursuivez-les.

M. Husson. — Ce serait un accaparement légal.

M. de Tourdonnet. — Je n'adopterai pas votre système, je vous le dis, jusqu'au moment où vous m'aurez prouvé que l'inscription actuelle est une bonne chose.

Aujourd'hui, on se fait inscrire sur un registre, on met 2 o o, 3 o o noms dans une roue, on tire au sort et on adjuge pour un mois, deux mois. Les étaux actuels vous donnent un peu de concurrence ; mais, voyez dans la pratique quels inconvénients vous allez rencontrer : vous aurez les 5 o o bouchers de Paris, tous les bouchers forains qui voudront venir s'inscrire ; vous aurez les producteurs, vous m'aurez, moi, et vous ne pouvez pas m'éluder si je me présente.

M. Baube. — M. Delestre a répondu à cela par la réserve qui serait faite de places banales.

M. de Tourdonnet. — Vous ne pouvez m'empêcher de m'inscrire pour un étal, si je le veux ; quel est l'article de votre règlement qui m'en empêcherait? Vous allez avoir des milliers de demandes, et pour combien de temps adjugerez-vous ces étaux? Si c'est pour un mois, pour deux mois, il n'y a pas intérêt à se faire inscrire, il n'y a pas le temps de faire des affaires ; vous n'aurez pas d'inscription, vous détruirez l'importance de ces marchés. Il faut qu'on ait assez de temps pour faire ses affaires.

Tout cela tend à dire qu'il n'y a pas assez de marchés, ni assez de places dans ces marchés, qu'il faut en créer de nouveaux. On m'a dit que je tendais à établir un monopole. Si vous ne faites, comme dans quelques villes de Belgique, qu'un seul marché central, ou si vous n'en faites que deux, il y a un monopole de fait ; mais si vous multipliez assez les marchés de quartier pour qu'ils viennent trouver les consommateurs et suffire à leurs besoins, vous détruirez le monopole ; il y aura presque autant de vendeurs que d'acheteurs.

Toute la question se réduit à ceci : Faites un assez grand nombre de marchés de quartier, et un assez grand nombre de places dans les marchés, il n'y aura pas monopole, et vous pourrez adjuger.

M. Delestre. — Je demande à répondre aux observations de M. de Tourdonnet que, sans y penser, avec les meilleures intentions du monde, et sur un autre terrain, il relève complétement tous les inconvénients du monopole et de la caisse de Poissy. Vous donnez tout avantage à celui qui possède le plus, à celui qui pourrait exécuter dans le commerce de la viande ce qu'on a fait pour se débarrasser de certaines voitures publiques. Nous avons vu des administrations, afin de ruiner des entreprises rivales, prendre les voyageurs à moitié prix d'abord et ensuite pour rien ; enfin on serait allé jusqu'à payer à déjeuner aux voyageurs pour tuer toute concurrence incommode. Mais après avoir écrasé leurs adversaires, les vainqueurs dans cette lutte ont surélevé les prix de manière à compenser largement tout le temps perdu et les surcharges transitoires.

Il est très-facile d'organiser les marchés. Voici comment : portion des étaux pour les bouchers forains; portion des étaux pour les bouchers parisiens; portion des étaux banaux pour les producteurs et pour ceux que j'appellerai vendeurs accidentels, pour ceux qui désireront se faire bouchers pour un jour ou deux, ou dans le but de fonder un établissement. On inscrit sur un registre tous ceux qui ont la prétention de vendre au marché; on tire au sort les premiers et on fait un roulement pour l'admission successive de tous les autres. Mais il faut que les places soient soumises à un droit fixe; la ville de Paris n'entend pas se faire commerçante, industrielle : elle irait contre son but : bien loin de favoriser la consommation, elle mettrait un impôt nouveau sur le consommateur; car le boucher retirerait toujours des acheteurs le surplus de la dépense occasionnée par la surélévation de son prix de location.

M. le Préfet. — J'ai la conviction intime que nous ne pouvons réglementer la chose convenablement que par adjudication, quand nous en serons à la pratique; mais je ne crois pas qu'il soit nécessaire de dire cela ici.

M. de Tourdonnet. — Je demanderais purement et simplement ceci :

« Le principe de la libre concurrence sera appliqué à toutes les institutions qui seront fondées en vue du commerce de la viande. »

M. Baube. — Nous allons être tous d'accord, parce que nous sous-entendrons chacun notre opinion. En ce qui touche le principe de libre concurrence sur les marchés, tout le monde l'adopte; mais quand on arrive à l'application, on ne s'entend plus. La libre concurrence pour M. de Tourdonnet n'est pas la libre concurrence pour M. Delestre.

L'article 7 est adopté dans les termes suivants : « Le principe de la libre concurrence sera appliqué à toutes les institutions qui seront fondées en vue du commerce des viandes. »

M. le Préfet. — Quelqu'un demande-t-il la parole?

Le Syndic. — Je demande, Monsieur le Préfet, à présenter quelques observations.

« Je n'ai plus, Messieurs, l'espoir d'agir sur vos résolutions. Peu habitué à des discussions du genre de celles qui se terminent aujourd'hui, j'avais demandé votre indulgence et je comptais, en tout cas, sur votre attention. En réunissant tous les intérêts dans ce comité, on avait, sans doute, le désir de les entendre tous; mais j'ai eu le regret, quand on reproduisait systématiquement des assertions sans preuves, de ne pas réussir toujours à faire écouter des réfutations démontrées. Avant-hier,

15.

par exemple, je vous apportais les résultats d'une enquête que j'étais allé faire à Amiens pour vous éclairer. Je prouvais le contraire de ce qu'on avait dit et accrédité dans le public. On m'a répondu par la chose jugée, comme si une erreur manifeste, une erreur de fait pouvait jamais être un jugement définitif. Je reporterai mes renseignements devant le conseil municipal et devant la commission d'enquête de l'Assemblée.

« J'ai entendu reproduire aussi beaucoup de faits et d'arguments que le *Mémoire* qui vous a été communiqué détruisait d'avance complétement et avec preuves.

« Je remarque d'ailleurs que nous avons peu éclairci les points que le conseil municipal indiquait à nos études. Il demandait, avant tout, un relevé des résultats de la criée et des marchés forains. Il n'en a pas été question. Or, c'était aussi pour la boucherie de Paris une enquête fort utile. L'Assemblée y suppléera certainement; car il faut apprécier les effets de la concurrence déjà établie, pour juger si on doit la limiter ou la déchaîner. On a tant abusé de cette idée et de ce mot de *concurrence!* On a tant promis aux producteurs qu'ils vendraient leur bétail plus cher, et aux consommateurs qu'ils payeraient leur viande meilleur marché, qu'il est temps de prouver ce double résultat par des chiffres. Or il fallait, pour cela, consulter les livres du facteur, les provenances, les achats; et cette enquête reste à faire, quoique ce fût la première recommandation du conseil municipal. Il s'éclairera, sans doute, par lui-même.

« Le public aussi verra, par les résultats, si on adopte des mesures irréfléchies, ce qu'il fallait penser de cette devise à l'aide de laquelle on a fait une émeute de plumes : *la viande à bon marché!* Cette devise était la nôtre, beaucoup plus sincèrement que celle des auteurs d'articles. Aujourd'hui on dit (on l'a dit dans ce comité) : que ce n'était pas là la question; que le *bon marché* tenait à des circonstances indépendantes de l'autorité, et qu'on n'avait pas à s'occuper de cette utopie. C'est cependant à l'aide de ces mots spécieux qu'on a créé tant de commissions et de comités, et qu'on a excité depuis six mois l'opinion; car, il n'y a pas pour elle d'autre point de vue dans la question, et maintenant les théoriciens, comprenant que la désorganisation qu'ils poursuivent amènera des résultats contraires à ceux qu'ils promettaient aux consommateurs, font bon marché *du bon marché!* Le public appréciera cette tactique. On veut créer de nouveaux rouages dans le commerce de la viande; on ne diminue pas l'impôt; on divise le débit, ce qui équivaut à une aggravation des charges et des frais. Tout cela ne produira pas le bon marché. Je vous annonce, je vous prédis les effets de l'ordonnance de 1825 qu'on a été obligé de rapporter; car ces effets étaient funestes et les éleveurs en souffraient comme les consommateurs. C'est triste de penser que deux expériences n'ont pas suffi et qu'on veut en recommencer une troisième. La législation et l'administration d'un grand pays ne résisteraient pas à ce régime. Si l'on pouvait, à l'avénement de chaque génération et de chaque fonctionnaire, bouleverser ainsi tous les principes, tous les précédents, tous les faits accomplis, il n'y aurait plus ni gouvernement, ni société. Avant deux ans, si vos idées triomphent, on les abolira, comme on l'a fait quatre ans après l'essai de 1791, et trois ans après l'essai de 1825. A quoi bon ces expériences désastreuses et inutiles? On cherche de la popularité; on trouvera le reproche attaché à de fausses mesures.

« Les éleveurs sérieux ont protesté, dès 1827, contre ce qu'on avait eu l'air de faire pour eux en 1825. Ils protesteront de même en 1852. On les égare, et ceux qui produisent plus de bétail que de brochures ne tarderont pas à s'en apercevoir.

« C'est à vos consciences, Messieurs, que j'adresse ces observations. Chacun, en République, a la responsabilité de ses œuvres et de ses opinions. J'avertis votre responsabilité qu'on la surprend à l'aide d'idées improvisées et d'études incomplètes. Quant à moi, qui ne m'attache qu'aux faits, je ne crois pas devoir laisser sans réponse la seule observation spécieuse qui a été répétée plus d'une fois dans le cours des débats relatifs à la boucherie.

« J'apporte à vos discussions un tribut sincère; je vais même au devant des objections.

« On a dit que la liberté du commerce saurait bien suffire à l'approvisionnement de Paris, et qu'on ne voyait pas en quoi une corporation contribuait plus que la liberté à garantir cet approvisionnement.

« C'est tout à fait méconnaître l'esprit de l'organisation actuelle.

« D'après les ordonnances existantes, les 500 bouchers de Paris sont obligés de tenir leurs étaux constamment garnis de viande en suffisante quantité. L'étal dégarni peut être fermé, par l'autorité, en peu de jours. Cette première garantie disparaîtra par le fait de la liberté. L'administration n'aura plus le droit de l'imposer aux bouchers; de sorte que, dans les jours de cherté ou de grandes chaleurs, les débitants pourront s'abstenir de garnir leur étal.

« Second point : Les bouchers, en nombre limité, peuvent mesurer l'étendue de leur débit et y proportionner leurs achats. Mais du jour où une concurrence effrénée et sans limites se sera établie, chacun d'eux, voyant diminuer sa clientèle et n'ayant plus à compter sur un débit certain, s'abstiendra de s'approvisionner comme à l'ordinaire, et risquera d'avoir trop peu de marchandise dans la crainte d'en avoir plus qu'il ne faut. Il y aura des déficits ou des trop-pleins également préjudiciables, soit à l'approvisionnement, soit à la salubrité des viandes.

« Voici une troisième considération : il est évident que des commerçants limités en nombre par la législation administrative ont intérêt, pour conserver le bénéfice de leur situation, à satisfaire les désirs de l'autorité, et surtout un désir aussi légitime que celui d'assurer l'approvisionnement public. L'autorité a droit de leur imposer même des sacrifices dans les moments de crise et de rareté. C'est ce qu'on a fait en 1848, et on nous a trouvés empressés de répondre au vœu de l'administration. Des bouchers libres se refuseront à faire des achats et des ventes à perte. Ils ne s'approvisionneront qu'en temps utile pour eux et à des prix qui leur assurent un profit. Les forains qui sont libres n'agissent pas autrement; ils cessent tout détail avantageux au public dans les grandes chaleurs et dans les moments de trouble ou de cherté. Vienne une disette et vous l'éprouverez. Je ne ferai pas valoir un quatrième argument fondé sur l'avantage des capitaux, d'autant plus puissants qu'ils sont plus concentrés et par conséquent plus en état de suffire aux exigences des saisons et des événements, et à prévenir des disettes par des achats régulièrement faits au comptant et même par des sacrifices.

« Qu'on sache donc bien que ce prétendu monopole de la boucherie n'avait pas été inventé pour les bouchers, mais pour la garantie de l'approvisionnement et pour la sécurité de l'administration. Du moment où la question sera ainsi rétablie sous son véritable point de vue, on sera plus juste pour nous, et on comprendra mieux les besoins du service.

« J'ai regretté aussi, Messieurs, que dans vos délibérations on ne se soit pas le moindrement préoccupé de notre situation légale. Il semblerait que les lois et ordonnances qui régissent la boucherie n'existent pas et n'ont jamais existé; parce qu'on les a violées en 1848 et en 1849, on les croit mortes. Le Conseil d'État saurait bien prouver qu'elles étaient en vigueur et qu'elles ont créé des droits qu'on ne peut pas sacrifier sans indemnité. Il y a un an, nous voulions nous pourvoir devant lui; mais l'autorité ayant annoncé l'intention d'étudier la question, nous avons suspendu ce recours. Il sera toujours temps d'y revenir, si nos intérêts légaux sont immolés : c'était un point de vue qui aurait mérité votre attention.

« Pardonnez-moi, Messieurs, ces développements, que je ne pouvais écarter; car je devais aux intérêts que je représente ici, seul et presque sans appui, de faire entendre leur défense. Je la porterai aux deux autres juridictions qui nous attendent et qui nous écouteront. Ma loyauté me faisait un devoir de vous la soumettre dans une dernière séance. Ce n'est plus une opinion, puisque nous ne discutons plus. Ce ne sont pas des observations, puisqu'elles ne porteraient plus utilement sur un parti pris. C'est, en quelque sorte, une protestation qui suivra son cours. »

M. Delestre. — Je demande à dire un mot, non pas pour réfuter toutes les objections contenues dans le factum dont il vient d'être donné lecture, mais parce que je tiens à consigner, à la suite, que nous avons toujours entendu M. le syndic dans ses réclamations. Nous avons tous écouté religieusement aujourd'hui, qu'il me permette de le dire sans blesser sa susceptibilité, cette espèce d'oraison funèbre de la boucherie. Il a cru devoir lancer, à la façon des Parthes, quelques traits en quittant la commission ; nous avons eu chacun une petite flèche à notre adresse. Je ne blâme pas cette tactique, elle peut être de bonne guerre. Je désire en outre, qu'il soit bien constaté que si M. le syndic a des réserves à faire en ce qui touche la corporation dont il est l'organe, nous sommes prêts encore à l'entendre ; d'une autre part, il doit s'empresser de reconnaître que toutes les fois qu'il a demandé la parole, elle ne lui a jamais été refusée pour défendre les intérêts confiés à ses soins ; et, pour en donner une nouvelle preuve, je propose à la commission l'insertion *in extenso* dans notre procès-verbal de ce jour de ce dernier document présenté par le syndic de la boucherie parisienne.

M. le Syndic. — Vous n'avez pas voulu éclaircir les faits. Vous paraissez le vouloir maintenant, quand toutes les résolutions sont prises ; c'est-à-dire lorsque mes objections sont vaines ; ainsi, quand vous avez parlé du droit d'octroi.....

M. le Préfet. — Nous avons déclaré que nous ne nous arrêterions pas sur une question tout à fait en dehors de la liberté de la boucherie.

M. le Syndic. — Je ne parle pas de la suppression du droit d'octroi. J'entends parler de l'accusation dirigée contre nous, d'avoir mis le droit d'octroi dans nos poches en 1848.

M. le Préfet. — C'est une allégation faite d'une part, niée de l'autre ; voilà tout. On dit que vous n'avez pas fait profiter le public de cette suppression de l'octroi ; vous répondez qu'il en a profité. Nous n'avons rien à constater que vos dires.

M. le Syndic. — Dans tout ce qu'on a publié depuis 1848, on nous a attaqués sur ce point, et il existe des rapports officiels qu'on pouvait, qu'on devait produire, qui réfutent cette accusation. On a avancé, au sujet des cinq quartiers, que quand on pesait un bœuf on ne comptait pas les os. Je n'ai pas trouvé le moment de nous défendre de cela ; je n'ai pas pu parler non plus sur la boucherie sociétaire d'Amiens. Cependant ce fait a pu avoir de l'influence sur la commission.

M. Julien. — Je n'étais pas à la dernière séance, je ne sais pas ce qu'a répondu M. le Syndic ; mais le fait que j'ai cité, je l'ai cité d'après les renseignements officiels venant de M. le préfet du département de la Somme.

M. de Tourdonnet. — Le maire n'est pas d'accord avec le préfet, il faut les renvoyer l'un à l'autre.

M. le Syndic. — Vous pouvez demander au préfet les lettres du maire d'Amiens. Vous avez dit que la maison d'Amiens avait fait de gros bénéfices.

M. Julien. — Je crois avoir dit seulement que l'on avait fait des bénéfices. Je n'ai pas cité de chiffres. C'est un autre membre qui l'a fait d'après ses renseignements personnels.

M. le Préfet. — M. le Syndic s'est plaint de ce que nous avons constaté des faits contre lesquels il avait protesté. Il aurait désiré que nous eussions délibéré sur l'indemnité, ou sur la position pécuniaire de ces messieurs. Nous avons déclaré que nous ne pouvions pas aller au devant des demandes qu'ils ont à faire. S'ils se trouvent lésés, ils feront une proposition à la commission municipale, qui est seule compétente, et non pas à une commission officieuse chargée de donner son opinion sur la liberté du commerce. Les droits des bouchers sont intacts : notre délibération ne les aurait ni augmentés ni diminués ; elle n'aurait servi à rien ; je n'aime pas à faire des choses qui ne servent à rien.

CONCLUSIONS.

A la suite de ces débats, il est convenable de réunir en sept paragraphes les résolutions successivement adoptées, qui résument les idées du comité et de la préfecture de police sur :

1° La liberté du commerce de la boucherie ;
2° L'établissement des marchés à bestiaux ;
3° L'institution de facteurs pour la vente du bétail ;
4° Le régime des abattoirs ;
5° Le marché à la criée des viandes abattues ;
6° L'inspection pour cause de salubrité ;
7° Et la concurrence étendue à toutes les parties du commerce des viandes ;

Ce sont des vues et des prescriptions générales qui peuvent trouver leur place, soit dans la loi préparée par l'Assemblée nationale, soit, après le vote de cette loi, dans un règlement d'administration publique, ou dans des ordonnances de police rendues, au fur et à mesure des nécessitées reconnues, pour l'exécution de la loi.

Ces conclusions répondent aux questions posées par le conseil municipal; il lui appartient de les examiner et de les faire valoir.

§ Ier.

Le commerce de la boucherie est déclaré libre. Le cautionnement imposé à l'exercice de la profession de boucher est supprimé.

§ II.

Il sera établi, aussi près que possible du mur d'enceinte et en dehors du rayon d'octroi, deux marchés à bestiaux : l'emplacement en sera déterminé par l'Administration. Ils se tiendront alternativement aux jours et heures qui seront jugés le plus convenables.

Les éleveurs, approvisionneurs, marchands, etc. pourront envoyer leurs bestiaux sur ces marchés, pour y être vendus soit directement, soit par mandataires, soit par l'intermédiaire des facteurs dont il va être parlé.

§ III.

Il sera institué sur ces marchés des facteurs, en nombre suffisant, dont les fonctions consisteront à recevoir en consignation les animaux sur pied, et à les vendre soit à l'amiable, soit à la criée et aux conditions indiquées par le propriétaire. A défaut de vente sur pied, les bestiaux pourront être dirigés sur les abattoirs, et la viande en provenant y être vendue à l'amiable, exportée ou envoyée au marché intérieur de la criée.

Un cautionnement, dont le chiffre sera fixé ultérieurement, garantira leur gestion.

§ IV.

L'exploitation des abattoirs sera mise en harmonie avec le régime de la libre concurrence. Tout propriétaire d'animaux jouira, comme les bouchers, du droit de faire abattre son bétail aux conditions déterminées par l'Administration municipale.

§ V.

Le marché à la criée des viandes abattues sera conservé dans l'intérieur de Paris. Il recevra tant les viandes provenant du dehors que celles qui y seraient envoyées des abattoirs.

§ VI.

La viande sera inspectée à l'abattoir et à son entrée dans Paris ; et, soit qu'elle provienne des abattoirs, soit qu'elle arrive par les bureaux d'octroi, elle sera réputée marchandise ordinaire et soumise à la surveillance générale de l'Administration, qui s'exerce sur toutes les denrées alimentaires.

§ VII.

Le principe de la libre concurrence sera appliqué à toutes les institutions qui seront fondées en vue du commerce des viandes.

Le Préfet de Police

à MM. les Membres de la Commission municipale de Paris.

Messieurs,

Invités par M. le préfet de la Seine, sur la demande du Gouvernement, à examiner les questions qui se rattachent à la boucherie de Paris, vous avez pris, le 7 mars 1851, une délibération d'où j'extrais une recommandation qui m'était personnelle, et à laquelle je me suis empressé de déférer.

« Il y a lieu de procéder à une nouvelle réglementation du commerce de la boucherie de Paris.

« M. le préfet de police est invité à faire observer et constater avec soin les « résultats que la vente à la criée *et les autres mesures* récemment prises auront « pour les intérêts des producteurs et des consommateurs, afin d'en aider la « commission municipale, lors de l'examen du projet de réglementation qu'il « aura préparé. »

Les mesures que signale cette partie de votre délibération sont indiquées dans l'un des considérants qui la précède. Il s'agit :

1° De l'autorisation accordée, depuis 1848, de faire entrer la viande abattue sur les marchés de Paris, et de l'y mettre en vente tous les jours ;

2° De l'admission d'un plus grand nombre de marchands forains concourant à l'approvisionnement de ces marchés.

Vous avez aussi exprimé l'opinion qu'il y aurait, en même temps, à examiner et à résoudre les questions relatives :

1° A la tenue des marchés, à leur rapprochement du mur d'enceinte de Paris, et au mode de vente qui devra y être établi ;

2° A la division de la vente à la criée, en l'autorisant, soit dans les abattoirs, soit dans les marchés de quartier ;

3° A l'assiette, *ad valorem*, des droits d'octroi sur la viande vendue à la criée ;

4° Aux facilités à accorder aux producteurs pour favoriser la vente prompte et sûre de leurs bestiaux, et pour faire abattre ceux qui resteraient invendus à la clôture des marchés ;

5° Et enfin à toutes les autres mesures accessoires qui peuvent contribuer à un bon système d'approvisionnement en viande de boucherie, et qui rentrent dans les attributions de l'administration municipale.

Pour répondre au désir que vous aviez exprimé, j'ai cru devoir, Messieurs, réunir en comité, sous ma présidence, des propriétaires, des producteurs, des économistes et des administrateurs ayant fait une étude spéciale des questions qui se rattachent au commerce de la boucherie ; j'y ai appelé en même temps les employés supérieurs des deux préfectures et du ministère de l'agriculture dans les attributions desquels est placé ce commerce. Vous trouverez ci-joint les procès-verbaux des débats qui ont eu lieu dans le comité. Toutefois, comme les discussions n'ont pas suivi méthodiquement l'ordre du programme que mon administration avait jugé utile de proposer, je vais répondre aux divers points sur lesquels vous désirez être renseignés, et qui seraient restés hors des débats, sauf à renvoyer aux procès-verbaux du comité pour les questions examinées et résolues.

Ce que vous désirez connaître en premier lieu, ce sont, Messieurs, les résultats de la vente à la criée et les effets des autres mesures administratives adoptées depuis 1848.

Pour suivre l'ordre chronologique, occupons-nous d'abord de ces dernières mesures, qui ont eu pour objet :

1° D'autoriser la vente quotidienne de la viande de boucherie sur les marchés de Paris;

2° D'attribuer sur ces marchés un plus grand nombre de places aux bouchers forains, en réduisant proportionnellement celles dont les bouchers de Paris étaient en possession précédemment. Voici d'abord le résultat de cette répartition nouvelle, en y comprenant l'attribution qui fut faite par des décisions postérieures de quelques étaux créés depuis. Sur 168 étaux de boucherie qui existent dans six marchés, 127 sont donnés à la boucherie foraine, 41 à la boucherie parisienne; mais quelles conséquences économiques les mesures dont il s'agit ont-elles produit? Je crois en avoir déjà constaté plusieurs qui ne sont pas sans avantage.

Sous l'empire des ordonnances antérieures à 1848, alors que la vente de la viande de boucherie n'avait lieu que deux jours la semaine, il existait sur les marchés de Paris 161 étaux occupés, savoir :

Par les bouchers parisiens........................... 84
Et par les bouchers forains........................... 77

Or, le relevé des ventes faites dans une période de seize mois (du 1er mai 1847 au 31 août 1848) démontre que l'importance de ces ventes a été de, savoir :

Pour les bouchers parisiens...................... 5,590,674ᵏ
Et pour les bouchers forains..................... 4,161,549
                                                 ─────────
ENSEMBLE...................... 9,752,223

Sous le régime actuel, celui qui a autorisé la vente quotidienne et réparti différemment la concession des étaux, il existe 41 bouchers de Paris qui, pendant un même espace de temps (du 1er septembre 1848 au 31 décembre 1849), ont vendu sur les marchés la quantité de.................. 3,087,260ᵏ
Et 125 bouchers forains qui ont débité celle de. 8,503,387
                                                 ─────────
ENSEMBLE........ 11,590,647   11,590,647ᵏ

DIFFÉRENCE............. 1,838,424

C'est-à-dire que le régime nouveau aurait déjà produit ce premier résultat d'amener un accroissement de consommation, dans le court espace de seize mois, de 1,838,424 kilogrammes de viande. C'est, comme on le voit, un avantage important pour la population nécessiteuse, qui, en général, s'approvisionne sur les marchés; et cet avantage est d'autant plus précieux pour elle, qu'il existe toujours, en moyenne, une différence de 10 centimes environ par kilogramme entre le prix de la viande sur le marché et le prix de la viande à l'étal.

L'attribution aux bouchers forains de 125 étaux et de 41 seulement aux bouchers de Paris a-t-elle été une mesure utile? Je n'en saurais douter, et voici mes preuves :

Pendant les seize mois qui ont précédé cette mesure, la boucherie parisienne a débité sur les marchés.......................... 5,590,674^k

La boucherie foraine, seulement............. 4,161,549

Soit, en moins, pour celle-ci............... 1,429,125   1,429,125^k

Dans les seize mois qui l'ont suivi, la boucherie parisienne a vendu .... 3,087,260^k

Et la boucherie foraine................... 8,503,387

Soit, en plus, pour celle-ci............... 5,416,127   5,416,127

Il y a donc, entre les deux périodes de temps comparées, une différence au profit de la boucherie foraine, dans les quantités vendues, de.. 3,987,002

Or, ce que l'Administration s'est proposé de faire, en admettant les forains sur les marchés, c'est de créer une concurrence à la boucherie parisienne, et cette concurrence était bien limitée sous l'ancien système, puisque les apports des bouchers parisiens sur les marchés étant alors supérieurs à ceux des bouchers forains, ceux-ci se traînaient à la remorque des premiers, dont l'intérêt consistait à ne pas baisser les prix sur les marchés, pour ne pas trop éloigner la clientèle de leurs étaux particuliers. Les modifications apportées à l'ancien état des choses, modifications qui ont amené les résultats que je viens d'exposer, étaient donc, je le répète, une amélioration déjà importante; mais n'y avait-il rien de plus à faire? Mon administration ne l'a pas pensé, et d'accord avec le ministère de l'agriculture et du commerce, elle a rendu, les 3 mai et 24 août 1849, des ordonnances qui ont autorisé la vente à la criée, par le ministère d'un facteur, de toutes les viandes abattues expédiées du dehors. Jusque-là, on peut le dire, la concurrence faite par les forains à la boucherie de Paris n'avait pas été complétement libre. Il fallait, en effet, pour cela, que les forains fussent tout à fait indépendants des bouchers parisiens, non-seulement quand il s'agissait de vendre, mais encore, et surtout, quand il s'agissait d'acheter. Or les bouchers forains, dont la vente est, en général, peu importante, et (chose plus grave) dont le débit est très-incertain, ne faisaient point, pour la plupart, d'acquisitions sur les marchés d'approvisionnement; ils s'adressaient aux chevillards, près desquels ils se procuraient les quantités et les morceaux dont ils pensaient pouvoir se défaire avec avantage. On voit donc que le prix d'achat se trouvait déterminé par les gros bouchers, ce qui paralysait la concurrence de la boucherie foraine. C'est cet abus que la vente à la criée a eu pour objet de faire disparaître, en même temps qu'elle permettait au producteur de se soustraire à la pression qu'à tort ou à raison on reprochait à la boucherie de Paris d'exercer sur les marchés de Sceaux et de Poissy.

Maintenant, quelle influence cette autorisation, accordée à tous, d'envoyer à Paris la viande abattue, a-t-elle exercée sur l'approvisionnement des marchés? Je vais la traduire en chiffres pour ce qui concerne la vente sur ces marchés, sauf à y revenir plus loin, afin de l'apprécier dans ses résultats sur la consommation générale de Paris en viande de boucherie.

J'ai dit plus haut que, dans une période de seize mois, quand les marchés à la viande ne se tenaient que deux fois la semaine, les apports avaient été, pour la boucherie parisienne et la boucherie foraine, confondues, de 9,752,223 kilog., et que sous le régime de la vente quotidienne, dans un même espace de temps, ils s'étaient élevés au chiffre de 11,590,647 kilog.

Eh bien! la vente à la criée est venue donner un nouvel essor à la consommation spéciale qui vient s'alimenter sur les marchés, car dans les seize mois qui viennent de s'écouler (du 1er janvier 1850 au 30 avril 1851) il a été vendu, savoir :

Par les bouchers parisiens.......................	4,222,967 kilog.
Par les bouchers forains.......................	8,175,105
Soit ensemble...............	12,398,072

C'est-à-dire qu'il y a un accroissement de 807,425 kilogrammes sur la période déjà favorable de la vente quotidienne.

Les diverses mesures dont je viens d'indiquer les conséquences vous ont paru, Messieurs, avoir été prises dans le but d'arriver, sûrement et sans secousse, à une nouvelle réglementation du commerce de la boucherie, réclamée par les faits et les besoins nouveaux. L'établissement de la vente à la criée surtout a été un moyen décisif. Indiquons les phases diverses qu'il a subies. L'ordonnance du 3 mai 1849, qui autorisait ce mode de vente, excluait le département de la Seine de la faculté, accordée à tous les autres départements, d'envoyer leur viande abattue à ce marché spécial. Cette restriction fut levée par une ordonnance postérieure du 24 août, et les apports ne prirent une certaine importance que vers le mois d'octobre de cette même année. Ils ont été, pour le dernier trimestre de 1849, de 86,326 kilogrammes, en viande de bœuf, veau et mouton. En 1850, ils se sont élevés à 1,630,307 kilogrammes, et, dans les quatre premiers mois de 1851, ils ont déjà atteint le chiffre de 1,001,671 kilogrammes.

Cette progression démontre, selon moi, que cette institution répond à un besoin public; et si je compare la consommation de Paris en viande de boucherie, pour les années où ce mode de vente n'existait pas, avec cette même consommation, depuis qu'il a été mis en pratique, je crois pouvoir conclure, sans trop de légèreté, qu'une grande partie des apports sur ce marché constitue un accroissement dans la consommation générale. Toutefois il faut tenir compte du grand mouvement de la population nomade ou passagère que ces trois dernières années ont agglomérée dans la capitale, après la révolution, soit à l'ocsion des ateliers nationaux, soit par l'effet d'un accroissement considérable de garnison, soit enfin à la suite des trains de plaisir qui amènent à Paris tant de familles des départements.

Cette conclusion, je l'appuie sur les chiffres suivants. En 1847, Paris a consommé, savoir :

Viande provenant des abattoirs......... 47,024,631^k ⎫
Viande entrée par les barrières........ 4,653,252 ⎬ 51,677,883^k

En 1849 (1), viande provenant des abattoirs 45,494,115 ⎫
Viande entrée aux barrières.......... 6,669,633 ⎬ 52,163,748

Et en 1850, viande provenant des abattoirs. 46,476,129 ⎫
Viande entrée aux barrières........... 9,056,409 ⎬ 55,532,538

On remarquera, en effet, que pendant l'année 1850, la quantité de viande entrée par les barrières s'élève au chiffre de 9 millions de kilogrammes, tandis que celle de la viande provenant des abattoirs, qui est, en grande partie, vendue dans les étaux de boucherie, ne s'est augmentée que d'un million de kilogrammes, sur 45 millions consommés en 1849.

Après vous avoir soumis, Messieurs, les résultats, que vous désiriez connaître, des mesures administratives prises depuis 1848, qui ont modifié les conditions du commerce de la boucherie, il me reste à vous proposer la meilleure solution possible des questions contenues dans votre délibération, et relatives :

1° A la tenue des marchés, à leur rapprochement du mur d'enceinte, et au mode de vente qui devra y être établi ;

2° A la division de la vente à la criée, en l'autorisant, soit dans les abattoirs, soit dans les marchés du quartier ;

3° A l'assiette *ad valorem* des droits d'octroi sur la viande vendue à la criée ;

4° Aux facilités à accorder aux producteurs pour favoriser la vente prompte et sûre de leurs bestiaux, et pour faire abattre ceux qui resteraient invendus à la clôture des marchés ;

5° Enfin, à toutes les autres mesures accessoires qui peuvent contribuer à un bon système d'approvisionnement en viande de boucherie, et qui rentrent dans les attributions de la police municipale.

Les questions indiquées sous les numéros 1, 2 et 4 de l'énumération qui précède ont été l'objet d'un examen sérieux dans le sein du comité consultatif

____

(1) Les droits d'octroi sur la viande de boucherie ayant été abolis en 1848, du 20 avril au 2 septembre, l'administration de l'octroi n'a pu fournir les états indicatifs des quantités entrées dans Paris pendant cet intervalle. Cette circonstance n'a pas permis de justifier de la consommation de Paris pendant cette même année. Au reste, l'importance de cette consommation fût-elle connue, il serait bon, peut-être, de n'en pas faire un terme de comparaison, par suite de l'influence fâcheuse que la révolution de Février a dû exercer sur les consommations de toute nature.

convoqué à la préfecture de police. Je ne puis que me référer aux résolutions qui y ont été prises et aux développements contenus dans les procès-verbaux, qui en sont les véritables considérants. Vous y trouverez les raisons alléguées pour ou contre ces résolutions. Ces procès-verbaux éclaireront plus sûrement vos consciences qu'un rapport rédigé dans un esprit déterminé.

Quant à la proposition de percevoir les droits d'octroi *ad valorem* sur la viande vendue à la criée, elle n'a été pour ainsi dire qu'effleurée, les producteurs, dans l'intérêt desquels cette mesure était plus particulièrement réclamée, ayant déclaré, par les organes qui les représentaient dans le comité, que les difficultés pratiques qu'on leur avait opposées leur paraissaient insurmontables. Je crois donc convenable de vous exposer brièvement les raisons qui me portent à repousser ce mode de perception.

En principe, il est évident que les droits d'octroi qui pèsent sur une denrée doivent la grever d'une manière uniforme, sans qu'on ait à se préoccuper de la question de savoir si cette denrée entre en ville par telle ou telle porte, si elle est dirigée sur tel ou tel point. C'est ce que M. Horace Say a fort bien établi, quand il a rappelé au comité ce qui s'était passé en 1846 entre la ville de Paris et le trésor, au moment de la substitution du droit au poids à la perception par tête.

« A ce moment, dit-il, on a pensé que ce qu'il y avait de plus commode était de
« faire une évaluation et d'ajouter un centime pour couvrir les frais d'abattoir.
« On a trouvé à cela un petit avantage que je dois vous signaler; il y a eu une
« certaine arrière-pensée de la part du conseil municipal, et la voici : le droit
« qui pesait de 13 centimes environ sur le kilogramme de bœuf a été réduit à
« 10 centimes; le droit qui était, sur la viande à la main, de 19 centimes, a été
« réduit à 10 centimes. Il en est résulté que la surtaxe qui existait sur la viande
« à la main a disparu. Comme la ville pensait que, dans un intérêt de salubrité,
« de bonne surveillance de police sur les bestiaux, il convenait d'encourager la
« conduite à l'abattoir, le conseil municipal s'est arrangé de manière à ce que la
« viande abattue au dehors payât également le droit d'abatage, quoiqu'elle ne
« fût pas abattue dans les abattoirs de Paris. C'était là une très-minime diffé-
« rence; mais enfin la viande à la main se trouvait grevée des frais de l'abattoir,
« comme si elle eût été abattue à Paris. Il y avait, à cela, toute justice. En effet,
« en matière financière, on ne permet pas qu'une marchandise paye deux droits
« différents, suivant la porte par laquelle elle entre. Sur l'opposition du ministre
« des finances, qui disait : Vous ne pouvez faire payer par la porte qui entre en
« ville, en venant de l'abattoir, moins que par la porte qui entre en ville, à
« la barrière Saint-Denis, par exemple; vous n'aurez qu'un seul et unique droit
« d'octroi, nous avons dit : Alors cessons de prendre un droit d'abatage, appe
« lons tout cela droit d'octroi; nous y perdrons le décime du trésor, mais nous
« aurons cet avantage, que toutes les viandes auront payé le droit d'abattoir,
« qu'elles s'en soient servies ou ne s'en soient pas servies. On met l'abattoir à
« leur disposition dans un intérêt de salubrité. Nous désirons beaucoup qu'on
« y vienne, plutôt que d'abattre à des abattoirs moins surveillés par la police;
« c'est l'intérêt de tout le monde. »

Ce qui résulte de ces observations, Messieurs, c'est la nécessité, pour le cas où le droit d'octroi serait perçu *ad valorem* sur les viandes vendues à la criée, de percevoir également ce droit *ad valorem* sur toutes les viandes entrées dans Paris, qu'elles soient dirigées sur la criée, sur les marchés, ou bien sur des étaux particuliers. En d'autres termes, la mesure est impraticable, non pas seulement parce que les finances de la ville en éprouveraient une diminution sensible, mais parce que la valeur de la viande, qui est parfaitement déterminée à la criée par les enchères, ne peut plus l'être sur la vente à l'amiable dans les étaux.

En admettant cependant que cette impossibilité n'existât point, il est d'autres difficultés qui ne seraient pas aisément surmontées. Je n'entends pas seulement parler de l'ordonnance royale du 9 décembre 1818, dont l'article 18 prescrit la perception des droits d'octroi d'après le poids des viandes dépecées, et dont l'article 19 n'admet le droit *ad valorem* que pour les coquillages, le poisson de mer frais, sec ou salé de toute espèce et celui d'eau douce. Je veux bien admettre encore que la halle à la criée, devenant ainsi un entrepôt réel d'octroi, sera exempté de toutes les formalités énumérées au titre VI de la même ordonnance. Mais ce dont on ne pourra se dispenser, ce sera de faire accompagner la marchandise d'un convoi d'escorte, tant pour la conduire à la halle que pour la reconduire à la barrière, dans le cas où, n'étant point vendue, elle serait réexpédiée au dehors. Ce serait un personnel nombreux à créer pour le service de l'octroi, et de plus, comme les quantités amenées sont et seront très-divisées, que beaucoup d'expéditeurs ne se soucieront pas d'attendre le deuxième convoi gratuit, quand ils auront manqué le premier, il arrivera probablement que certains d'entre eux demanderont une escorte spéciale, sauf à payer l'indemnité d'un franc fixée par l'article 4 de l'arrêté de M. le Préfet de la Seine du 24 mai 1850, toutes choses qui ne contribueront pas, on le comprend, au bon marché de la viande. Telles sont les objections graves auxquelles je faisais allusion, en présentant au comité réuni à la préfecture de police le programme qui comportait l'examen de cette question, objections qui m'ont convaincu de l'impossibilité d'asseoir *ad valorem* les droits d'octroi sur la viande vendue à la criée. M. H. Say a conclu comme moi.

J'ai répondu, Messieurs, à la demande, contenue dans votre délibération, de produire les résultats des mesures administratives, prises depuis 1848, touchant le commerce de la boucherie. Vous avez également demandé, après avoir déclaré qu'il y avait lieu de procéder à une nouvelle réglementation de ce commerce à Paris, que cette réglementation fût étudiée par l'administration *dans un système qui constitue une surveillance suffisamment active et efficace pour empêcher la mise en vente de toute viande malsaine.*

Dans le programme préparé pour être soumis au comité, mon administration s'exprimait ainsi à cet égard :

« Le comité aura donc à se rendre compte des saisies de viandes insalubres « qui ont lieu, soit à la criée, soit dans les marchés, soit dans les étaux; à re- « chercher les causes d'insalubrité, à constater les moyens de surveillance exis- « tants; et, sous ce dernier rapport surtout, il jugera de l'insuffisance des ressources

« dont l'administration peut disposer. Il reconnaîtra combien il importe de les
« accroître et d'organiser un service d'inspection plus étendu et affranchi des
« obligations contradictoires qui entravent aujourd'hui son action. La santé pu-
« blique est un intérêt de premier ordre, et la théorie qui prétend contester ou
« nier le danger des viandes insalubres n'est pas assez accréditée encore pour dis-
« penser l'administration d'une surveillance *active et efficace*, comme la demande
« le conseil municipal. »

Voici, Messieurs, des renseignements qui suppléeront au silence du comité
sur ce point. Il y a peu de saisies de viandes insalubres dans les étaux particuliers et sur les marchés. Cela s'explique par le soin que prennent les bouchers,
dans leurs étaux particuliers, de se défaire, même à vil prix, des viandes qui
sont menacées de corruption, afin de ne pas éloigner leur clientèle; sur les
marchés, la surveillance des inspecteurs les prévient presque toujours; quant
aux viandes vendues à la criée, elles ont donné lieu à des saisies dont l'importance a été de :

Pour 1849 (3 mois). . . . .   500^k

Pour 1850 (12 mois).   6,264

Et pour 1851 (4 mois)   6,707

Les causes d'insalubrité de ces viandes sont de plusieurs sortes. C'est tantôt
l'état avancé de la viande, qui ne permet pas qu'elle soit impunément livrée à
la consommation; tantôt une maigreur excessive, tantôt enfin quelqu'un de ces
caractères particuliers qui décèlent, chez l'animal qui l'a produite, la présence
d'une maladie qu'il peut être difficile de déterminer avec certitude. Il faut aussi
tenir compte des inconvénients du transport de viandes abattues, expédiées
quelquefois de loin et sans précautions. Quant aux moyens de surveillance,
j'annonçais qu'ils étaient insuffisants, et que les agents chargés de cette surveillance devaient être affranchis des obligations contradictoires qui entravent
aujourd'hui leur action. C'est qu'en effet la visite de toutes les viandes qui se
consomment à Paris est faite, uniquement, par six inspecteurs de la boucherie,
dont le traitement est à la charge de la boucherie de Paris, et qui relèvent de
l'autorité municipale en cela seulement que leur nomination est attribuée au
Préfet de police, qui les choisit sur la proposition du syndicat. Ces inspecteurs
ne peuvent évidemment suffire à la surveillance qui leur incombe. On peut
s'en convaincre, en se rappelant qu'ils ont à examiner les viandes abattues
dans les cinq abattoirs généraux, à inspecter les marchés, les établissements publics, même les livraisons faites aux troupes de la garnison de Paris et des forts,
aux hospices, aux invalides, etc., etc., et, de plus, à déférer aux ordres qui
leur sont donnés par le syndicat ou par l'inspection générale. La position
de ces agents doit être complétement modifiée; il est indispensable qu'ils
soient placés d'une manière plus directe, exclusivement même, sous la main
de l'autorité municipale, puisqu'ils remplissent une fonction déterminée par
la loi de 1790, celle d'assurer la salubrité des viandes. Ce ne serait pas trop
d'élever à douze le nombre de ces inspecteurs, dont le traitement devrait être
supporté par la ville.

La nouvelle réglementation du commerce de la boucherie demandée par vous, Messieurs, devra (porte votre délibération) se combiner avec toutes les mesures qui peuvent concourir *à assurer l'approvisionnement complet et régulier en viande de bonne qualité, au meilleur marché possible.*

Je ne puis à cet égard, Messieurs, que vous prier de vous reporter aux procès-verbaux de la discussion générale qui a eu lieu dans le comité réuni sous ma présidence. On a établi qu'avec les voies de circulation nouvellement créées, qu'en présence des progrès de l'intelligence commerciale, il fallait laisser agir l'intérêt privé, et que la liberté de l'industrie était, pour le commerce de la viande, comme pour celui de toutes les autres denrées, la garantie la plus sûre d'un approvisionnement régulier et au meilleur marché possible, puisque sous le régime de la liberté la concurrence faisait bonne justice des exigences déplacées. C'est à l'adoption du système de la libre concurrence que le comité s'est arrêté, et il a répondu à la question posée par vous sous le n° 5, en demandant que ce système fût appliqué à toutes les institutions ayant pour objet le commerce des viandes. Quant à la question de bon marché, ce sera sans doute l'effet des expériences successives faites et à faire. Cette question n'a pas été agitée dans le comité. L'administration procède, comme la législation, par des mesures générales. L'intérêt du commerce et les préférences du public feront le reste. Le niveau des prix s'établira sur le nouveau système, quand il sera complétement assis. Il faut savoir en attendre les effets.

Je termine ici, Messieurs, cette lettre, qui comble la lacune laissée dans les travaux du comité que j'ai convoqué à la préfecture de police. Les renseignements que j'ai l'honneur de vous transmettre, conformément au désir exprimé dans votre délibération du 7 mars dernier, ne pourront que vous confirmer, je le crois, dans l'opinion, déjà émise par vous, *qu'il y a lieu de procéder à une nouvelle réglementation du commerce de la boucherie de Paris.*

Agréez, Messieurs, l'assurance de ma considération la plus distinguée.

Paris, le 20 Juin 1851.

Le *Préfet de police,*

CARLIER.

9 782014 446753